国家出版基金项目
NATIONAL PUBLICATION FOUNDATION

中华文明的印迹

古代长城
战争与和平的纽带

GUDAI CHANGCHENG
ZHANZHENG YU HEPING DE NIUDAI

张量 张亮／著

辽宁师范大学出版社
·大连·

图书在版编目 (CIP) 数据

古代长城：战争与和平的纽带 / 张量，张亮著．—— 大连：辽宁师范大学出版社，2021.12（2023.1 重印）
（中华文明的印迹）
ISBN 978-7-5652-3177-3

Ⅰ．①古…　Ⅱ．①张…　②张…　Ⅲ．①长城－介绍－中国－古代　Ⅳ．①K928.77

中国版本图书馆 CIP 数据核字 (2020) 第 008445 号

中华文明的印迹

古代长城
战争与和平的纽带

出 版 人：王　星
策划编辑：王　星　邓丽萍
责任编辑：邓丽萍　刘臣臣
责任校对：王文慧
装帧设计：李小曼
出 版 者：辽宁师范大学出版社
地　　址：大连市黄河路 850 号
网　　址：http://www.lnnup.net
http://www.press.lnnu.edu.cn
邮　　编：116029
营销电话：（0411）82159912　82159913
印 刷 者：大连金华光彩色印刷有限公司
发 行 者：辽宁师范大学出版社
幅面尺寸：170mm × 230mm
印　　张：20
字　　数：334 千字
出版时间：2021 年 12 月第 1 版
印刷时间：2023 年 1 月第 2 次印刷
书　　号：ISBN 978-7-5652-3177-3
定　　价：110.00 元

总序

“中华文明的印迹”丛书，集当代中国文博考古、历史文化领域专家学者的力量，从学术文化视角，依据档案文献，对中国文物古迹进行深入的学术解读与研究，是一部既有较强的学术性又适合大众读者的丛书。

中国是悠久的文明古国，有大量的古迹遗存，这些不可移动的文物就是凝固的历史，是中华文明历史传承的表征，是印证历史、传承文明的载体。数千年来历史的积累和叠加形成的古迹遗存，是中华文明传承不断的历史见证。其保护传承的艰难，甚至战火的摧残，都没有改变和动摇其根基。今天，保护和研究这些老祖宗留下的古迹遗存，是我们的一种神圣职责，辽宁师范大学出版社敏锐地选择这一课题具有独到的眼光。

古迹遗存是文化遗产，是文明实体的标志。中华古迹遗存遍布于960万平方公里的辽阔土地之上。展示中华文明，宣传中华文明，需要各领域的专家学者通力合作，田野考古、踏查闾里、寻访遗存，需要做大量的组织工作和细致的踏查寻访，同时还要查阅大量的档案文献，包括官书方志、笔记丛书、手稿日记等，要完成这样繁杂而艰苦的工作，没有坚守中华文明的信念是很困难的。为此，我们感谢出版社和各路专家的积极策划与辛勤付出。

本套丛书作者的研究方法是独到的，即将古迹遗存与档案文献相结合、相比较，探索文物遗存背后的历史真相。许多古迹遗存由于各种原因，历经磨难甚至战争的摧残，都或损或残。今天对文物的研究和书写就是一种修复和保护，也是对中华文明的传承和发扬，以此给中华民族的子孙后代留下传承中华文明的

依据。因此，我以为“中华文明的印迹”系列丛书具有继承中华文明、观照当代文明、发扬文明传统的意义。

近年来，有些国家标榜其文明优越，贬低其他国家民族文化。“文明冲突论”再次甚嚣尘上，他们害怕失去“自我优越”，进而歪曲历史，贬损其他国家民族的文明。文明是文化的内核和内在价值，文化是文明的外在表现。中国有五千多年的文明历史，是世界上唯一的文明血脉与历史传统未曾中断的大国。人类文明包括物质文明、精神文明与制度文明，文明囊括了人类历史活动的所有建设性成果。“中华文明的印迹”中涉及的古迹遗存有都城、坛庙、建筑、陵墓、桥梁、名塔、长城、瓷窑、名城、古镇，其文化内涵既包含物质文明，也包含精神文明，又包含制度文明。同时，中华文明又有其特殊性和独特价值。当今时代是一个多维度、全媒体时代，外来文化和本土文化的冲突与碰撞愈演愈烈，中华传统文明受到一定的冲击。因此，树立坚定的文化自信、坚守中华文明、宣传中华优秀传统文化，亦成为当务之急，“中华文明的印迹”系列丛书正是应运而生的产物。

著名的老一辈文物研究保护专家罗哲文先生曾经提出“文物古迹的保护，是一种上对祖先、下对子孙后代的千秋大业。因为文物是具有历史、科学、艺术价值的物质遗存，不仅传给我们这一代，还要传给子孙后代，它又是不能再生产的，一旦遭到破坏就不可再得。因此，我们每一个人都负有保护文物的义务和责任”。中华民族的悠久历史和灿烂的文化印迹，就是这些古迹遗存。它们从古到今一直展示在世人面前，代代呵护，代代传承。因为各种原因，尽管古都名城曾遭破坏，殿阁楼亭曾经斑驳，桥塔寺庙曾经残破，遗址陵墓曾经荒芜，但中华儿女追念先祖、传承国脉的初心一直未变。经过一代代人的不断修缮和保护，古迹遗存的历史得以延续。“中华文明的印迹”系列丛书的出版必将大力促进中华大地上几千年来保存下来的古迹遗存得到更有效的保护和传承。

“中华文明的印迹”系列丛书即将付梓，感念先祖，寄望后代，赘言为序。

朱诚如

于北京故宫城隍庙
2021 年 9 月 16 日

目录

序言

第一章 上下两千年 纵横十万里
——中国的历代长城

第二章　江河锁链——辽宁长城

第三章　燕山飞龙——京津冀地区长城

第五章　草原飘带——内蒙古地区长城

第六章　大漠长河——甘肃新疆地区长城

后　记

序 言

长城并不因为旷日持久的公开而失却诱人的风韵和魅力；她是一个永恒的主题，一部永远也写不完的书。

——题记

在漫长的历史长河中，世界上许多地区都曾修筑过大型的军事防御设施，但就其持续构筑和使用年代之长久、形制规模之复杂宏伟、分布范围之辽阔、影响之深远而言，我国的万里长城理所当然地名居榜首。对于中华儿女来说，长城是我们的祖先留下的一笔巨大的文化遗产。早在几百年前，长城就被列为世界中古七大奇迹之一，1961 年被国务院公布为第一批全国重点文物保护单位，1987 年又被联合国教科文组织列入《世界文化遗产名录》。从这点上说，长城不仅属于中国，也是世界各国人民共同拥有的财富。

图序 -1 联合国教科文组织世界遗产委员会颁发的“长城”世界遗产证书

一、古代长城概况

“长城”一词，始见于战国时期的文献，当时是指齐、燕等国建于其边界的防御工程。汉代人所说的长城，专指秦始皇统一中国后修筑的万里长城，至于汉代所修筑的长城，被统称为“塞”。此后的历史文献中所说的长城，皆泛指前朝及本朝所修的边防工事。另外，我们在阅读古文献时要特别注意，因朝代不同、修筑形式存在差异等因素，对长城的称谓也不尽一致，诸如列城、方城、亭障、塞、堑洛、界壕、边墙等，实际上它们均指长城。迄至今日，“长城”一词又有广狭二义：广义的长城是针对中国古代所有的巨型军事工

程体系而言，例如南京玄武湖边上明朝开国皇帝朱元璋所修的城墙；狭义的长城特指中国北方为防御游牧民族南下而修建的万里长城。

“长城”的概念，有一个从物质的一元概念向物质与精神的二元概念转变的过程。起初，人们只是把长城看作一道军事防御工程的实体，从南朝刘宋政权时起，“万里长城”已成为保国卫疆将士的借喻，具有了军事上的象征意义。近代以来，在西方人眼里，长城是中国古代军事与战争的化身。抗日战争时期，1933 年长城抗战的爆发以及由田汉、聂耳为电影《风云儿女》所作的主题曲《义勇军进行曲》（后来成为我国国歌）的广为传唱，更使古老的长城成为一种精神力量和民族力量的象征。

对于许多非专业人士来说，“长城”一词给他们留下的印象，似乎只是一道道连绵不断的高大墙体。实际上，作为一个庞大的国防工程体系，长城是以城墙为主体，包括城障、关隘、兵营、卫所、墩台、烽堠、道路、武库等诸多军事设施和生活设施，具有战斗、指挥、观察、通信、隐蔽等综合功能，并与大量长期驻屯长城的军队相配合的严密的军事防御体系。

许多人对秦始皇、汉武帝以及明代所修的长城印象极深，有的甚至还产生了只有汉族统治者才会修长城的误会。其实，许多少数民族的统治者，在建立了政权以后，为保障自身的安全，防御外来的侵扰，也曾大规模地修筑长城。例如北魏、东魏、北齐、北周和金朝都修筑过长城，而且金朝所修筑的长城还相当长，仅次于秦、汉和明长城。在一般人的心目中，长城只是东西横亘在中国北方大地上的一道固定不变的高大墙体，甚至有人把今天所能看到的明长城误认为是秦长城。其实由于风雨侵蚀、朝代更替等方面的原因，有些段落的明长城比秦长城南移了数百里，北京地区境内的明长城就是如此。我国历代修筑的长城，大大小小纵横数十条，短者数百里，长者万余里，其具体方位和走向也各不相同，并不是一条固定不变的长城线。

从春秋时期开始，直至明朝末年，长城的修筑持续了两千余年。在这个漫长的历史进程中，长城的修筑表现出了波浪式发展的特点。春秋战国时期是长城的初建期，就其修筑动机而言，此时的长城可以分为各诸侯国相互防范及秦、赵、燕三国为防范北方游牧民族而建长城两大类，前者的修筑时间早于后者。秦始皇与汉武帝两位皇帝掀起了长城修建史上的前两次高潮，为了防止匈奴的进袭，在东起辽东、西至河西走廊及罗布泊的辽阔北疆，出现了秦、汉两朝修建的规模宏大的万里长城。东汉至两晋时期战乱频仍，形成了长城修建史上的间歇期。北朝诸政权林立使长城的修建达到了一个高潮，直到隋代，还数次修缮旧有的长城。但唐、五代、宋、辽的数百年间，长城的修建基本上再次处于停滞状态。女真人所建的金朝曾费 70 余年之功，把长城的修造又一次推向高潮。蒙古族建立的元朝，疆域广大，大漠南北大部归其所有，没有修筑长城之必要。明朝因为一直面临着北方瓦剌、鞑靼及女真的威胁，所以在其统治的 276 年间，大部分时间都忙于修筑长城。明代修建的这条中国历史上费时最多的长城，东起鸭绿江畔的虎山，西止嘉峪关西南侧讨赖河畔的长城第一墩，是横亘在中国北方的第三条万里长城，它以其最为浩大的工程量、最为先进的构筑技术和最为完善的防御体系，把古代长城的修建推至最高也是最后的潮头。

由于所处时代的生产力发展水平、技术水平不同，也由于各个政权面临的军事形势有所不同，历代长城在构造、建筑方法及形制等方面都有所不同；由于所处地段地理条件的差异，即便同一时代所修长城的面貌也互有区别。就工程技术的大势而言，北魏以前各朝代所修建的长城，以版筑夯土为主；北魏时期出现了砖石结构的长城；明代长城的修建则广泛运用了石砌法、砖砌法和砖石混砌法。不过，就构筑长城的基本原则而言，历朝历代却是共同的。这个共同的基本原则，可以用“因地制宜，据险制塞”八个字来概括。所谓“因地制宜”，一是指巧妙地根据地形条件而构筑工程；二是指充分利用当地的自然资源，选择合适的材质作为建筑材料。所谓

"据险置塞"，主要是指利用地理天险御敌，即利用坚硬的自然山体或沟堑稍加修饰作为墙体。以下的诸条例证，可以对此给予很好的证明。

佟柱臣在《中国边疆民族物质文化史》一书中记载：敦煌玉门关附近的西汉长城的最高一段，建在当谷隧以东约 300 米处，现存墙体系用流沙、散石、红柳和芦苇筑成。这完全是由当地自然地理条件决定的，这里没有黄土和石材，只有流沙和小石子，而附近的沼泽地中则生长有红柳和芦苇，汉人筑长城时，便就地取材，将流沙、石子和芦苇等物掺和在一起，层层上铺，一般每层的厚度为 20~30 厘米不等，整个墙体的高度可达 3 米多。盖山林、陆思贤合著的《潮格旗朝鲁库伦汉代石城及其附近的长城》中谈到内蒙古自治区西尼乌苏以西的一段汉长城，均用石块垒砌而成，而从西尼乌苏向东，有一段是由石片外包而内实为夯土，再向东行，则全部为土筑，这也是由就地取材所致。明代仍循前代的做法，在"因地制宜，据险制塞"的筑城方法上更加灵活，形式也更加多样化，在长城建筑工程水平上达到了高峰。墙体高度也依地形地势而定，一般在山岭陡峭之处较低，平坦之地较高。在少石多土之地，多为版筑夯土墙，或者用土坯垒砌，例如辽东长城的部分和嘉峪关附近的长城墙体就是如此。在石质山体的地区一般利用山脊为墙基，外包砌条石、青砖，内填黄土或者碎石，这样可以节省建筑材料，省工省力。还有用石块垒砌的石垛墙，利用险峻山岭随山就势人

图序-2　位于嘉峪关市西南隅的一段长城

工劈凿的劈山墙，利用大山险阻作为障壁的山险墙等，如辽东山区和燕山山脉的居庸关、八达岭、金山岭、慕田峪等处的长城就是这样。此外，还有用树木、木板等在山崖险处设置的崖榨，在低洼多水、不宜修建墙体之处因地制宜挖成的边壕。另外，在河岸、山谷，利用自然的陡峭山崖，往往稍加修整即成险阻，加上河流、谷溪等天堑，就构成了一道坚固的防线。这些就地取材、因地制宜的长城构筑方法，既减少了工程量，又达到了制险御敌的理想效果。

图序 -3 慕田峪长城的墙体建筑材料多以花岗岩条石为主

就长城的形制和防御功能而言，从长城产生之日起，就不单单是一堵孤立的城墙，越到后期它的功能就越完善、设计越严密，长城的整体防御能力不断增强。

从今河北、内蒙古自治区等地的战国时期长城遗迹来看，那时的长城沿线已分布有烽燧、亭障等设施，情报传递系统和纵深的防御配置就已建立。秦汉时期各种设施进一步完善，除了烽燧和亭障以外，在长城内外还增加屯戍城

等，而且向纵深发展，形成网络。据文献记载并结合出土汉简和实地考察可知，烽燧数量多且一直延伸到长城以外很远的地方。屯戍城是屯驻重兵之所，一般面积较大，有数百米见方。长城经过的交通要冲，均设立关隘，防守严密。长城的建造者们还在城墙、城堡的外侧有意地设置一些障碍物，如僵落、虎落等。秦朝在河套长城一带，广植榆树，以阻挡骑兵，人称榆关。北齐时期在长城内侧设戍，险要之处置州镇，驻扎军队，形成前沿线状布防。金代长城大部分在今内蒙古自治区的草原上，城墙外侧普遍挖有护城河状的堑壕，交通要冲之处还双壕双墙并列，形成外壕、副墙、内壕、主墙几重防线，墙外附筑有马面与烽燧，内侧分布有戍堡或关城。壕墙结合的金长城，增强了前沿的防御能力。马面的增筑，便于保护守城士兵的安全，也有利于射杀攻至城墙下的敌人。

明代长城的工程技术水平、形制和防御功能均达到了我国长城修筑史上的高峰。明长城墙体结构坚固，形制设置灵活多样。作为京畿屏障的北京西北宣府镇长城，因处于蒙古族南下的要冲，地理位置十分重要，这里就筑有内外两道长城，在内长城上置有居庸

图序 -4　金山岭长城敌楼前的障墙

关、紫荆关、倒马关，人称“内三关”。形成以外长城掩护内长城，内长城护卫内三关，内三关拱卫京师的纵深防御体系。明长城重要关口的建置和防御设施非常周全，一般都建有方形或其他多边形的关城，附筑有瓮城，有的还有罗城与护城河，布防十分严密。此外，在长城沿线还设立障、堡、敌台、瞭望墩台等设施，构成了由点到线，由线到面的防卫体系。明长城把军事重镇、关城、隘口等有机地连接在一起，使其互为犄角，遥相呼应。这样即使某一地失守，也能滞缓敌军行动，迅速集结兵力，重新组织有效的防御。其构思之巧妙，布局之合理，由此可见一斑。

历代长城的修筑，都是采用分区、分片、分段包干的办法来完成的。主要是依靠军队和征调民夫。秦朝在蒙恬率领几十万军队击败匈奴之后，遂以部队为主力修筑长城。此外，秦始皇还从长城沿线强征了大量民工，后来秦朝政府又在长城沿线设置 12 个郡，承担维修长城和防守的重任。为了长城沿线交通的便利和军队调动的便利，秦代还在长城内侧修筑了驰道，即较为宽阔的马路，有许多地段迄今犹存。汉代在修建河西长城时，由武威、张掖、酒泉、敦煌四郡分段负责，然后各郡再依次把任务划分给下属各县，层层分段包干，最后落实到各防守据点的戍卒身上。明代亦沿用此法。著名的蓟镇长城就是抗倭名将戚继光带领军民修筑的，在八达岭长城发现了一通万历十年（1582 年）的石碑，上面详细地记述了修建这段长城的官员分工情况和经过。

二、长城的历史评价

历代修建的长城，总长度已经超过 50 000 公里，它们犹如一条条气势磅礴的巨龙，翻崇山、越峻岭，穿草原、过沙漠，跨河海、越绝壁，起伏盘旋，奔腾飞舞。今天看来，虽然其军事防御功能早已不复存在，但作为我国古代劳动人民的伟大壮举和集体智慧的结晶，长城仍具有一种震撼人心的历史沧桑感和雄奇、阳刚、悲壮的审美特征。从旅游的角度看，古代长城无疑是全世界范围内最有价值、最具观赏性的人文景观之一。

图序 -5　蜿蜒盘旋的八达岭长城

然而，在漫长的历史时期内，关于是否有必要修筑长城的争论，却一直没有停止过。一方面有不少的政治家和军事家主张大修长城，以满足某种特定的政治和军事需要；另一方面，又有许多人强烈反对和批评修筑长城。在民间广为流传的孟姜女哭长城的故事，就反映了广大劳动人民对修筑长城所带来的沉重徭役的痛恨。同样，对于长城的历史地位和作用、长城的文化象征意义，人们的认识也始终没有统一起来。誉之者认为，长城在中国古代冷兵器时代是最伟大也是最有效的军事防御手段，完全肯定了广筑长城在那个时代是一种最实际和最合理的选择。长城是一座伟大的历史丰碑，是中华民族坚强不屈的精神力量的象征。贬之者的意见主要是反对统治者役民暴政，主张治边要施以仁德，他们不赞成以暴虐的手段，耗费大量的人力物力构筑这道永备的军事防御建筑，认为应以修仁德服敌和以众志成城御敌为根本。有人还认为长城是巨大的悲剧纪念碑，是保守、封闭、退缩无能的标志，是狭隘民族主义的产物，是“空间上扩大的四合院”的院墙，是一个“限制文明空间的环”。还有一些别有用心的人，把长城说成是一条国界线，这是不堪一击的谬论。

图序-6　在修筑长城的浩繁工程中，统治者动用了大量的人力和物力

在笔者看来，我国古代的万里长城首先是整个人类建筑史和军事史上的奇迹。我们的先民，在极端落后的生产力条件下，凭借着较为原始的工具，完成了极为艰巨复杂的长城施工，虽然付出了艰辛的劳动，但他们所表现出来的聪明才智与坚韧不拔的毅力，是应当给予肯定的。其次应当看到，长城修筑的直接原因虽是军事，

但其深层原因却是文化和经济，在它那巍巍的身躯之上，不仅鲜明地体现出了构筑者的思想感情、思维方式和价值取向，寄托了人们的向往与追求，还反映出许多时代的社会风貌和人文信息。在这种情况之下，我们应当注意区分长城历史作用的主流与支流，避免简单化与片面化的倾向。不可否认，确实有人希望把长城变为所谓的“胡汉天堑”，表现出了极为狭隘的民族主义倾向。但笔者认为，长城的修筑并不是由我国古代史上哪一个或哪一些统治者的个人意志所决定的，归根到底，长城的修筑是受中国古代的社会生产力水平、社会经济类型及民族关系发展等因素的制约。就某一历史时期修筑长城的具体、直接目的而言，虽然都是出于军事方面的考虑，但其侧重点并不一致。有的是服务于扩张领土的需要，如汉武帝修建的河西长城；有的是为了炫耀武力，如隋炀帝修建的长城；但更多的是侧重于防守。我们还应看到，长城在历史上实际发挥的客观作用，在许多方面都突破了长城修筑者们原来的主观愿望和长城单一的功能，因而具有多方面的积极效应。关于这一点，我们可从以下几个方面做一较为详尽的表述。

图序 -7　聪明智慧的劳动人民，用自制的“提升机”把土石料运送到高墙之上

1. 长城是保卫中原农业文明与和平生产环境的屏障。长城就其本质而言，只是在“有备则制人，无备则制于人”（出自《盐铁论·险固》）的战略思想指导下产生的战略防御措施，这是修筑长城最直接和最明显的作用。长城在军事方面的巨大功效，始终是其最

基本的功能。两千多年来，围绕城墙展开的攻防之争，构成了古代军事活动的主要内容，一系列的攻城守城战略战术体系也由此而产生。

纵观长城的修筑史，我们可以清楚地看到长城作为军事防御工程，其主要目的是抵御北方游牧民族的南下，尽可能地防止和避免战争，以求得人们有一个安定的生产、生活环境。在以农立国的古代，中原王朝无力控制北部辽阔的荒漠与草原，又不得不提防游牧部落的南下侵扰。既无法彻底消灭飘忽不定的对手，又要时刻防备突如其来的袭击，那么，广筑长城对中国古代大多数统治者而言，不失为一种实际而有效的选择。从今天古长城的遗迹来看，也大体上分布在农牧区的自然分界线上。应该说长城在绝大部分历史时期内，对中原农业文明的安定与和平所起到的保障作用，是需要充分肯定的。

在冷兵器时代，长城的防御作用是显著的。游牧民族善于骑射，尤其是在广阔的大草原上，纵横驰骋，锐不可当，骑射水平之高超，远非中原汉兵所能相比，但攻坚步战非其所长。横亘在骑兵面前突兀而立的高大墙体，使其弃长就短，优势化为劣势，从这一方面来说长城的确起到了屏障作用。

为什么许多朝代的政治家们不惜付出巨大的代价来修筑长城？难道说他们的构想和举措都不明智？我们的回答是否定的。从下面一些事例中，我们可以看出长城的御边作用。

《汉书·晁错传》载，晁错建议汉文帝大修长城时有一段精辟的论述，他指出当时北方的游牧民族势力强大，常常犯境，“如此连年，则中国贫苦而民不安矣”。所以，他建议徙民实边，“以便为之高城深堑……要害之处，通川之道，调立城邑”。又如《魏书·高闾传》记载北魏时期，一名叫高闾的谋士给朝廷献策道：“北狄……所长者野战，所短者攻城。若以狄之所短，夺其所长，则虽众不能成患，虽来不能内逼……今宜依故于六镇之北筑长城，以御北虏。虽有暂劳之勤，乃有永逸之益，如其一成，惠及百世。”这些具有远见卓识的政治家们认为，要巩固自身的统治、防止外族势力的袭扰，就要构筑长城进行防御，以消除不安定的因素，增强人们的安全感。

《过秦论》载，秦朝“北筑长城而守藩篱，却匈奴七百余里。胡人不敢南下而牧马”。又如《汉书·匈奴传》载，汉武帝“出师征伐，斥夺此地，攘之于幕北。建塞徼，起亭隧，筑外城，设屯戍以守之，然后边境得用少安”，而后晋以降，中原地区之所以屡遭北方游牧民族洗劫，主要是因为石敬瑭割让了燕云十六州给辽，使长城的东段完全处于辽境内，当长城失却屏障作用后，千里中原沃野就直接暴露在北方游牧民族的兵锋之下，致使中原王朝陷于被动的困境。

长城作为防御工程，并不像有些人所说的是消极的、保守的、封闭的防御。秦皇、汉武无不是在军事上主动出击取得胜利后再构筑长城的，这说明修筑长城是积极的防御。例如汉朝修筑河西长城及玉门至罗布泊一带的亭障烽燧，就是在战略上进入攻击状态时，随着兵马的不断向前挺进，步步为营，在不断巩固前沿阵地的基础上修筑的。正如英国学者斯坦因在此考察之后所指出的那样：“汉武帝的长城用意乃是作为大规模的前进政策的工具。”

同时笔者也认为，长城在军事上所能发挥的作用并不是无限的。交战双方的物质基础，力量对比和官兵的素质、装备，战略战术的应用，更重要的是战争的性质，广大人民的支持等，都是决定战争结果的因素。但从总体上看，中国历代王朝在用将得人、用兵得法的前提下，长城对于抗御北方游牧民族的袭扰，具有不可替代的防卫价值，我们还是应该充分肯定的。

2. 长城是推动北方地区经济发展的杠杆。纵观中国古代北疆开拓发展的历史，大多都与以长城为核心的边防建设有关，可以说长城起着经济杠杆的作用。围绕着长城的修筑，以及为解决守城将士军备给养而实施的军屯、民屯和徙民实边等措施，均不同程度刺激了北方地区经济的发展。

修筑长城需要投入大量的人力物力，仅秦汉之时，累计参与修筑长城的兵民就有近千万。秦始皇在修筑长城的同时，也着手加强边境地区的开发建设，“因河为塞，筑四十四县，城临河，徙适戍以充之”（出自《史记·匈奴列传》）并以“拜爵一级”为奖励，“迁北河、榆中三万家”（出自《史记·秦始皇本纪》）垦戍边防。可见，秦朝就已揭开了屯田戍边、开发边区的序幕。

汉代由于修筑长城的时间较长，曾有多人提出移民实边的建议。《汉书·晁错传》记载，晁错两度向汉文帝献徙民实边策，他提出“然令远方之卒守塞，一岁而更，不知胡人之能。不如选常居者，家室田作，且以备之”。只有募民实边，才能“使屯戍之事益省，输将之费益寡”，而且兼收“营邑立城”、开发建设边疆的功效。此后，汉武帝时的桑弘羊、汉宣帝时的赵充国相继提出军屯戍边的主张，在解决“内有亡费之利，外有守御之备”的同时，也起到“缮乡亭、浚沟渠”，“益垦溉田”，垦殖边疆的作用。（详见《汉书·赵充国传》《汉书·西域传》）他们的建议先后被当时的汉朝统治者采纳并组织实施。西汉时期屯垦规模十分可观，自汉文帝至汉武帝时，西汉曾多次将内郡人口迁往边郡，累计调动塞卒60余万，移民70余万，分布范围遍及北疆诸多战略要地。这些移民和戍守长城的军人一同开垦荒地进行农耕，自己动手，丰衣足食，不但加速了边区的经济开发，还节省了政府的大量军费开支，也大大减少了长途运输之苦，实为两全其美之策。

在今天的甘肃、内蒙古自治区等地，先后出土了大量秦汉时期的遗物，如铁犁、货币、衡器、量器等，它们与内地的相差无几，这说明这些生产工具、生活用具是移民带去的。据《汉书·食货志》记载，“边郡及居延城”也在实施赵过的代田法，“教民相与庸挽犁。率多人者田日三十亩，少者十三亩，以故田多垦辟”。说明当地在实行封建的租佃制生产方式，数以千万计的屯垦军民运用中原带去的先进生产工具、技术和组织经营方式，累世艰苦开拓，初步建立起鄂尔多斯、辽阳、河西三大新经济区。

汉昭帝时还“发军屯西河”“调故吏将屯田张掖郡”“发人民屯欧脱”等。汉代新设置的武威、张掖、酒泉、敦煌四郡，也都实行屯田制。在今新疆吐鲁番一带，汉代设戊己校尉，统率西域军队，管理屯田。在今塔克拉玛干大沙漠北缘巴音郭楞蒙古自治州的轮台县，设校尉城，这是汉代使者都尉的驻地，也是屯田之所。汉河西垦区农业也很发达，敦煌汉简记录了敦煌一郡即有存谷一万多石，包括莎车、疏勒等地“兵可不费中国而粮食自足”。西河郡以西十一郡因“物钱谷”富足，还曾“调有余”赈济“困乏”灾区（《居延汉简》载），足见边区的粮食不但能自给自足，而且有了不少节余。

汉代的河西长城对于活跃西北边地贸易、推动经济发展也起到了一定的作用。汉武帝元狩二年（公元前121年），在霍去病打通河西走廊后，汉王朝与西域诸国之间的使节，曾频繁行走在这条路上，促进了当时的贸易活动。除了“赂遗赠送，万里相奉”之外，汉王朝使团沿途的消费，也影响着当地的经济生活。汉使有时又肩负着直接进行贸易活动的使命。某些外国来使也是“实行赏赐贾市”的“蛮夷之贾”。依恃河西长城，这些交易活动中的行旅的安全得到保证。这条贯通东西的大道，又有为往来使团提供后勤供应的作用。河西长城的建造还为当地民间贸易的发展创造了条件。从中原到大西北戍边屯垦的军事移民，往往把内地出产的织品和衣物等，向当地吏民出售，用来购买和换取当地生产生活的必需品，互通有无。这种贸易活动无形之中也促进了当地的发展。

北疆交通网络最初也是应构筑长城防务的军事需要而建立起来的。道路通畅、交通发达是经济发展的基础，也是进一步促进经济活跃的前提。四通八达的交通网络是运输粮草装备、调集兵马的大动脉。这无疑对加强边区与内地的物资交流，促进经济发展发挥了重大作用。从这个意义上讲，长城确实发挥了刺激北疆经济开发，孕育“塞上明珠”生命线的作用。

北疆交通主干中既有沿长城走向连接北边重镇的干线，又有关中直通漠南的大道。此外尚有沟通西域、塞北的阳关、羌中、居

延等地的要道，构成了纵横交错的交通网络，使得屯田实边军民，以及大量的生产资料、生活用品源源不断地进入北疆。这一条条道路犹如一道道经济大动脉，繁忙的运输刺激了北方经济的发展，这都是凭仗长城防御体系所提供的道路交通之便。

汉武帝“以屯田定西域”的成功经验，被后代尊崇为“先代之良式”（出自《晋书·食货志》），此策基本上为后世所沿用。《隋书·食货志》记载，北齐“开幽州督亢旧陂，长城左右营屯，岁收稻粟数十万石，北境得以周赡”。又载，隋开皇三年（583年），“令朔州总管赵仲卿，于长城以北大兴屯田，以实塞下”。明初的军屯更发展到了前所未有的规模，真所谓“养兵百万不费百姓一粒米”（出自《春明梦余录·屯田》）。历代所采取的徙民实边、军屯、民屯等措施，使边区的不少地区大有“其繁华富庶，不下江南”的繁荣景象。以长城为核心向两侧，特别是向外辐射的许多处女地得到开发，变为塞上粮仓。另外，中原历代王朝在长城沿线开设的马市成为和边民交流的重要渠道，往往由此发展为边贸重镇，促进了边疆地区的繁荣。

最后，我们再看看长城对北方经济和中原经济建设所起的保护作用。通览长城的历史，我们可以清楚地看到，不管哪一个朝代，只要在得力的朝臣边将主持下，充分发挥长城的御边作用，就会取得巨大的经济效益。《明史纪事本末》记载，嘉靖年间蒙古贵族俺答屡屡驱兵南下，“前后杀戮吏民剽人畜以亿万计”，给当时的经济发展以重创，由此可见边防失修所带来的损失是巨大的。而隆庆、万历年间增设城防，进行了有效的抵御，进而促成了汉蒙和议，仅从直接经济开支来看，每年“所省征调不啻百万”（出自《万历武功录·俺答列传》）。如果我们再把这一时期由于和平环境使北方长城沿线经济得到恢复和发展所创造的巨大效益计算在内的话，其经济效益是不可估量的。我们不难想象，在长城修筑二千余年的历史过程中，长城对其沿线及中原经济、农业文明的保护作用是多么巨大。

3. 长城是促进民族融合的纽带。长城不但起到了防御外敌和促进北方经济发展的作用，还促进了汉族与北方各少数民族的凝聚和融合，在我们统一多民族国家的形成和发展过程中，起到了不容忽视的纽带作用。

民族间长年的仇杀和征战，会给广大劳动人民带来巨大的灾难和无尽的痛苦。民族间和平往来，融洽相处，经济上相需相靠、连为一体，疆域稳定、边防巩固，人民生活安定，人人安居乐业等，才是人们共同的最终愿望。不可否认，围绕着长城这条防线，北方的游牧民族和中原的农耕民族曾发生过多次冲突与战争，但在历史的长河中，这毕竟是短暂的。当北方的游牧民族短时间内在军事上无法战胜中原王朝，而经济上又迫切需要换取农耕区产品以补充自身单一经济的不足时，就会出现一个较为长期的稳定的和平交往局面，长城防线正是促成这种格局出现的重要保证。

随着长城的修筑，中原王朝在边区设立郡县和新经济区，游牧民族与农耕民族之间的交往和交流日益频繁，这种交往和交流主要是通过和平互市的方式来实现的。在各民族各政权关系融洽时期，长城的各重要关口以及边塞各城镇，都成了经济交流的驿站和互市贸易的市场。汉武帝时由于加强了长城防线的建设，出现了“匈奴自单于以下皆亲汉，往来长城下”（出自《史记·匈奴列传》）的和平交往景象，这就为汉与匈奴之间长期稳定地发展正常的互市关系奠定了坚实基础。到汉宣帝时终于出现了“边城晏闭，牛马布野，三世无犬吠之警，黎庶亡干戈之役”（出自《汉书·匈奴传》）的局面。明代在长城沿线开设的互市贸易规模更大，例如隆庆五年（1571 年），蒙汉之间实现“封贡互市”后的半个世纪里，东起延永、西抵嘉峪，七镇数千里呈现出“烽火不惊，三军晏眠，边圉之民，室家相保，商贾夜行”（出自方逢时《大隐楼集·辕门记谈》）的民族团结和睦的气象。汉蒙双方除了开设官办的贡市、关市、马市以外，民市、月市、小市等民间贸易也很活跃。据万历《宣府镇志》记载，当时张家口一带居然有“南京罗缎铺、苏杭绸缎铺、潞州绸铺、泽州帕铺、临清布帛铺、绒线铺、杂货铺，各行交易，铺沿长四、五里许”。长城沿线出现了“六十年来，塞上物阜民安，商贾辐辏，无异于中原”的兴旺和繁荣景象，为民族间的交流、交往和融合提供了有利的条件。

长城对民族融合所起的作用，在中国历代都有所表现。公元前 51 年南匈奴归汉，实现了汉族与北方民族的融合。中华人民共和国成立以后在内蒙古自治区阴山一带汉代城堡遗址的考古发现，说明汉与匈奴的和平往来并没有完全被万里长城和军事堡垒所阻断。西汉时期，王昭君慨然北嫁匈奴，在民族团结的友好史上，留下了令人称颂的篇章。在唐代，唐太宗大破突厥军后，使数十万降众居住在长城沿线一带，设置六个都督府，任命突厥人为都督。突厥人接受了汉族先进的经济和文化,进一步加速了民族融合的步伐。崔颢的《雁门胡人歌》也形象地反映了汉族与少数民族之间呈现出的一种渐趋融合的趋势。正如马克思所说：“野蛮的征服者总是被他们所征服了的民族较高的文明所征服。”金元时期，雁门关外由起初的“不植桑榆不种麻”到后来的“生民何处不桑麻”反映了这一历史规律。明朝与北部蒙古族的关系虽比较紧张，但不乏友好往来之举。例如蒙古族右翼土默特万户首领俺答汗与其妻三娘子，先后为蒙古族右翼首领,在两人主政期间对明朝采取和平友好的政策，积极推行边地贸易，主张和平互市，促进民族友好。明在长城沿线开放马市，体现了汉蒙互相依存、渐趋融合的密切关系。后来清政府采取怀柔政策，更进一步促进了长城一带的民族大融合。

长城一带不间断的大规模民族融合，使汉族和北方少数民族之间最终形成了“你变成了我，我变成了你，我中有你，你中有我”的相互交融的亲缘关系，这正是长城防线发挥了凝聚、连接的纽带作用。因而我们说，长城是在农牧民族的碰撞与融合中，树立起的一座民族融合的不朽丰碑。

4. 长城是一座文化艺术宝库。长城作为人类历史上罕见的宏伟壮观的文物之一，积淀和凝聚了极为深刻的文化内涵。长城是精神产品和物质产品的复合体，它不但铭记着民族的心理轨迹，还涵盖了种种时代的社会人文信息。曹大为在《长城的历史价值与文化内涵》中记述："长城还包括作为物质实体客观存在的物态文化，反映了长城南北农耕文明与游牧文化不同生产方式、生活方式冲突与融合的制度文化，围绕长城制定的战略战术及从中体现的军事思想，作为构筑运用长城重要配套措施的军屯、民屯、商屯中体现的经济思想等。"

在长城出现后的 2 000 多年来，以长城为中心，长城南北各民族的文化融合与交流，不仅丰富了各民族各自的文化内容和中国总体文化的内容，还促进了各民族文化的发展。长城是"有形的文化界线，乃自然和人文的混合产物"，是人类经济活动所交织的巨大文化之索。在这条文化线的两侧，即长城分布的主要地区，形成了一种有别于其他地区的文化地带。长城沿线既显露出边塞的独特风貌，又存在与中央政权紧密联系的一面。长城作为传播中原文明的文化带，对游牧民族邻近长城地区半农半牧中间过渡地带的生产、生活方式产生了重大影响，使这一地带的文化呈现出鲜明的特色。

图序 -8　王昭君墓前雕塑

以长城为中心，南北文化的交流始终没有停止过。例如战国时期，赵武灵王修建赵长城，号召国人学习"胡服骑射"，进行南北文化交流。今天的赵长城遗址及其出土的匈奴族金冠、金牌和一系列的青铜文物就是明证。秦汉时期，长城南北文化进行了空前的对话与交流，在长城沿线发现的秦权、诏版，内蒙古和林格尔汉墓壁画、单于和亲瓦当，还有闻名遐迩的昭君墓等，均是南北文化交流融合的见证。在当时的长城一线，有带有胡化成分的汉人，也有受农耕文明熏陶的胡人，由于他们之间接触交流，缓和了游牧文明与农业文明接触时的冲突。边疆少数民族文化逐渐与先进的汉文化融合，不仅丰富了汉文化的内容，也增强了汉文化的活力。姚从吾认为："中国文化与民族发展的次第，是自北而南的。边疆民族的入侵，也以北方与东北方的南下为主潮，甚至说我国的历史，是由北方、东北民族与中原文化交织而成，亦无不可……长城，奠基于秦代，显耀于两汉，形成隋唐以后中原文化对东北与北方边疆民族势力消长的关键。它可以说是中原汉民族的前进基地，也可以说是中原民族与儒教文化的门户。"在距农耕文明腹地以北千里之遥的长城沿线出土的大量文书、生产工具、生活用品就证明了长城文化带的确存在。

长城内外出土的大量文物和遗留下来的诸多名胜古迹，以及长城本身都体现了多民族文化融合的精华之所在。例如，在今内蒙古额济纳河下游黑城东南发掘的居延汉简，被誉为20世纪中国档案界的"四大发现"之一。汉简中绝大部分是长城边塞地区文书，记载了汉代此段长城的城堡、关城和瞭望台等三个不同等级的军事设施规模和建筑物的配置，以及戍守官兵的组织、装备、出勤、报警联防、身份证和通行证制度、士兵生活。还有，对经济、民族、宗教等方面均有真实的记述。居延汉简弥足珍贵，是研究汉朝历史，尤其是长城历史必不可少的档案史料。在长城沿线文化带里，遗留下来的名胜古迹诸如敦煌、云冈、麦积山、万佛堂石窟壁画、雕塑；北京地区保留的元代居庸关云台、金代的卢沟桥，以及辽南京、金中都、

图序-10　开凿于北魏太和年间的洛阳龙门石窟雕像

图序 -9　闻名于世的大同云冈石窟雕像

元大都遗址等，都体现了文化交流的特点，同时也记载着中华民族历史上文化的辉煌。另外，长城本身就是一件伟大的艺术品，长城许多关隘的券门上有不少雕刻和装饰，不管是砖雕还是石刻，其工艺之精湛，装修之富丽，甚至可以与一些皇家和王府的工程相媲美。因此，说长城是世界上伟大的杰作，一点也不为过。

长城对中西文化的交流也起到了很大的促进作用。自从汉武帝派张骞出使西域诸国之后，开辟了东起汉朝都城长安（今西安），西到大秦（地中海东岸一带）全长 20 000 余里的著名交通干道，后人称之为“丝绸之路”。自此我国和中亚、西亚等国进行的物资和文化交流多取此道，中外友好使团频繁往来于这条古道上，中外

文化在此融合、交流。直到今天，这条古道仍在发挥着作用，功绩是巨大的，意义是深远的。

自从长城诞生以来，它就以其雄伟的气势和博大精深的文化内涵，吸引着一代又一代的文人墨客、帝王将相以及民间百姓等。他们以长城为题材创作了大量的文艺作品，主要有诗词、民歌、神话、民间传说等，其中诗词数量相当多，内容也十分丰富。这些诗词有的描绘万里长城的雄风，有的咏唱万里长城的壮美，也有的无情揭露鞭挞统治阶级役使兵民修筑长城的酷虐残暴及其给人民带来的深重苦难等。

图序 -11　阳关烽燧遗址

值得一提的是吟咏长城的第一篇秦朝民歌：“生男慎勿举，生女哺用脯。不见长城下，尸骸相支柱。”这首揭露秦始皇暴虐无道、充满强烈现实主义精神的民歌，被魏晋之际的哲学家杨泉引入《物理论》，后又被郦道元转引入《水经注》得以保留下来并流传至今，弥足珍贵。这首遗留下来的秦代劳动人民的口头文学作品，开后世历代诗人歌咏长城的先河，在中国文学史上占有重要地位。

自秦以后，歌咏长城的诗词占有重要地位，其中唐代的边塞诗尤为典型。这些诗篇与长城的修筑与保卫具有密切的关系，有的歌咏长城关隘的雄伟壮丽、筑城工匠的勤奋智慧；有的写怀念远人、悲欢离合的内容。文辞有的悲壮，有的缠绵，有的哀怨，有的欢欣，题材广泛，格调生动，形式多样。例如汉代蔡琰《胡笳十八拍》中有“夜闻陇水兮声呜咽，朝见长城兮路杳漫”“杀气朝朝冲塞门，胡风夜夜吹边月”之句，写出了怀念亲人那断肠哀切的心情；唐代李白的“长风几万里，吹度玉门关”则直抒胸臆，赞美、讴歌长城；

图序-12 银装素裹的万里长城巍峨延绵，气势磅礴，如银龙入海

王昌龄的“秦时明月汉时关，万里长征人未还”，王维的“劝君更尽一杯酒，西出阳关无故人”写出了戍边征战、关山行旅的兵民之苦。这一首首脍炙人口的诗篇，均是以长城为题材而创作的，是长城历史与风情的真实画卷。

唐以后的宋、元、明、清以及近现代，均有不少诗人、词人路经或登临长城，有感于长城的修筑，以及长城两侧的壮美河山等，挥毫写出了迄今仍广为流传的名篇佳作，大大丰富了长城文化的宝库。

三、长城的现实意义

中国古代修建的万里长城，作为军事防御设施，早已完成了它的历史使命，兄弟民族之间也早已化千年干戈为玉帛。这项举世瞩目的伟大工程的历史价值，就在于它已转化为中华文化的瑰宝，是人类文化的财富。今天，当人们把长城喻为中华民族的象征之一时，长城又具有了新的现实意义。

凝聚着中华民族历代劳动人民勤劳、智慧和血汗的万里长城，是祖先遗留给我们的一笔丰厚的文化遗产，是屹立在中华大地上的一座不朽的历史丰碑，是人类文明的骄傲。今天，人们仍能从这厚重纷繁的长城文化中，发掘其蕴含着的有关中国的政治、经济、军事、历史、地理、建筑、考古、文学、美学、民俗等各个方面的积极效应，以及那深刻的文化内涵、民族精神和民族性格。在人们的心目中，长城这极为雄伟博大的景观和审美上阳刚、悲壮的文化载体，是囊括中华民族历史的百科全书，为此，美国作家威廉·基尔曾评价长城：“数不清的伟大故事形成了一部地球的历史。”日本学者稻叶也曾说：“长城文化深浚而奥秘，如果能探到这潜蕴的宝藏，或许能揭示中国古老而珍贵的神秘。”今天的我们正是从长城文化中，看到了中华民族的古代文明，深深地感受到，只有伟大的民族，才会建造出伟大的长城。这就昭示人们继往开来，去发扬这种优秀的文化传统和艰苦勤奋、坚韧刚毅的民族精神，加速今天的精神文明和物质文明建设，为实现中华民族伟大复兴的中国梦而努力奋斗，再创辉煌！

长城，对于中国人来说，是意志、勇气和力量的标志。长城，以它的巍巍雄姿和坚强不屈的品格，象征着中华民族伟大的力量，是在中华民族处于最危险的时刻，举国上下高唱“把我们的血肉筑成我们新的长城”，同仇敌忾，浴血抗战中提炼锻铸而成的象征。当年《义勇军进行曲》广为传唱，使长城在人们的心目中升华为民族精神和意识。在 1949 年 9 月召开的中国人民政治协商会议第一届全体会议上，这首歌曲被正式确定为中华人民共和国代国歌后，更强化了这种精神和意识。昔日，中国人民高唱这支雄壮嘹亮的歌曲，浴血奋战，打败了日本侵略者。今天，长城精神和意识，正在激励着全体中华儿女为中华民族的振兴和繁荣，共同努力，奋发图强，去筑成中国“新的长城”。这就是长城最能激励中华民族奋进的内涵，同时中华民族也不断赋予长城更新的寓意，这就是长城精神、长城魂！

早在 1987 年，联合国教科文组织就已将长城列入《世界文化遗产名录》。邓小平同志曾为长城题词：“爱我中华，修我长城。”老一辈无产阶级革命家习仲勋同志也为长城题了词。这不仅增强了中华民族的自豪感、自信心和爱国热情，还使长城作为名胜古迹、世界奇观，具有旅游观光价值。“雄关存旧迹，形胜壮山河。”清代的康熙、乾隆年间，人们就已意识到了长城的观赏价值。毛泽东的一首《沁园春·雪》“北国风光，千里冰封，万里雪飘。望长城内外，惟余莽莽……山舞银蛇，原驰蜡象，欲与天公试比高……”更是把长城与壮丽河山相结合的典范之作。长城作为观光风景四季皆宜，它有春的温柔，夏的热烈，秋的成熟，冬的严峻。作为名胜古迹，长城记载着中华民族丰富的历史文化。“不到长城非好汉”已成为中外游人共同的心声。数以亿万计的中外人士正是带着这种对长城的仰慕与向往，千里迢迢来长城游览观光，以实现自己日夜之梦想，终身之夙愿。

长城不仅为中国的旅游事业做出了很大贡献，而且对弘扬中华民族悠久的历史文化、促进改革开放、促进中西部地区的开发，对促进中外文化交流、经济发展和古丝绸之路的繁荣，都起到了积极的作用。所以，我们今天为长城而高歌，是具有很大现实意义的。

第一章
上下两千年 纵横十万里
——中国的历代长城

在我国历史上，从春秋战国时期的诸侯国开始到明代为止，共有20多个诸侯国和王朝修过长城，历时长达2 700多年。我国16个省级行政区有长城的遗迹，单是内蒙古自治区境内的长城就有3万华里（1华里约合1市里，即500米）。如果把各个地区历代所修的长城连接在一起，总长度可超过10万华里，真可谓“上下两千年，纵横十万里”。长城工程之浩大，无与伦比。

一 春秋战国时期的长城

春秋战国时期各诸侯国为了防御其他诸侯国和外族袭扰，各自修建了边界长城。从防御建筑工程发展的过程推测，长城可能是由彼此相望的烽火台或连续不断的防御城堡等单体建筑发展而来的。

春秋战国特别是战国七雄时期，战争连绵，硝烟不断。各个诸侯国纷纷划界分疆而守，为了保卫自己国土的安全，有的以河堤为防，有的沿山岭置障墙，修建长城。随着诸侯兼并战争的日益加剧，作为有效军事防御工事的长城，不断得到大规模的修建。秦、齐、楚、韩、燕、赵、魏诸国，都规模不等地筑有长城，除楚国在长江流域外，其余大部分都在黄河流域和华北地区。若把各诸侯国所修的长城连在一起，其长度超过万里，长城对研究我国战国时期的政治、军事、历史等都是非常宝贵的。

1. 楚国长城

早在春秋时期，楚国最先在今河南伏牛山因山设险，利用山岭高地再连接河流堤防，将一系列小防御城堡连成条状防御体系，称为方城或连堤。这是最早见于记载的长城，是我国靠近长江流域的长城。

楚国立国之时，在今湖北荆山一带，建都丹阳（今湖北秭归东南），后迁都于郢（今湖北江陵西北的纪南城）。楚国曾是一个小国，春秋时期逐渐发展起来，吞并了周围的一些弱小国家，后来跻身强国之列，并把矛头直指中原，企图争夺霸主地位。

楚国最初修长城是为了防御晋国和齐国。后来秦国日益强盛，楚长城又具有防秦之意。楚长城究竟修自何年何月，史书尚无明确的直接记载，但是我们可以从其他文献中间接地了解其大致年代。《左传·僖公四年》载，齐桓公率领鲁、宋、陈、卫、郑、许、曹、齐等 8 个诸侯国的军队攻打楚国，兵至陉山，楚国派大夫屈完率兵迎击。屈完对齐桓公说："君若以德绥诸侯，谁敢不服？君若以力，楚国方城以为城，汉水以为池，虽众，无所用之！"这里屈完提到的"方城"，实际上就是楚国的长城。鲁僖公四年为公元前 656 年，由此可知，楚长城的修筑时间应在此之前。

楚国长城之所以称为"方城"，是基于它的形制和结构而言的。楚长城是利用山河之险以为城。据《括地志》载："因山为壁，临水为堑，连山相接，无土之处，累石为固。"又据《春秋·成公十五年》载："许迁于叶者也。楚盛周衰，（庄王）控霸南土，欲争强中国，多筑列城于北方，以逼华夏，故号此城为万城，或作方城。""列城"就是一系列防御性城堡，屯兵戍守，后来演变为长城的一种重要的防御形式。经遗址考察可知，春秋时期，楚国长城

图 1-1 河南叶县楚长城遗迹（董旭明摄）

从今河南鲁山县西南鲁阳关起，向东再折向东南，至泌阳县东北，利用陡峭的山岭、河流的堤防兼筑长墙，将列城连接成矩形防御体系。战国时代楚国又将方城自鲁阳关向西扩建，连接栾川县东南境翼望山，再向南折，直至邓州北境，形成完整的矩形。

综合考察楚方城的具体位置及其走向可知，楚长城西起湖北竹山县，向北经河南内乡县、鲁山县、叶县，然后一直向南，到河南泌阳县止，呈“Π”形，所以称为“方城”。其长度近千里。这条长城正好位于楚国都城郢的西、北、东三面，对于抵御北方的强国如秦、齐、晋等国的进攻，有十分重要的作用。在今河南方城县东北大关口，还保存有一段 1 000 余米的楚长城遗迹，依山而筑，虽已是残垣断壁，但仍不减当年气势。1983 年，我国的文物工作者在陕西东南部与湖北交界的旬阳、白河县境内，发现了石砌长城遗迹。据说，有的地方的城门还比较完整。参加考察的文物工作者认为，这是当年楚国长城的一部分。从地理位置和防御需要来说，这和前面所述的楚长城是一致的。

图 1-2　河南方城大关口楚长城遗迹

2. 齐国、魏国、郑韩长城

齐国长城　齐国是春秋时期的大国，曾雄踞于各强国之首。齐国位于今山东北部，建都营丘（后称临淄，今山东淄博东北），其疆域东到海，西到黄河，南及泰山，北到无棣水（今河北盐山县），是当时各诸侯国中实力较强的国家。

进入战国时期以后，齐国的势力有所削弱，为了抵御西方韩、赵、魏等国的袭扰，开始修筑长城。《竹书纪年》载：周威烈王二十二年（公元前 404 年）三晋伐齐，“入长垣”。“长垣”即齐长城。这是齐长城最早见于文献的记载。还有一段文献也印证了

图 1-3 济南长清杜家庄西山顶的齐长城遗迹

这一时间。《水经注·汶水》中引《竹书纪年》云："晋烈公十二年（即周威烈王二十二年，公元前 404 年），王命韩景子、赵烈侯及我师伐齐，入长城。"从以上两条文献记载中我们可以看出，至迟在公元前 5 世纪齐国就已修筑了长城。齐国最初的长城是利用济水的堤防再筑墙连接山脉而成，史称"长城钜防"，"足以为塞"，被列国诸侯视为重险，引为畏惮者。《齐纪》载，至齐宣王（公元前 319 年—公元前 301 年在位）时，"乘山岭上筑长城，东至海，西至济州，千余里，以备楚"。由此可见，当时齐长城的规模是相当可观的。

图 1-4 站在穆陵关烽火台遗址远眺蜿蜒于山岭间的齐长城

关于齐长城的起止点及其走向，在一些历史文献中都有大致相同的记载，再结合今天尚存的遗迹考察得知，齐长城西起今山东平阴县东北古济水之滨，东北行

入长清区南境，经五道岭入泰安界。绕泰山西北麓山岭（长城岭，一名大横岭）东行，经历城区南界梯子山，沿章丘区、莱芜区交界之劈林尖山东南行，经博山区南境，入临朐、沂水两县交界地曲折东行，逾穆陵关，经安丘市西南界太平山，傍莒县高华岭而入日照北境，沿昆山、诸城市雷石山，东至小珠山之东入海，长达千余里。

齐长城是春秋战国时期各国长城中迄今保存较好的一条，其遗迹如今在上述诸县市还可辨认。齐长城有石砌和夯筑两种建筑结构。一般情况下，山区多就地取材，用自然石块垒砌，有些段落现存残高 1~4 米，宽 4~5 米。平地多用黄土夯筑，但因年代久远多已不复存在。

图 1-5 穆陵关的夯土城墙，墙体坚硬，断面层次清晰，墙面多有盐渍之迹

齐长城中部的重要关隘——穆陵关，遗迹尚存，在今山东临朐县和沂山东南、蒋峪与马站之间的大岘山上。此处地势险要，人称“齐南天险”，为鲁南与鲁北交通往来之门户。

魏国长城 魏国位于今河南西部和陕西东部，在秦孝公（公元前 361 年—公元前 338 年在位）变法之前，魏国是一个较强盛的国家。后来，魏国西面的秦国和南面的楚国，纷纷实行变法，实力日渐强盛，经常进攻魏国，魏国逐渐由先前的攻势变为守势。另外，魏国的西北角与犬戎相连，战事不断。魏国以安邑（今山西夏县西北）为都时，修了一道河西长城；后迁都大梁（今河南开封），又在今河南境内修筑了一条长城，分别是为了防秦、犬戎和楚而建的。

魏国和秦国本以黄河为界，在河西原仅有少梁一城。公元前 445 年魏文侯即位，他先后任用魏成子、翟璜、李悝为相，任用吴起等人为将，实行变法革新，使魏国成为战国初期的强国。魏文侯曾几次大举进攻秦国，占领了秦国的几座城池。秦国后来居上，在秦献公执政时期开始反攻魏国。魏惠王八年（公元前 362 年），魏同韩、赵两国发生大战，秦乘虚而入，大败魏军于少梁，迫使魏国都城东迁大梁。此时，魏国的河西诸城，虽未失守，但已处于秦军的严重威胁之中。在此情形之下，魏国在黄河西侧的洛水之滨修筑了一条长城用以防秦。关于这条长城，《史记·秦本纪》中记载："孝公元年……魏筑长城，自郑滨洛以北，有上郡。"《水经注·济水》亦引《竹书纪年》载："梁惠成王十二年，龙贾率师所筑长城于西边。"《史记·魏世家》云："（惠王）十九年，诸侯围我襄陵。筑长城，塞固阳。"从以上文献可知，从公元前 361 年（惠王九年）至公元前 351 年（惠王十九年），魏曾精心经营河西防务，修筑长城。该长城从南边的洛水之滨一直向北延伸至今内蒙古自治区的固阳，因而这条长城还有防西部犬戎入境掠夺之作用。经实地考察发现，这条长城的南端起于今陕西华阴华山峪口，顺长涧水而下，经古城村，向北跨越渭河，然后循洛水东岸北上，经大荔县、澄城县、洛川县、延安等地，直到绥德县附近的黄河岸边，长达数百公里。由于它利用洛河的高岸堤防结合夯土墙版筑而成，故历史上也称作"滨洛长城"。今天这条长城的遗迹在有些地方还清晰可见，华山峪口至古城村有一段长城遗迹，夯筑，还十分坚实，华山

图 1-6 华山脚下的魏长城

峪口的这座土台子是魏长城的起始处。有一段长城在大荔县城东高城区蜿蜒而西至长城村，长有10余公里。韩城自北龙亭村向东还保存一段，断断续续直达黄河岸边，雄峙高耸，宛然如旧。另外，在这段长城附近，有一段南北长约500米、东西宽约300米的小城遗迹，似为当年驻军屯粮之所。

图1-7　陕西韩城城南村的魏长城

此外，魏国还在今河南境内修过一条魏河外长城。这条长城是公元前361年，魏惠王迁都大梁以后修筑的。关于这条长城，多个历史文献中均有记载。《水经注·济水》载："济渎又东迳阳武县故城北，又东绝长城。"《后汉书·郡国志》曰："长城自卷迳阳武到密者是矣。"这条长城虽然修在魏国与韩国的边界，但当时秦国的势力逐渐东扩，越过崤关以后，该城墙除了防韩以外，也有防秦的作用。据考证，魏在中原修筑的这一长城北起卷城西北黄河东南岸，东穿魏卷城、安城南境与韩垣雍、修鱼北境，至今河南原阳县南折向西南行，跨越古济水，经郑州东南，达于新密东北起伏的山脚下止，全长约300华里。由于它起于黄河南岸卷城，历史上又称之为"魏卷长城"。黄河在这一地区的频繁泛滥已使这条长城踪迹难寻。在今河南荥阳南面的山区有一段城墙，有人考证可能为魏长城遗迹。

郑韩长城　郑国是地处中原的小国，因势小力薄曾修过一条防秦、魏的长城。《竹书纪年》云："梁惠成王十二年，龙贾率师筑长城于西边。自亥谷以南，郑所城矣。""是梁惠成王十五年筑也。"

后来，韩国灭掉了郑国，但这条长城仍继续使用，所以叫郑韩长城。这条长城修在郑国、韩国与魏国之间，修筑规模不大，其主要用意在于界边。

3. 秦、燕、赵及中山国长城

秦国长城 战国时期，秦国先后修筑过两条长城，一条是东面和魏国接壤的堑洛长城，一条是西边为防御游牧民族袭扰而修筑的边地长城。

春秋时期，秦国建都于雍（今陕西凤翔东南），占有今陕西中部和甘肃东南部的一片地域。公元前 5 世纪末 4 世纪初，秦国国力不振，常受到邻国的欺辱。其中对秦国威胁最大的是它的东邻——魏国。秦国东部黄河、洛河之间的土地屡被魏国攻占。秦国退守洛水西岸，为了抵御魏国，沿河修筑了一条长城。《史记·秦本纪》载："简公六年……堑洛，城重泉。"这里的"堑"，就是"掘"的意思，即削掘洛河河岸使之变成高崖以利防守。重泉城故址在今陕西蒲城县钤铒乡，东距洛河 3 公里，可能为当时的驻军之所。这段长城的修筑方法是筑墙与削掘崖岸相结合，所以称为"堑洛长城"。它是战国时期秦国修筑的一条防魏长城，比魏国的河西长城（滨洛长城）早 50 多年。

关于这段长城的位置及具体走向，《水经注·渭水》记载："渭水又东，沙渠水注之。水出南山，北流，西北入长城。城自华山，北达于河。"再结合实地考察得知，这条秦长城南起陕西华阴华山之下的小张村，逶迤而向东北，再经华阴庙东北，跨过沙渠河而到渭河之滨，渭河以北则沿洛河南岸向西，入蒲城境，再沿洛河西岸向北延伸至白水县黄龙山麓。今天在渭河以南华阴小张村至华阴庙东城子间存有一段低矮断续的城墙，夯土层清晰可辨。

在今天陕西富县县城西南 2 公里处洛河东侧的监军台有一段长 750 米的长城遗迹，这是秦国为防御赵国而在洛河中游修筑的上郡塞长城的一段。洛河中游的河谷是陕北通往关中的必经之路。当赵国拥有今山西和陕西之间、河套以南的大片土地之后，就对洛河以南的秦地构成了威胁。《史记·苏秦张仪列传》记载，秦惠文王（公元前337年—公元前311年在位）“筑上郡塞”，以对付赵国。这段长城在今陕西富县、洛川县两县间的洛河西岸，东西两端分别止于黄龙山和子午岭。

秦西北的边地长城，始建于秦昭王（公元前306年—公元前251年在位）时，是为了防御活动于西北草原地区游牧部落的袭扰而修建的。《史记·匈奴列传》载：“秦昭王时，义渠戎王与宣太后乱，有二子。宣太后诈而杀义渠戎王于甘泉，遂起兵伐残义渠。于是秦有陇西、北地、上郡，筑长城以拒胡。”此文献并没有明确记载这段长城修筑的准确时间，但《后汉书·西羌传》间接地给了我们提示：“至赧王四十三年，宣太后诱杀义渠王于甘泉宫，因起兵灭之，始置陇西、北地、上郡焉。”周赧王四十三年为秦昭王三十五年，即公元前272年。由此可知，秦昭王的防戎长城，应修建于此时。

依据历史文献并结合实地考察，我们已基本弄清了秦昭王时修筑的这条长城的位置及其走向。它西起今甘肃岷县，即秦时临洮，沿洮河东岸向北到今临洮县。然后再折向东南至渭源县境，再折向东北沿着弯弯曲曲的群山峻岭一路逶迤东去，穿过定西市、静宁县之间的华家岭地区而进入宁夏回族自治区南境。跨过葫芦河、六盘山，经固原北至清水河畔石羊洼折向东南，经硐堡梁和长城梁，到固原市与镇原县间宁夏回族自治区与甘肃两省的交界处复折向东北。再由甘肃的环县、长城塬、营盘山进入陕西境内的吴起县境。沿长城岭继续东北行，循陕西靖边、志丹、安塞等县（市）境的横山山脉，向东北延伸至靖边县天赐湾与安塞区镰刀湾之间的古塞门处，分作两支。南边一支沿大理河与淮宁河之间的分水岭继续向东至绥德，然后傍无定河西岸北行，止于今榆林区南鱼河镇，即古上郡治所肤施县附近；北边一支转向东北经靖边、横山、榆林、神木境，然后入内蒙古自治区南境，经准格尔旗，直到托克托县南的黄河畔，长达千余里。

秦昭王所修的这条长城，迄今还保存有几段遗迹。在甘肃临洮、渭源县境，自临洮县城东峪沟北岸斜向东南，经渭源县城北，长数十公里，随山峦起伏。在宁夏回族自治区固原市境，由城西南孙家庄东经县城北至清水河畔石羊洼，全长 18 公里。另一段在固原东南硐堡梁和长城梁上，长约 7 公里，傍茹河北岸斜向东南。甘肃环县境、陕西吴起县境、内蒙古自治区境内均有遗迹可寻：甘肃环县县城西南常塌坬附近，南北长约 2 公里；环县东北 40 公里的营盘山至陕西吴起县西南 28 公里的城墙村之间，共长 30 公里；内蒙古自治区准格尔旗和伊金霍洛旗交界处的书会川西岸也保留有一段。这几段长城为土石相间的建筑结构，其余各段均为黄土夯筑。

燕国长城 燕国也修有两条长城。南部边境的长城是用来防御赵国、齐国以及秦国的，北部的长城是用来防御东胡等游牧民族的。燕国的封地在今河北北部到辽宁西南部一带，建都于蓟（今北京），又以武阳（在今河北易县南）为下都。燕国初封之时，不在强国之列，燕昭王在位时，高筑黄金台，延揽天下贤士，以乐毅为将，经过一次次征战，最后跻身战国七雄之列。但由于连年与齐国开战，两国结下了冤仇。另外，在燕国西南部的秦国，为了东进图霸，常常驱使赵国威胁燕境。为了防御齐国、赵国以及秦国的袭击，燕国在其南边疆界修筑了一条长城。《水经注·易水》载："易水又东届关门城西南，即燕之长城门也……易水又东历燕之长城，又东径渐离城南……易水又东流，屈径长城西……"这一大段将长城和易水交叉在一起描述的文字，说明这条长城是利用古易水的堤防与筑墙建成的。所以当时多以"易水长城"连称。

据考证，燕南界长城西起自今河北易县西北方向的太行山下，向东南跨古易水，沿易水河南岸经今徐水区、安新县北境，再经雄县南境，止于文安县境，长 500 余里。在今徐水区解村瀑河上游东岸，南起石龙山，北至黄山，沿河岸存有土垣长 10 公里，宽 4~6 米，残高 2~4 米的遗迹。

说到易水长城，人们会自然地想到一个催人泪下的历史故事：

燕国末年，秦国势力日益强大，壮士荆轲受燕王喜的儿子太子丹的托付，带领燕国勇士秦武（舞）阳去秦都咸阳刺杀秦王，临行前荆轲悲壮地告别燕太子丹，慷慨高歌："风萧萧兮易水寒，壮士一去兮不复还！"这一千古送别，就发生在燕国下都城外的易水岸边、长城脚下。唐代诗人骆宾王据此有诗云："此地别燕丹，壮士发冲冠。昔时人已没，今日水犹寒。"

图 1-8 荆轲刺秦王画像石拓片

燕北界长城是为了抵御北部东胡、山戎等游牧民族的袭扰而建。史学家认为，这是战国时期修建的长城中修筑时间较晚的一条。《史记·匈奴列传》记载："燕亦筑长城，自造阳至襄平。置上谷、渔阳、右北平、辽西、辽东郡以拒胡。"关于这条长城的具体位置和走向，除了文献中记载的造阳、襄平外，其余均没有明确记载。经过历史学家、文物考古工作者多方考察认为，这条长城西起今河北张家口、宣化一带，往东北方向经河北围场满族蒙古族自治县，内蒙古自治区多伦、独石，再到辽宁朝阳，越医巫闾山，直至辽东。其遗迹断断续续有 300 多公里，从河北围场满族蒙古族自治县边墙村向东，经内蒙古自治区赤峰市喀喇沁旗、敖汉旗至辽宁朝阳。从建筑材料来看，有石头、夯土，土石混用，又或利用天然岩壁加砌石块。石筑墙基宽一般在 2~4 米，残高不足 1 米。土筑墙仅能从地面上看出一条黑土带，宽 5~6 米。位于今辽宁朝阳黑水镇碾盘坡至蛤蟆沟脑段的长城遗址，长约 7 公里，顺山势修筑，城墙两壁用大石块垒砌，中间填以土石，宽 2~3 米，高约 1.4 米，城墙多已倒塌。在辽宁朝阳境内的长城上还筑有小城堡，长城遗迹附近的山上也有不少小城堡遗址，这说明在当时城堡与长城一起组成了纵深防御体系。在这些城堡内出土了燕国同期的重线山形纹半圆形瓦当、云纹瓦当、绳纹瓦、“明刀”钱、“一刀”圆钱、铜镞、陶片等器物。

图 1-9 辽宁朝阳黑水镇燕北界长城遗迹

赵国长城 赵国初都晋阳（在今山西太原东南），后又于公元前 386 年迁都河北邯郸，占有今河北西南部、山西中部、陕西东北部和内蒙古自治区河套地区。赵国东邻齐国，东北邻燕国，南面和西南面邻魏国，西北面邻东胡、林胡。胡人要南下，魏国要北进，这都对赵国构成很大的威胁。因此，赵国在其地域的南界和北界各修筑了一条长城。

赵国的南界长城，在今河北与河南交界的漳河北岸，因建于赵肃侯在位期间，又称赵肃侯长城，是用来防御魏国的；因秦国也驱魏攻赵，所以也起防秦的作用。《史记·赵世家》载，赵肃侯十七年（公元前 333 年），“围魏黄，不克。筑长城”。赵武灵王十九年（公元前 307 年），“召楼缓谋曰：‘我先王因世之变，以长南藩之地，属阻漳、滏之险，立长城……’”战国时代的古漳河河道，在今河北临漳县邺镇以下的河段，位于今漳河以北，斜向东北流，左汇滏水而入黄河。赵南界长城是利用漳水、滏水的堤防相连扩建而成。据勘察知，这条长城西起今河北涉县东北、武安故城西南的太行山麓，沿古滏水南岸向东南方向延伸，到磁县南的漳水河北岸折而向东北方向，又沿古漳水西岸到今曲周附近一带止，形成一个向南凸起的弓形。至今，这条长城在河北临漳、磁县一带尚有遗迹可寻。

赵国的北界长城位于内蒙古自治区阴山、大青山一带，是赵武灵王二十六年（公元前299年）破林胡、楼烦，开拓燕、代、云中、九原四郡之后为防胡所建。《史记·匈奴列传》载："而赵武灵王亦变俗胡服，习骑射，北破林胡、楼烦。筑长城，自代并阴山下，至高阙为塞。"《水经注·河水》在描述这段长城时记载更详细："山下有长城，长城之际，连山刺天，其山中断，两岸双阙，善能云举，望若阙焉。即状表目，故有高阙之名也。"据记载和考察所知，这段长城东起今河北宣化附近，向西北方向经张家口进入内蒙古自治区，然后沿阴山山脉西去，直到乌拉山与狼山之间的缺口高

图 1-10　内蒙古自治区呼和浩特赵北界长城遗址

阙止，长 600 余公里。目前这条长城还保留有两段：一段自内蒙古自治区卓资县三道营村，沿大青山南坡山脚，迤逦向西，直到土默特右旗水涧沟门村。这段长城基本上为黄土夯筑，也有土石相间的。另一段在包头、呼和浩特、乌兰察布卓资县北境。这段长城以石筑为主，有些地段用石块铺作墙基，上面用黄土夯成，残高 2~3 米。长城沿线还修筑有许多城堡、障塞和烽燧，构成纵深防御体系。

中山国长城 战国时期的中山国，位于今河北石家庄地区。中山国虽然地小人少，但它是由北方游牧民族建立起来的，非常强悍，虽处在强邻的包围之中却能够自立，立国长达百年之久，直到公元前 296 年才被赵国所灭。战国时期，中山国与其北方的燕国和东方的齐国结为盟国，长期和平相处。而它西南方的赵国和魏国却视其为心腹之患。因此，中山国在其西南边界，修筑了一条防魏、防赵的长城。《史记·赵世家》云："（赵成侯）六年，中山筑长城。"经推考，这段长城可能自今河北唐县、曲阳、行唐、灵寿、平山，直到邢台地区，全长 250 公里左右。

二 秦汉长城

一提起万里长城，人们首先想到的大都是秦始皇，因为万里长城之名始于秦始皇，这是有史可查的。秦始皇主要是把原秦国、燕国、赵国等北部的长城通过修葺连在了一起，使其成为横亘于我国北部的第一条万里长城。

汉代时期，我国地域辽阔，且立国时间长。有汉一代，除了复修秦长城以外，还在霍去病打通河西走廊后，修筑了河西长城，长达 2 000 余里。如果把汉代所修长城连接起来，总长度将超过 10 000 公里。汉朝是中国历史上修筑长城里程最长的朝代。

1. 秦始皇与第一条万里长城

战国后期，秦国势力日益强盛，志在统一东方六国。从秦王政十七年（公元前 230 年）开始，秦先后消灭了韩、赵、魏、燕、楚各国。到秦王政二十六年（公元前 221 年），秦军开进了战国末期最后一个诸侯国——齐国的都城临淄，最终结束了诸侯长期割据称雄的混乱局面，建立起中国历史上第一个统一的中央集权的封建专制王朝。

图 1-11　秦始皇画像

统一之后的秦朝，疆域辽

阔，东到渤海、黄海、东海，西到甘肃，南到两广，北到河北、内蒙古自治区交界一带。为了巩固国家的统一，保护已经取得的胜利果实，秦始皇革故创新，采取了一系列有力措施，促进社会的发展。但是，在秦疆域的北部居住着匈奴、东胡等游牧民族。尤其是匈奴，势力较强，他们逐水草而居，以游牧为业，常常南下袭扰秦境，对秦朝北部国防的安全和人民的生活构成极大威胁。因此，抗击匈奴、阻挡匈奴的南下，是摆在秦始皇面前的一项紧迫任务。

图 1-12 竖立在长城梁上的“战国秦长城遗址”标志石刻

秦始皇在北击匈奴之后便开始大规模修筑长城。据《史记·蒙恬列传》载：“秦已并天下，乃使蒙恬将三十万众，北逐戎狄，收河南。筑长城，因地形，用险制塞，起临洮，至辽东，延袤万余里。”这一横贯秦帝国北部边境的长城，主要是在战国时期秦、赵、燕三国北方边地长城的基础上，加以修缮、连缀和增扩而成。秦始皇修筑长城的目的非常明确，即防止匈奴南下。秦始皇在大力修筑北部长城的同时，也在拆除内地原战国时期各国为互相防御而修筑的长城。战国时期各国为互相防御而修筑的长城对这个庞大统一的封建帝国来说，已经成了发展的障碍。《史记·秦始皇本纪》载，始皇三十二年（公元前215年）刻碣石门之辞曰：“皇帝奋威，德并诸侯，初一泰平。堕坏城郭，决通川防，夷去险阻。地势既定，黎庶无徭，天下咸抚。”秦朝国内局势稳定以后，秦始皇就把精力转移到边境的防范中去了。

图1-13 秦汉时期的长箭镞、铠甲片、铜斧等文物

秦始皇所筑长城，大致可分为东、中、西三段。东段自东经113° 30′ 的内蒙古自治区化德县境，沿北纬42°往东，经河北康保县南，内蒙古自治区太仆寺旗、多伦县南，河北丰宁满族自治县、围场满族蒙古族自治县北，内蒙古自治区赤峰北境及通辽奈曼旗、库伦旗南境，进入辽宁阜新北。这段长城基本上是沿着今内蒙古自治区和河北交界处蜿蜒东行的。进入辽宁以后，折向东南，一直延伸到朝鲜境内的平壤大同江北岸。

以往的历史学家只是根据文献记载，推断秦始皇时期的东段长城是利用战国时期燕国长城旧址稍加修缮而成的，没有单独修建新的城墙。1977年，河北文物考古工作者在张家口、承德地区进行普查，获得大量第一手材料，推翻了以往的观点。在张家口至承德一线，就保存有三道古长城遗迹：最北边的一道，又称康保三道边，它由内蒙古自治区化德县和河北康保县东去，和赤峰市北边的一道长城衔接，是秦始皇时期所筑，现存高度1~3米。因其顺山势起伏如长龙，当地群众称之为“土龙”。这段长城在河北围场满族蒙古族自治县境内也有遗存。据《承德府志》载，1752年秋天，乾隆皇帝率领他的下属来到河北木兰围场打猎。他没有发现猎物，却发现了一段东西走向的古长城，长400余里，可是他的下属却说这不是长城遗址，是自然形成的。乾隆不以为然，经过仔细考证，乾隆皇帝认定这就是秦长城，遂在今围场满族蒙古族自治县新拨镇岱尹梁镌立“古长城说”石碑为证。碑文284字，分别用汉、满、藏、蒙四种文字书写，可以说这是乾隆皇帝关于长城的论文。东段的第二道长城是战国燕长城遗迹，在第一道长城南大约20公里处。第三道长城，当地群众称之为“成吉思汗长城”，这显然是错误的。

图1-14 “古长城说’石碑

内蒙古自治区赤峰地区的古长城也保存了三道遗迹：第一道“赤北长城”经昭乌达盟（今内蒙古自治区赤峰市）文物工作队调查，认为是秦统一后修建的，今残长30余公里，残高不足1米，当地群众称其为“石龙”、“土龙”、“沙龙”或“赶牛道”。第二道“赤南长城”与“赤北长城”相距约50公里，是战国时期燕长城遗迹。第三道长城在敖汉旗南部边缘发现，又称“老虎山长城”。这道长城因有重要的秦代遗址遗物发现，被认为是秦代长城要塞之一，可能沿用了燕长城的一部分，但时代晚于“赤南长城”。秦始皇时期长城的东段沿线还修筑了许多城池、障塞和烽火台等防御设施。

秦始皇修筑东段长城时因地制宜、就地取材，“用险制塞”，“累石为城，树榆为塞”。山岭上多选用自然石块垒砌，平地多用黄土夯筑，也有土石并用的。在长城穿越河谷的地段，或以沟堑代替墙壁，或在河谷一侧增筑一段平行的墙壁，有水地段多为石筑。两山之间则用天然石块砌成石墙，形成“石门”。在河北围场满族蒙古族自治县城子镇一带有一段保存完好的长壕，长35公里，上宽5米，底宽2米，沟深1米，壕、墙共宽12米。

秦始皇所修长城的中段，经考察位于东经 106° ~114° 之间，沿北纬 41° 左右，从东至西由内蒙古自治区兴和县，经黄旗海北岸，绕过集宁区北境，顺大青山而西，经察哈尔右翼中旗，武川县西乌兰不浪，固阳县北部的大庙、银号、西斗铺，然后北依阴山，南障黄河河套，经五原、杭锦后旗北境，西抵乌兰布和沙漠北缘。这段长城是秦统一以后，蒙恬北逐匈奴，辟地数千里，在战国时期赵长城的基础上，加以重新修缮而成的。阴山至贺兰山之间的缺口部分是秦统一以后新筑的。另外，在连绵的山巅上，还发现了用石块垒成的供传递军情用的烽火台，史称“烽燧”“亭燧”。山谷间的通道则构筑了一系列城堡，就是文献中提到的“障塞”。

关于秦始皇修筑的长城的西段，《史记·秦始皇本纪》载，始皇三十三年（公元前 214 年），“西北斥逐匈奴。自榆中并河以东，属之阴山，以为四十四县，城河上为塞”。这里所说的榆中，应是今甘肃兰州、永靖一带。由于蒙恬收复河南地之后，横贯甘肃、宁夏回族自治区南部、陕西北部、内蒙古自治区的秦昭王长城已失掉防御作用，西北边地已推进到黄河和贺兰山之间。秦始皇所修长城的西段凭借黄河天险而成，其中大多修有障塞和城堡。经考察，该段长城西起甘肃岷县，循洮河东岸向北至临洮县、兰州，再东折至榆中，向北沿黄河东岸筑有不少城塞，直到内蒙古自治区河套地区，和历史文献“自榆中并河以东……城河上为塞”相吻合。今在这一地带发现的秦汉时期的城址和大量墓葬，进一步印证了文献记载的正确性。自榆中向东经宁夏回族自治区固原、甘肃环县和庆阳，再经陕西北部直达黄河岸边的长城，基本上是战国时期秦国所修长城，秦朝只是利用而已。

总观秦始皇所筑长城，大部分是利用原秦、赵、燕三国北部长城的旧址，在其基础上加以修缮连接而成，但也有部分是新筑的，特别是新筑了一些城堡障塞。秦始皇还在长城沿线设置了陇西、北地、上郡、九原、云中、雁门、代郡、上谷、渔阳、右北平、辽西、辽东等 12 郡，通过军队的移防、移民垦荒，来管辖和开发这些地区。

这样不但巩固了秦帝国北部的边防，保障了农耕区正常的社会发展和人民的生命财产安全，而且对开发边疆，发展农牧业经济也起到了积极的作用。

人们对于秦始皇修筑万里长城的评价一直褒贬不一。持褒扬态度者多是从秦始皇修筑长城保护了农耕文明的方面考虑，持相反观点者多是从秦始皇暴虐、劳民伤财方面考虑的。应当承认，秦始皇修筑万里长城这一巨大的工程，的确役使了大量的民夫，使许多人流离失所，妻离子散，家破人亡。秦朝民歌曰“生男慎勿举，生女哺用脯。不见长城下，尸骸相支柱”，以及后来演化出的孟姜女哭长城的故事就是明证。但是，不可否认，秦始皇是修筑万里长城的第一个国君，他修长城这一举动，是为了国家的安全和人民的安宁，其积极意义应予以肯定。

2. 汉长城——中国的第二条万里长城

公元前 206 年，汉高祖刘邦建立了汉朝，史称西汉。西汉建都长安，其疆域之大，人口之多，都远远超过了秦代。但是在秦末汉初之际，北方的游牧民族匈奴在冒顿单于的统治下，东灭东胡，西驱大月氏，征服楼兰、乌孙等 12 国，其西部的疆域已达今祁连山、天山一带，势力强大。西汉面临着来自匈奴的巨大军事威胁。为防止匈奴南犯，汉朝大规模修筑长城。除了修缮秦始皇时期修筑的长城以外，还新筑了一些长城，特别是大规模地修筑了河西长城，即今天的甘肃酒泉、玉门至新疆维吾尔自治区罗布泊一线。

图 1-15　汉高祖刘邦画像

《史记·匈奴列传》载，匈奴单于曾率兵南下，“因引兵南逾句注，攻太原，至晋阳下”，直捣汉朝腹地。还“悉复收秦所使蒙恬所夺匈奴地者，与汉关故河南塞，至朝那、肤施”，“与中国

界于故塞”。“河南塞”“故塞”指战国时期秦昭王所筑西起今甘肃岷县、临洮，经宁夏回族自治区南境、陕西北境，东北达内蒙古自治区托克托西南黄河岸的边地长城。《史记·高祖本纪》载，汉高祖七年（公元前 200 年），刘邦亲率 32 万大军北伐匈奴，结果被匈奴围困于今山西大同东北的白登山上达 7 日之久。最后用陈平密计，重赂冒顿的阏氏，才得以突围。高祖有了这次沉痛的教训，认识到长城的重要作用，遂下令修缮秦昭王时所筑的长城，并“置陇西、北地、上郡、渭南、河上、中地郡，关外置河南郡……缮治河上塞”，以加强对长城沿线的防卫。

在惠帝、吕后、文帝和景帝统治的五十多年间，西汉对匈奴采取和亲政策，对外求得边境的安宁，对内休养生息以强国力。然而，和亲只是汉朝单方面的美好愿望而已，是消极的防守。在和亲的数十年间，匈奴并没有终止对汉朝的侵袭，边警频传，烽火数达京都长安。陇西（今甘肃东南）、上谷（今河北怀来）、云中（今内蒙古自治区托克托县）、辽东（今辽宁辽阳）等郡，也经常遭到袭击。云中、辽东一带，每年被掳去的人口，均在万人以上。《史记·匈奴列传》记载：“汉孝文皇帝十四年，匈奴单于十四万骑入朝那、萧关，杀北地都尉卬，虏人民畜产甚多。”匈奴“小入则小利，大入则大利”，使西汉蒙受重大损失。

汉文帝后元六年（公元前 158 年），汉文帝派中大夫令免为车骑将军，苏意、张武为将军，率大军在今山西、陕西北部和甘肃东北部一带，修缮秦始皇长城，防御匈奴南下。从都城长安到长城沿线，还修筑了许多烽火台，用以传递军情。

公元前 140 年，汉武帝刘彻即位。这时西汉的国力经过数十年的休养生息和“文景之治”，达到空前鼎盛。武帝一改过去那种一味与匈奴和亲的消极防御之策，主动出击，大举征伐匈奴，50 余年间，几乎没有一日安息。在军事进攻的同时，他还大规模地修筑了长城。《汉书·武帝本纪》载，元光五年（公元前 130 年），汉武帝在第一次北击匈奴的前三年，就“发卒万人治雁门阻险”，这是为北击匈奴所做的准备工作。他真正大规模地进攻匈奴并修筑长城是在元朔二年（公元前127年）。《史记·匈奴列传》载：“其明年卫青复出云中以西至陇西，击胡之楼烦、白羊王于河南，得胡首虏数千，牛羊百余万。于是汉遂取河南地，筑朔方，复缮故秦时蒙恬所为塞，因河为固。”汉武帝将防御匈奴的北方边界推进到今内蒙古自治区阴山南麓原秦始皇所修长城一线。

图1-16 甘肃古浪境内的汉长城

汉武帝元狩二年（公元前121年），骠骑将军霍去病率万骑出陇西，过居延海，回师祁连山，东奔西杀，反击匈奴。同年秋，匈奴浑邪王杀休屠王率众来降。河西走廊一带遂为汉朝所据。武帝先后在此置武威、酒泉、张掖、敦煌四郡。从此“断匈奴右臂”，打通了西汉王朝通往西域各国的道路。为保障这条交通道路的安全，切断匈奴与羌人的联系，汉代开始了河西长城的修筑。在短短的两三年内，汉武帝修筑了由今甘肃永登县至酒泉的长城，东面与秦始皇所修长城相接。关于这次修长城，《汉书·张骞传》载：“汉始筑令居以西，初置酒泉郡，以通西北国。”这是汉武帝第二次较大规模地修筑长城。

汉武帝元鼎六年（公元前111年）至元封元年（公元前110年），又修筑了酒泉至玉门关段的长城，这是汉武帝第三次修筑长城。《史记·大宛列传》载：“于是天子以故遣从骠侯破奴将属国骑及郡兵数万，至匈河水，欲以击胡，胡皆去。其明年，击姑师，破奴与轻

骑七百余先至，虏楼兰王，遂破姑师……于是酒泉列亭障至玉门矣。”这里所说的“亭障”，指堡垒、城堡，也属于长城的防御体系，只是堡垒与堡垒之间没有墙体相连而已。

汉武帝第四次修筑长城是从太初元年（公元前104年）至太初四年（公元前101年），这次修的是玉门关至新疆罗布泊段的长城。《史记·大宛列传》载：“敦煌置酒泉都尉，西至盐水，往往有亭。”《汉书·西域传》亦载：“自贰师将军伐大宛之后，西域震惧，多遣使来贡献。汉使西域者益得职。于是自敦煌西至盐泽，往往起亭。”至此，从元狩二年（公元前121年）到太初四年（公元前101年）20年间，汉武帝修筑起由今甘肃兰州至新疆罗布泊长达2 000余里的长城与烽燧亭障，以保障汉代通往西域的大道畅通无阻。汉宣帝即位后，又设西域都护府，治乌垒城（今新疆维吾尔自治区轮台县策大雅乡）。汉河西长城的亭燧建筑再向西延伸至库车西北，维护了东西交通的安全。

汉武帝时期，还在内蒙古自治区阴山北麓一带修过长城。元狩四年（公元前119年），卫青与霍去病分道出兵，北击匈奴。匈奴退于漠北，漠南无王庭。汉武帝为了保持与西域各国的交往，抵御匈奴的袭扰，以武力开辟河西走廊，从兰州的黄河岸边开始修筑长城。为阻止匈奴南入阴山，汉武帝在太初三年（公元前102年）于阴山北侧、大漠南缘修筑长城。《汉书·匈奴传》载：“汉使光禄徐自为出五原塞数百里，远者千里。筑城障列亭至卢朐。”五原塞在今包头市西北。这道城障列亭组成的防御系统，在秦始皇长城以北，史称“外城”、“塞外列城”或“光禄塞”，可见它不是首尾相连的墙体。在五原郡北有光禄城，当与光禄塞有关。

总的算起来，从西北的河西长城到东北的辽东长城，汉代长城长一万余里，如果再加上今新疆维吾尔自治区罗布泊、库车一线的亭障，内蒙古自治区一带的列城、城障列亭等，长达两万多里，长度和规模远远超过秦代。因此，我们说，汉朝是中国历史上修筑长城里程最长的一个朝代。

汉长城的遗迹迄今还保留不少。在河北承德存有一段残长约15公里的汉长城遗迹，它位于燕、秦长城以南，明长城以北，显然为汉代新筑之段落。这段长城残高1.5米，宽8~10米，大部分为土筑，个别地方以石为基，上筑夯土。长城附近还有许多墩台，其中有一段，相距2公里筑一座墩台，中间没有墙体相连，正好与文献上汉代“筑亭障”相吻合。

在今河北隆化、丰宁、滦平，北京密云一带也有汉长城遗址。上述地方的墩台不下百座，多设在两河交汇之处的三角地带或交通要冲的山口。墩台多为方形，下大上小，一般边长8~12米，残存高度1.5~3米。当地群众称之为“炮台山”“馒头包”。河北境内的汉长城构造仍然是“因险制塞”，城墙与墩台配合而成，怀安一带的汉长城还出现了马面。我们基本上能从这些遗址中看到汉长城的形制、构筑材料和规模。另外，在辽宁、内蒙古自治区、甘肃等

图1-17 乌鞘岭汉代河西走廊长城和烽燧

地也有多处汉长城遗址。它们的形制、材料因地制宜，各不相同。有些地方用石块和夯土建筑相结合，有些地方利用峭壁作为一面城墙，而新疆维吾尔自治区罗布泊至孔雀河畔则是绵延的烽燧。这里就不再一一叙说了。

最后需要说明的是，自汉武帝以后，匈奴势力日衰。到汉宣帝时，匈奴内部分裂，呼韩邪单于率部来降，直至西汉末终未再兴。东汉之时，匈奴分为南北二部，南匈奴与汉和好，北匈奴远居塞外游牧，虽然不时与汉有所冲突，然势力衰微，已难成气候。总之，自汉武帝之后至东汉末，伴随着匈奴势力的削弱，长城虽有所筑，其规模已是很小了。

三 南北朝至辽金元时期的长城

东汉之后，魏、蜀、吴三足鼎立，角逐中原。西晋实现了短暂统一，北方诸族纷迁内地，均不以长城为重。东晋偏安东南，以长江为天堑，无需修筑长城。唐朝国力强盛，疆域辽阔，长城一线均在其辖境之内，北方游牧民族势力不大。宋朝立足未稳，且北方的大片领土在辽金地域之内，谈不上修筑长城。元朝是蒙古族建立的政权，其疆域横跨欧亚大陆，更没有修筑长城的必要。所以，从三国两晋南北朝至辽金元时期，修筑长城的主要是北魏、东魏、北齐、北周、隋、辽、金等政权，这些政权大部分是少数民族建立的。他们为保障自己领地的安全，防止外来民族的袭扰，也仿效秦、汉修筑长城。

1. 北魏、北齐长城

南北朝时期，北朝各国除北齐外都是鲜卑族建立的。他们入主中原以后，即以正统自居，把北方的其他少数民族视为夷狄，并组织力量修筑长城进行防御。

北魏长城　5 世纪初，我国北方的鲜卑族拓跋部建立起北魏政权，初都平城（今山西大同）。政权建立之后，逐步吞并了北方的后燕、夏、北燕、北凉等政权，于太武帝太延五年（439 年）统一北方，与南朝的刘宋政权形成南北对峙的局面。北魏政权的疆域，大部分在黄河流域的北部，据有今山西、河北及内蒙古自治区的大片土地。北魏政权开始学习汉人的生产技术，逐渐以农业立国。这时在北部草原地区还活跃着另一支强大的游牧民族——柔然（又称蠕蠕），它和东北部的契丹族，不时南下掠扰。为解除北部边境的威胁，北魏政权先后修筑了赤城阴山长城和畿上塞围长城。

关于赤城阴山长城，《魏书》记载，泰常八年（423年）“正月丙辰……蠕蠕犯塞。二月戊辰，筑长城于长川之南，起自赤城，西至五原，延袤二千余里，备置戍卫”。这条长城东端起自今河北赤城县境东北部，绵延西去，经今河北张北、尚义两县，进入内蒙古自治区集宁、武川、固阳，直到五原以北的阴山。这条长城的修筑，限制了柔然的南进。为了进一步打击柔然的势力，紧接着，北魏太武帝于神䴥二年（429年），亲率东西两路大军北伐柔然、高车，获得全胜。遂把降服的柔然、高车人民迁徙至北魏长城下，从事耕牧生产。为确保边防安全，北魏政权还先后在今黄河河套西北至河北张北县一线建置了怀朔（今内蒙古自治区固阳县）、武川、抚冥（今内蒙古自治区四子王旗）、柔玄（今内蒙古自治区兴和县）、怀荒（今河北张北县）和沃野（今内蒙古自治区五原县）6个军事重镇，这些布防实际组成了北魏北部疆域的又一道防线。

北魏政权为保卫京城的安全，还环绕平城修筑了畿上塞围的防御体系。《魏书》记载，太武帝太平真君七年（446年）六月“丙戌，发司、幽、定、冀四州十万人筑畿上塞围，起上谷，西至于河，广袤皆千里”。经考察，这条长城东起上谷郡居庸县境（今北京延庆区），沿太行山西南行至今山西灵丘县、繁峙县、宁武县，再向西北至偏关县，最后达河曲县的黄河岸边，全长千余里，呈环状分布于平城的南面。这种塞围，大抵相当于汉代的亭障，它与北部的长城相呼应，构成了严密的屏障。

北魏孝武帝于永熙三年（534年）被大丞相高欢所逼出逃关中，高欢另立北魏清河王世子善见为帝，改元天平，迁都于邺（今河北临漳县），北魏自此分裂为东魏和西魏。东魏为了防止柔然南下也曾有修筑长城之举。据《魏书》记载，东魏武定元年（543年），“齐献武王召夫五万，于肆州北山筑城，西自马陵戍，东至土隥。四十日罢”。肆州位于今天的山西忻州，马陵戍、土隥位于今天的山西宁武县。这条长城长150余里，虽然不算很长，但正处于北通今山西朔城（古称马邑，后称朔县）的交通要道上。这里历来是北方游牧民族南下的通道，所以，东魏立国之后在此修筑长城以加强防守。

北齐长城　东魏武定八年（550年），高欢子高洋废东魏孝静帝而自立为文宣帝，立国号齐，史称北齐。北齐所辖地域为今洛阳以东的晋、豫、鲁、冀四省部分地区，以及内蒙古自治区的部分地区。在北齐政权立国的短短27年中，北方有柔然、突厥和契丹等游牧民族的侵扰，西边又有西魏、北周政权的威胁。所以，北齐曾多次修筑长城。

高洋即位后，即着手修筑长城。《资治通鉴》（卷一六四）载，文宣帝天保三年（552年）"自黄栌岭，起长城，北至社平戍，四百余里，置三十六戍"。这是北齐政权第一次修筑长城。这条长城沿吕梁山东麓呈南北向，是用来对付西魏的。

北齐时期，蒙古高原上的突厥族势力强大，并建立了突厥王朝，常侵扰北齐王朝的北部边境，北齐便加紧了长城的修筑。《北史·齐本纪》载，天保六年（555年），"诏发夫一百八十万筑长城，自幽州北夏口，西至恒州，九百余里"。从走向及位置考察，这条从夏口至恒州的长城，与北魏政权所修畿上塞围相同，长度也大体相当，可能是在其基础上加以修补扩建而成。

紧接着，北齐政权又修了一道长城。《北史·齐本纪》载，天保七年（556年），"先是，自西河总秦戍筑长城东至海，前后所筑，东西凡三千余里，六十里一戍，其要害置州镇凡二十五所"。这条在短短一年内修筑3 000余里的长城，西段可能利用了天保六年（555年）所修夏口至恒州的长城，夏口东到海段为新修，沿燕山南麓到河北抚宁附近的渤海处。

北齐修筑了这条东到海的长城后，为切实防御柔然的进攻，于天保八年（557年）又修筑了重城。据《资治通鉴》（卷一六七）记载，"齐人于长城内筑重城，自库洛枝东至呜纥戍，凡四百余里"。"库洛枝"在今山西编关县附近，"呜纥戍"在今山西繁峙县附近。在长城的重要地段“筑重城”，进一步加强了防御。从其位置及走向看，这条长城是在北魏畿上塞围的基础上修建而成的。

继文宣帝之后，到北齐武成帝高湛河清二年（563年），又在西南部修筑了一道长城。据《资治通鉴》（卷一六九）记载：“齐诏司空斛律光督步骑二万，筑勋掌城于轵关，仍筑长城二百里，置十二戍。”“勋掌城”位于今河南济源西北王屋山山麓。“轵关”亦在济源北境，为太行八陉之第一陉，地处由晋南穿中条山、太行山出入河北、河南之要冲。这条沿太行山而修的长城、设的戍卫，主要是为防御北周东进。

北齐后主高纬统治时期，北部突厥势力日盛，且屡约北周合击北齐，这时北齐又对北部长城进行了修缮和加固。据《北齐书·斛律金附子羡传》载，天统元年（565年），“羡以北方虏屡犯边，须备不虞，自库堆戍东拒于海，随山屈曲二千余里，其间二百里中凡有险要，或斩山筑城，或断谷起障，并置立戍逻五十余所”。由此看来，这次所筑长城基本上是对文宣帝天保七年（556年）所筑自西河至于海的长城的加固和增建。若非如此，北齐在一年之内是不可能新筑2 000余里的长城的。

综观北齐一代，尽管存在时间不长，但它却接二连三地修筑长城。虽然有些是对前代长城的修缮和加固，但新筑的长城，据《北史》记载，前后达3 000余里。

最后需要提及的是，北周时期，突厥屡犯其北部边地。北周为防止其南下，不断修缮北齐时所筑长城。《资治通鉴》（卷一七三）载，静帝大象元年（579年）五月，“突厥寇周并州。六月，发山东诸民修长城”。这里主要是修北齐时所筑的长城。

2. 隋长城

581年，杨坚称帝，定国号为隋。隋文帝（杨坚）开皇三年（583年），都大兴（今陕西西安），开皇九年（589年）灭陈，结束了自东晋以来200余年的分裂局面，至此全国统一。统一后的隋朝，疆域辽阔，东南到海，西南到今云南、广西、越南北部，西到今新疆维吾尔自治区东部，北到大漠，东北至辽东。这时北方的突厥、契丹、吐谷浑诸族，成为隋朝的劲敌，且屡屡犯塞。隋朝虽然仅存30余年，但为了解除北部边患，多次修筑长城。

据《隋书·突厥传》记载，隋文帝即位后，东突厥沙钵略可汗与隋营州刺史高宝宁联军，攻陷了临渝镇（今山海关），“上敕缘边修保鄣，峻长城，以备之”。《隋书·高祖纪》记载，开皇元年（581年）四月，“发稽胡修筑长城，二旬而罢”。《隋书·韦世康弟冲传》亦载，“发南汾州胡千余人北筑长城”。以上所述修长城之事，当是修建北齐北边至海长城的东段旧基。

北周曾与突厥通婚，杨坚灭北周以后，突厥新主沙钵略可汗以为北周复仇为由，亲率大军取道今内蒙古自治区鄂尔多斯高原入掠弘化（今甘肃庆阳）、天水、延安、金城（今甘肃兰州）、武威诸州郡，六畜几尽。为了加强西北边防，隋文帝曾两次修筑长城。第一次是在开皇五年（585年），《资治通鉴》（卷一七六）记载“隋主使司农少卿崔仲方发丁三万，于朔方、灵武筑长城，东距河，西至绥州，绵历七百里，以遏胡寇”。文中“东距河，西至绥州”，依位置考察，应为“西距河，东至绥州”。这道长城西起今宁夏回族自治区灵武县西南黄河东岸，经陕西靖边、横山等地抵绥德。

开皇六年（586年），隋文帝再次修筑长城。《资治通鉴》（卷一七六）载：“隋复令崔仲方发丁十五万，于朔方以东，缘边险要，筑数十城。”隋朔方郡治所在今内蒙古自治区乌审旗。这次修筑的是不连贯的长城，是凭险而守、遥相呼应的一系列城障。在重要的地段和关隘，还筑有城堡，用以屯兵、屯粮，加强防御。

隋炀帝杨广即位后，兴建东都洛阳，并征发男丁10万余人，围绕东都都城掘修了一道2 000多里的长堑。这条长堑自今山西河津龙门黄河岸起，东经山西高平、河南汲县和新乡，然后南渡黄河，由开封、襄城，再西折至陕西商州。除此之外，隋炀帝在位期间还两次较大规模地修筑长城。

隋炀帝时期，突厥内乱，东突厥启民可汗内附。炀帝北巡，入突厥境，突厥奚、霫、室韦等部首领皆来朝见。隋一时声威大振，遂将北边防御线向北推进到河套地区。为此，要筑起一道长城御敌于城下。《隋书·炀帝纪》载，大业三年（607 年）七月，“发丁男百余万筑长城，西距榆林，东至紫河，一旬而罢”。“榆林”在今内蒙古自治区托克托黄河南岸，“紫河”即今内蒙古自治区呼和浩特市和林格尔县、清水河县之间的浑河。这一道长城正处在黄土高原的北部边沿和地势平坦的西北部的结合地带，是北方游牧民族南下的踏板，长城的修筑正好扼住了他们南下山西的通道。

此外，生活在青海湖一带的吐谷浑也曾不时掠扰隋王朝的西部边郡。隋炀帝在发兵攻灭吐谷浑的同时，在今甘肃和青海交界地带也修筑了一段长城。据《资治通鉴》（卷一八一）记载，大业四年（608 年）“秋，七月，辛巳，发丁男二十余万筑长城，自榆谷而东”。“榆谷”在今青海贵德黄河岸边，由此可知这段长城由此而向东延伸。

有隋一代所筑长城，大抵上东起山海关，西至甘肃境内，基本上沿着北魏、北齐所筑长城的轨迹并对其进行修缮。新增筑的地段，即所谓的“筑长城”，在今陕西、宁夏、甘肃及内蒙古的河套地区。在隋朝统治的近 40 年间，统治者频频征调民力修筑长城，其本想阻止北方民族南下，保卫国家安全，巩固自己的统治，但由于滥征暴敛，造成“百姓失业，道殣相望”，结果被农民大起义的滚滚洪流给推翻了。

图 1-18　宁夏回族自治区盐池隋长城遗址（董旭明摄）

3. 辽、金长城

唐朝灭亡以后，中国历史上出现了半个多世纪的混乱局面。这期间，北方的契丹族兴起，并于916年定国号为契丹，947年改国号为辽。这是在中国北方建立的区域性王朝，与中原的宋王朝形成了南北对峙的态势。辽统治者把长城看作契丹与中原文化的分界，“此天时地利所以限南北也”。所以，辽统治者在其统治的区域南部没有修建长城，而在北部为切断女真人和中原的联系，修筑了一段长城。

据《辽史·太祖本纪》记载，太祖二年（908年）十月，“筑长城于镇东海口”。文献记载仅寥寥一笔。近年来，考古工作者结合实地考察得知，“东海口”位于今辽宁大连金州区（原金县）南部渤海与黄海交汇地岬处南关岭。这里是古代东北地区由海路通往中原的要道。当时渤海国与契丹人时常发生冲突，为阻断其与中原王朝的联系，契丹人占据此地后修筑了长城。另据《辽史·圣宗本纪》载，太平六年（1026年），“黄龙府请建堡障三、烽台十，诏以农隙筑之”。这种建筑虽不是连接的城墙，但属于长城的防御系统。辽建此工程主要是防止东北部女真人的南侵。据考察，这些烽台、堡障分布于第二松花江流域，北至今黑龙江哈尔滨阿城区，南至今吉林长春农安，大体为当时契丹与女真的边界地。

1115年，生活在我国东北的女真族建立了金朝，都会宁（今黑龙江哈尔滨阿城区）。其疆域东北到今日本海、鄂霍次克海、外兴安岭，西北到蒙古国，西到河套、陕西横山、甘肃东部与西夏接壤，南侧迫使宋退居淮河以南。前朝所筑的旧有长城大部分在金朝境内。但这时活跃于西北方的蒙古族逐渐强大，不时侵扰金王朝的控制区域，为此，金王朝开始在与蒙古族接壤地带修筑城堡，开挖界壕，连堡成而筑长城。这里需要说明的是，金王朝所修长城，见诸史籍的皆称“界壕”或者“边堡”、“堑壕”，俗称“成吉思汗边墙”。

《金史·地理志》载：“金之壤地封疆，东极吉里迷、兀的

改诸野人之境，北自蒲与路之北三千余里，火鲁火疃谋克地为边，右旋入泰州婆卢火所浚界壕而西，经临潢、金山，跨庆、桓、抚、昌、净州之北，出天山外，包东胜，接西夏。”这是关于婆卢火所浚泰州界壕的较早文字记载。“泰州”位于今吉林白城，婆卢火于金熙宗时期任职于此，故这段长城应为此时所筑，从其位置来看，很明显是为了防御蒙古族的入侵。

图 1-19 内蒙古草原上的金界壕遗迹

金世宗大定三年（1163 年），左丞相完颜守道经略北方时，把西北路、西南路靠近内地的旧设堡戍迁移至边地，并进一步修筑，使之与临潢路泰州的边堡相接。遗憾的是，这一时期修筑的防御工程质量较差，不久便失去了防御作用。但金紧接着又修筑了一些边堡。《金史·世宗纪》载，大定五年（1165 年）正月，“诏泰州、临潢接境设边堡七十，驻兵万三千”。

到金章宗明昌年间，蒙古族势力与日俱增，而金的统治渐趋衰弱，处于内外交困之境，只有大修长城以防御之。据《金史·完颜襄传》载：“因请就用步卒穿壕筑障，起临潢左界北京路以为阻塞。”因这段沿临潢达泰州开筑的壕堑，要经过风沙草原地带，墙外壕堑易遭风沙湮塞而不能阻挡蒙古骑兵，修筑时曾引起朝臣争议。完颜襄曾曰：“今兹之费虽百万贯，然功一成则边防固而戍兵可减半，岁省三百万贯，且宽民转输之力，实为永利。”最后，主修派占了上风，但工程延至承安三年（1198 年）方告完成。这段长城东北起自今内蒙古自治区呼伦贝尔市莫力达瓦达斡尔族自治旗，沿大兴安岭东南麓西南行，穿过锡林郭勒草原，止于武川阴山北麓，绵延 2 000 余里，在历史上被称为“明昌新城”。

此外，在金章宗承安年间也修过长城。《金史·仆散揆传》载，揆升西南路招讨使后，“沿徼筑垒穿堑，连亘九百里，营栅相望，烽候相应，人得恣田牧，北边遂宁”。仆散揆因筑垒穿堑之功，于金章宗承安四年（1199 年）由招讨使荣升为参知政事。

近些年，黑龙江、吉林和内蒙古自治区的文物考古工作者曾调查了金代各路界壕边堡，基本上明确了金长城的分布和走向。金长城除两端为单线外，中间分为内、外、中三条。金长城的防御体系由长城界壕和边堡关隘组成。长城界壕的主要结构是挖一条堑壕，阻碍战马冲越，堑壕内侧垒筑长墙。主线长城比支线增修副壕、副

图 1-20　内蒙古自治区武川县境内的金界壕马面

墙和马面，形制有所区别。除了墙壕并列外，还配置戍堡和烽燧。金代所修筑的界壕工程较为简陋。元朝人张德辉在其游记《塞北纪行》中曾写道：“过渔儿泊……自泊之西北行四驿，有长城颓址，望之绵延不尽，亦前朝所筑之外堡也。”元朝时间上离金朝较近，但张德辉所看到的金代长城已是颓址，可见其质量之差，形体之小。时至今日，金长城的遗迹就更少了。

四 明长城

明长城是我国历史上修筑的最后一道长城，也是修建规模最大、历时最长、工程最坚固、设备最为完善的长城。它东起辽东的鸭绿江畔，西至甘肃的嘉峪关旁，横贯今辽宁、河北、天津、北京、内蒙古、山西、陕西、宁夏、甘肃等九省（直辖市、自治区），全长 6 300 多公里。有人计算过，若将明代修筑长城用的砖石、土方，用来修筑一道 5 米高、1 米宽的大墙，其长度可绕地球一周有余，由此可见工程量之浩大。它翻越千山万水，穿过莽莽荒原、茫茫沙漠，犹如一条巨龙舞动在中国北方辽阔的大地上。明长城在时间上离我们较近，且修筑得雄伟坚固，所以保存下来的遗迹较多，人为和自然损害较少，面目迄今还较为清晰。下面我们就有关明长城的情况做一概要介绍。

图 1-21　朱元璋画像

1. 明长城的修建及管理

1368 年，朱元璋的军队攻克了元大都（今北京），推翻了元朝政权，元顺帝被迫退回塞北。但元顺帝手中仍然握有完整的政治机构和较为强大的军事力量，并占有东至呼伦贝尔湖，西至天山，北抵额尔齐斯河及叶尼塞河上游，南到现在长城一线的地域。在陕西和甘肃的部分地区还有河南王扩廓帖木儿的 18 万人马，在辽东方面有右尉纳哈出指挥下的 20 万军队，实际上和明王朝形成了对峙的局面。元顺帝时刻都在想卷土重来、收复失地、重主中原。《明史·兵志》记载：“元人北归，屡谋兴复。永乐迁都北平，三面近塞。正统以后，敌患日多。故终明之世，边防甚重。东起鸭绿，西抵嘉峪，绵亘万里，分地守御。”明建国之初，为防御被推翻的蒙古贵族卷土重来，开始大规模地修筑长城。明中叶以后，随着北方蒙古族势力的再度崛起与东北地区女真族的兴起，为了巩固北方边防的安全，明王朝加快了修筑长城的步伐。直到明王朝被推翻的 1644 年，长城的修建仍未结束。在明王朝 200 多年的统治中，几乎没有停止过长城的修建工程，其修筑时间之长，也是我国历史上其他朝代不能与之相比的。南京城墙始建于 1336 年，当时朱元璋听取朱升“高

图 1-22 建于明初的南京城中华门

筑墙、广积粮、缓称王”的建议，历时21年将其建成，其建筑规模堪称世界之最，对后来明代大规模修筑长城起到借鉴和启迪作用。

文献记载，明代的万里长城西起甘肃的嘉峪关，东到辽宁的鸭绿江边。今天有不少人认为此条长城东到山海关，这是什么原因呢？只因山海关到鸭绿江这段辽东长城，工程较为简陋，毁坏较为严重，遗迹已不多见。而山海关至嘉峪关段工程坚固，保存较好，遗迹迄今犹存，况且东西又有两座雄关对峙。所以，有人就认为，明代的万里长城西起嘉峪关，东至山海关，实为谬也。

明代长城设计之精巧，布局之合理，结构之完善，都超过了过去任何一个朝代。那么，这巨大的工程，漫长的施工是如何组织和实施的呢？由于修建和维护长城是明朝政府军事国防上的头等大事，所以明统治者首先选派精明强悍的将领担任长城重要地段和要塞的建筑指挥官。战功赫赫的开国大将徐达，曾先后指挥修筑被称为“京师门户”的居庸关及其附近长城和“枕山襟海，实辽蓟咽喉”的山海关。1569年，原镇守东南沿海的抗倭名将戚继光被明政府调到北方，任蓟镇总兵，负责山海关到居庸关这一段长城的防务，并改建和加筑长城。这段长城上的1 000多座敌台，就是戚继光任蓟镇总兵时陆续修建的。这段长城修得雄伟坚固，是我国长城建筑史上的杰作。从山海关到鸭绿江的辽东长城，是提督辽东军务王翱、指挥佥事毕恭、辽阳副总兵韩斌、都指挥使周俊义等人

图1-23 明代抗倭名将戚继光雕像

在任辽东镇军事首领时相继修筑完成的。

明代修筑长城，除了动用军队以外，还调遣了大量的民工。在嘉峪关的城墙中，发现了一块明代石碑，上方镌“梅起蔡止”四个大字，下方镌刻六个施工队的名字。这块石碑清楚地告诉我们，这是某段长城修筑时分段包修的起止线。在北京八达岭长城的城墙上，镶嵌有一块明万历十年（1582年）修筑长城时的石碑，文字所载内容从一个侧面反映了修筑长城时的分工管理情况。碑文如下：

钦差山东都司军政佥书，轮领秋防左营官军都督指挥佥事寿春陆文元，奉文分修居庸关路石佛寺地方边墙。东接右骑营工起，长柒拾五丈二尺，内石券门一座，督率本营官军修完，遵将管工官员花名竖石以垂永久。

管工官：

中军代管左部千总济南卫指挥　刘有本

右部千总青州左卫指挥　刘光前

中部千总济南卫指挥　宗继光

官粮把总肥城卫所千户　张廷胤

管各项窑厂、石圹办料署把总　赵从善　刘彦志　宋　典　卞迎春　赵光焕

万历拾年拾月□日鼎建

从这段碑文中，我们可以清楚地看出，修筑这段长城的人员大部分来自山东。明朝统治者为了保障长城这个巨大工程的修筑，调用了全国各地的军民。仅修筑北京居庸关八达岭这一段长70多丈的长城和一个石券门，就动用了几千名军民，要修建一万余里的长城，就要征用数以千百万计的军民。劳役之苦，可想而知。通过碑文还可以看出，筑城工程组织严密，分工细致，有各路指挥官，有管粮食、砖窑厂的，有管石料开采运输的。

为了巩固和加强长城的防御功能，需及时对其进行管理和修缮。明朝把整个长城划分为9个防御区，分别驻重兵把守，称为九边或九镇，每镇设有总兵领辖。《明史·兵志》载：“初设辽东、

宣府、大同、延绥四镇，继设宁夏、甘肃、蓟州三镇，而太原总兵治偏头，三边制府驻固原，亦称二镇，是为九边。”明代长城九个军镇的分段防御管理情况如下：

图 1-24 明长城《九边图》

辽东镇，管辖东起辽宁鸭绿江西岸的凤凰城，西到山海关的长城，全长 1 950 余里。镇治所在今辽阳，后移至今辽宁北镇。

蓟镇，管辖东起山海关，西至北京居庸关东灰岭口的这段长城，全长 1 200 多里。镇治所在今天津蓟州。

宣府镇，管辖东起居庸关东的四海治，西到山西大同东北的西洋河，全长 1 023 里。镇治所在今河北宣化。

大同镇，管辖的长城东起大同市镇口台，西至偏关东北的鸦角山（亦称丫角山），全长 647 里。镇治所在今山西大同。

太原镇（也称山西镇），管辖的长城东起山西和顺县东的黄榆岭，西到山西保德县的黄河岸边，全长 1 600 余里。镇治所在今山西偏关。

延绥镇（亦称榆林镇），管辖的长城东起内蒙古自治区清水河县，西到宁夏回族自治区盐池县，全长 1 770 里。镇治所在今陕西榆林。

宁夏镇，管辖的长城东起宁夏回族自治区盐池县，西到甘肃皋兰、靖远县交界处，全长 2 000 里。镇治所在今宁夏银川。

固原镇，管辖的长城东起陕西靖边县与榆林镇相接，西到甘

肃振兰县与甘肃镇相接，全长 1 000 里。镇治所在今宁夏固原。

甘肃镇，管辖的长城东起甘肃兰州，西至嘉峪关段，全长 1 600 里。镇治所在今甘肃张掖。

明朝政府在长城沿线部署重兵把守九镇，除了起到防御的作用外，还要对长城进行管理、保护和修缮。

2. 明长城的军事防御设施

在我国长城修筑史上，明代长城的修筑可以说是达到了最高峰。明长城大部分是砖石结构，其建造之坚固，设施之完善，防御功能之科学，都令人叹为观止！

首先让我们观察一下城墙。人们到北京的八达岭、慕田峪等地参观游览长城，看到在那崇山峻岭间，蜿蜒起伏着雄伟的城墙。山峰沟壑本来就构成了天然屏障，再在其上修筑高大的城墙，这对于古代战争中只能使用大刀、长矛、弓弩、剑戟的人们来说，简直是不可逾越的障碍。现以八达岭长城为例，看看城墙的结构。城墙

底部一般用巨大的条石或方石作基础，其上墙体的两侧用每块重约30斤的城砖包砌，中间填以碎石和黄土。墙体上部平铺三四层方砖，用石灰抹缝，异常结实。城墙高七八米，一般情况下山势陡峭的地方矮一些，山势平缓的地方高一些。城墙墙基的宽度为6.5米，顶宽平均4.5米，墙顶较宽的地方，可容五马并行，十人并进。坡陡处用砖砌成阶梯状，以利于行走。墙顶内侧有高约0.5米的宇墙，也叫女墙或女儿墙，主要作用是保护守城将士的人身安全，防止守卫和巡逻的将士不慎坠下墙去。墙顶外侧有高约2米的砖砌垛墙，上置供瞭望用的垛口，其下有供射箭用的方形射孔。为了避免墙体被雨水浸泡坍塌，墙顶上还修有排水沟，安装有吐水石槽等。在墙体内侧隔一段距离设有石砌或砖砌的拱形券门，中修磴道直通墙顶，以便将士们出入。城墙外侧迎敌的一面，一般地势高深陡峭，难以登攀。明长城重要段落的墙体相差无几，其他地方则有相异之处，主要是利用自然形成的地形和人工削平的屏障作为墙体。在甘肃和

图1-25　八达岭长城为明万里长城中最雄伟的地段之一

图 1-26　金山岭长城敌楼

宁夏回族自治区等地，还有一些土筑城墙，这里就不再详加叙述了。

在明长城上，根据地形地势隔不远就设置一个敌台，也叫敌楼。敌台一般是高出城墙的用砖砌成的方形墩台，二至三层不等，四面的垛墙上均开有垛口。敌台上面，中间修有船形小屋，名曰楼橹。楼橹里面，驻兵可以避风雨，也可存粮和储藏武器，以备不时之需。敌台是明代抗倭名将戚继光于16世纪后半期创建的。《明史·戚继光列传》载，戚继光"令戍卒画地受工，先建千二百座"。这1 200座敌台只是山海关至北京居庸关一段的数量，如果把万余里长城上的敌台数目加起来，那数量是相当可观的。

墙台，是凸出于城墙之外的台子，上小下大，略似马脸，所以又叫马面。墙台的外侧和左右两侧砌有垛口，台上建有房屋，称为铺房。铺房使"兵夫得以安身，火器得蔽风雨"。墙台的防御作用是很大的，因"城墙正面不便俯视，恐其矢弹正面对攻，不敢眺望"。如果敌人进逼城下，城上将士探身伸头射杀敌人，很容易遭受对方射击。若有了凸出城墙的城台，进逼城墙脚下的登城者，就会遭到来自左右城台上的射击，而无法登城。相邻墙台之间的距离一般均在两个城台能够控制的射程范围之内。

长城上的敌台和墙台，只能容纳少量士兵，平时只是起到站岗放哨、遮风避雨的作用。若遇紧急情况，临时从远处调兵遣将恐难解燃眉之急，因此在长城内侧沿线还建有许多城堡，实际上就是兵营。这些城堡根据此段长城的位置重要性而有大小之分，但都建在长城附近，与长城构成犄角之势。另外，长城沿线还筑有许多烽火台（明代也称烟墩），所以常有“五里一墩，十里一堡”的说法。烽火台是报警的通信设施，城堡是屯兵以备战之用的场所。

在长城线上，有许多重要的关口，有的在两山之间，如嘉峪关；有的在山河或山海之间，如山海关。因此，这些关口被称为关山、关河、关津、关塞、关隘等。这些关口，平时是长城线上进出的通道，战时则是进攻和防守的重点。我国古代许多著名战役就发生在这些关口处。明代还在这些控扼长城通道的地方修了许多关城。这些关城和扼守长城的关口连在一起，修筑得特别坚固，设计也特别周密。例如北京境内的居庸关，在30多里的关沟中建关三重，有“天下九塞，居庸其一”之誉。驰名中外的山海关，人们用“两京锁钥无双地，万里长城第一关”来赞美之。另外，像山西境内的长城外三关，即雁门关、宁武关、偏头关，河北与北京境内的长城内三关，即紫荆关、居庸关、倒马关，都建有十分坚固的关城。

明代长城高深坚固的城墙，攻守皆宜的敌台、墙台，屯兵备战的城堡，报警的烟墩，固若金汤的关城等设施，构成了一道完善严密的军事防线。

3. 明长城的兵力部署

明朝统治者自始至终都重视并不断加强对长城的防务，实行直接指挥、重兵把守、层层节制的防御措施。

明朝统治者把长城的军事防务大权紧紧地掌握在自己手中，兵部（相当于今国防部）奉皇帝之命直接指挥军队。遇有战事，兵部尚书（相当于今国防部长）或者由皇帝另派的大臣，总督长城的军务事宜，关键时刻皇帝还御驾亲征。

明代在长城沿线部署的九大军事重镇，每镇的兵员达10万人以上。据记载，明隆庆年间（1567—1572年），宣府镇有兵员151 452名，大同镇有兵员135 778名。照此算来，明朝政府在长城沿线就陈兵百万，可见其对长城防务的重视程度。每个军事重镇实际上就是一个战区，平时由各镇的最高指挥官总兵指挥守卫长城，战时哪里吃紧就调遣军队增援哪里。

每镇之下又分若干个路，各路的兵员数量视长城段落的位置重要程度而定，少则几千人，多则几万人。路城，是“路”统领官的驻地，路的指挥官一般由守备担任。守备多住在关城之内，遇有警急，便于指挥。路之下又分大小不等的若干个关城。关城实际上是一个个据点，既要控制某个关口的出入情况，还要负责关城一带的长城防务。小关城兵员有数十人至数百人，派千总把守。大的关城兵员有数千人，多的可达数万人。例如洪武十四年（1381 年），山海关管辖 10 个千户所，兵员有 32 000 余人。隆庆二年（1568 年），嘉峪关有守兵 1 000 人左右。这里需要说明的是，各级指挥官所居住的镇城、路城、关城等是紧连着长城的，有的与地方上的州、府、郡、县城合二为一，均离长城不远，一旦有紧急军务，便于调遣出动。

长城上最基本的防守单位是墙台和敌台。据记载，一座墙台 14 人把守，4 人守台，其余 10 人分为 2 班守垛，每班 5 人，故班又称作“伍”，每伍设垛长 1 人。墙台上配有佛朗机 3 架。蔺石（滚石）备足。号旗、木梆、锣、鼓各 1，粮食给足 1 个月。一座敌台配守兵 60 人，30 人守台，设台长 1 人，其余 30 人分 6 个班（伍）守垛口，每伍设垛长 1 人。每座敌台上配有 8 架佛朗机。神枪 12 根，每根配神箭 38 支，火药 300 斤，大小蔺石备足。号旗、木梆、锣、鼓各 1，粮食也储备 1 个月。木梆是夜晚报平安敲打用的，擂鼓为进攻，击锣表示撤退。另外，隆庆三年（1569 年），蓟镇等处的军事长官曾议定了一条长城的用兵原则，叫作“区别缓冲，计垛授兵”。一般情况下，一个垛口一个兵，但也不尽然。有些长城地段较为陡峭，不易登攀，易守难攻，兵员布置就相对少一些。而有些地段地势较为平缓，易于被敌人攻破，兵力部署就相对多一些。有些重要关口，配置人员也比较多，每垛可达 5 人。兵员数量主要视其重要程度，适当增减。

总之，长城沿线的兵力部署非常严密，组织上层层节制，彼此配合，互相照应，各级军事组织井然有序，有条不紊，可谓我国古代军事防御上的成功之作。

4. 清代罢修长城

明朝直到灭亡，始终没有停止对长城的修筑，但清代却戛然而止，不再修长城，原因何在？

清朝统治者入关建立政权以后，鉴于明朝亡国的教训，决定不再修筑长城。清朝统治者清楚地看到，明代耗费了巨大的人力和物力修筑长城，却未能避免被农民起义推翻的命运，于是决意改变统治策略，要建起一座"修德安民"的无形长城。

康熙皇帝在《古北口》一诗中说："断山逾古北，石壁开峻远。形胜固难凭，在德不在险。"乾隆皇帝在《望长城作》一诗中说："千秋形胜因循览，万古兴亡取次觇。自是天心无定向，从来违顺卜黧黔。"清朝的一些大臣也说："毕竟成城需众志，皇图巩固在于斯。"这说明清朝统治者认识到，巩固政权不能仅凭"形胜"（即依靠长城巩固统治），而要重视德化及人心所向。这从康熙皇帝批阅的一份奏折上可以看得更为清楚。著名学者余秋雨在《一个王朝的背影》一书中写道，古北口总兵官蔡元向朝廷上奏，意思是说他管辖的那一段长城"倾塌甚多，请行修筑"。康熙帝批曰："秦筑长城以来，汉、唐、宋亦常修理，其时岂无边患？明末我太祖统大兵长驱直入，诸路瓦解，皆莫敢当。可见守国之道，惟在修德安民。民心悦，则邦本得，而边境自固。所谓'众志成城'者是也。如古北、喜峰口一带，朕皆巡阅，概多损坏。今欲修之，兴工劳役，岂能无害百姓？且长城延袤数千里，养兵几何，方能分守？"

于是，清朝统治者决意用怀柔政策，即用宗教和思想统治的办法代替修筑长城。历史上有"明修长城，清修庙"一说，就是讲的这一史实。清朝政府在北京城修建了雍和宫，乾隆皇帝还亲自前去受戒。清朝政府还在热河建立了行宫，即承德避暑山庄。在山庄之外，仿新疆伊犁河畔的伊犁庙，修了安远庙；仿西藏的三摩耶庙，修了普宁寺；仿拉萨的布达拉宫，修建普陀宗乘之庙；仿日喀则的

扎什伦布寺，修了须弥福寿之庙。清朝政府总共修了八大庙宇，为蒙古族、藏族等少数民族的上层人物准备了宗教活动和休息的场所。对于北方边疆的各少数民族首领来说，他们不必长途进京也有与朝廷交流的机会与场所。清政府以此达到巩固统治、安定边疆的目的。避暑山庄，名义上是休息避暑之地，意义却又远远不止于此，它把复杂的政治目的和军事意义转化为一片片幽静闲适的园林和一座座香火缭绕的寺庙。我们可以说，这就是清统治者的“长城”，它比蜿蜒万里的秦汉、明代长城要高明许多倍。历史事实证明，清朝政府这一套政治统治手法，确实行之有效。

清朝也曾对原长城线上的某些关口做过一些修缮，在今辽宁、吉林境内，曾修过高、宽各1米，外挖壕沟、上植柳树并以绳相连的“柳条边”。前者是为了检查过往行人，后者是为了防止人民到边外采人参、放牧和打猎，这些已与长城没有什么关系了。

图 1-27 承德避暑山庄

五 烽燧报警系统的诞生及演变

我国烽燧报警系统的诞生，早于长城的修筑。长城出现以后，烽燧报警成为长城防御系统的重要组成部分，在我国使用了 2 000 余年。因此，在我们谈到长城时，很有必要介绍一下我国烽燧报警系统的诞生及其发展演变。

1. 烽燧报警系统的诞生

"烽火""烽表""举烽"诸词俱首见于《墨子》一书。将烽火作为传递军情警报的信号，最晚是从西周时期开始的。当时西周北境时常被犬戎部骚扰，为通报军情，开始设置烽燧。

"烽燧"乃放烟、举火之意。由于这两个词词义相近，究竟何为放烟，何为举火，众说纷纭，莫衷一是。有的说"烽"为白天放烟，"燧"为夜间举火。有的说法则恰好与之相反。综各家之说，我们认为，应是白天放烟，夜间举火，因为这样才有利于远方及时看见报警信号。许慎在《说文解字》中说："烽，有警则举火。"在夜间，火光才能让远处的人看到，因而这里的"烽"指的是夜间举火。若白天遇有情况，人们便将一种名叫葭苇的柴草或晒干的狼粪点着（故又叫"狼烟"）。这些东西燃着后烟雾很浓，当滚滚浓烟腾空而起的时候，远处的人就很容易看到了。这种以烟雾示警的方法称为"燧"。举火放烟的地点一般都选择在山巅这类视野开阔的地方，并在其上建一个高大的台子作固定设施。这个台子被称为"烽火台"，后来人们便以"烽燧"相称。

由此看来，烽燧是一种古老的军事信息传递设施，它能够迅

速通报敌情，远距离指挥部队协调作战，是战争发展到一定阶段的产物。后来随着战争的发展，城堡、长城开始出现，具有远距离报警功能的烽燧便与之有机地结合起来。一处举火放烟，敌情迅速传递，以便赢得时间，组织力量反击。

烽火台上的烽火一经点燃，就好似如山的军令，官兵丝毫不能延误和大意。《史记·周本纪》记载的周幽王“烽火戏诸侯”的故事，就是有力的证明。

西周初年，周天子分封了一些诸侯国。周天子曾与离京城较近的诸侯相约，如果遇到王室内乱或外族入侵等紧急情况，就在骊山顶上的烽火台点燃烽火，诸侯望见火光或浓烟，应立即出兵救应。这是周天子为巩固统治、捍卫京城安全而采取的一个措施。可是西周末期的周幽王是个荒淫无度、昏聩无能、不理朝政、整日饮酒作乐的昏君。他有一个极度受宠的爱妃——褒姒，这位貌若天仙的女人百般皆好，美中不足的是整天绷着个脸，难得一笑。为讨得爱妃的欢喜，使她启唇一笑，周幽王竟在没有任何敌情的情况下命令兵士点燃烽火。各地诸侯望见烽烟，纷纷率兵前来勤王，聚集至骊山脚下。他们却看见周幽王和褒姒正悠然自得地在城头上饮酒作乐，根本没有什么敌情。这种恶作剧虽然博得了褒姒一笑，但却惹恼了各路诸侯。后来，周幽王又几次随心所欲地点燃烽火，遭受过戏弄的诸侯们再也不来了。

周幽王十一年（公元前 771 年），此时的西周已是上下交怨、危机四伏，北部山地的游牧部族犬戎乘机大举入侵镐京。周幽王把解围的希望寄托于诸侯前来勤王，急忙下令点燃烽火，诸侯们仍认为这是周幽王开玩笑戏弄人，根本不予理睬。后犬戎军冲入城内，大肆烧杀抢掠，周幽王在外逃途中被犬戎军杀于戏水（今陕西临潼），西周灭亡。通过这个故事可知，烽火台的军事报警作用是何等重要。说它关系到社稷之安危、政权之存亡，是一点也不为过的。

由此看来，我国的烽燧报警最晚出现于西周，这时的烽火台是和王朝的首都、诸侯们的城堡紧密联系在一起的。到春秋战国时期，随着战争不断升级和扩大，长城开始出现，烽燧与长城一起构筑起军事防御体系。

2. 烽燧系统的发展演变

烽燧自诞生以来，经过了春秋战国时期和秦王朝的发展演变，到了汉代已发展得较为完备。以烽燧及戍卒为主的边防侦察报警体系，已成为汉代边塞防御系统的重要组成部分。

汉朝时烽燧主要分布在与匈奴邻境的北方边郡，后来又沿长城扩大到西北和东北地区。《汉书·赵充国传》载其奏书曰：“窃见北边自敦煌至辽东万一千五百余里，乘塞列燧有吏卒数千人，虏数大众攻之而不能害。”近代以来，在西北地区长城沿线发现了许多汉代烽燧的遗迹，出土了大批反映当时烽燧制度的简文，这有利于我们对汉代边防体系中的烽燧制度有一个基本的了解。

图 1-28　额济纳河的汉烽燧

汉代烽燧系统的组织机构十分严密。《汉官仪》云：“边郡太守各将万骑，行障塞烽火追虏。”据此可知，边塞烽燧系统的最高长官是边郡的太守，也就是说，侦察敌情并举烽报警是由边郡地方负责的防务。由于太守事务繁忙，真正具体负责防务的长官是佐助太守掌武事的郡都尉和部都尉。都尉有候（意即军候、斥候、关候）、千长、司马等属官。

作为都尉属官之一的候，是都尉之下置于塞上警戒防御的一级机构。由于所处地理位置及任务的不同，都尉之下所设候官的数目不等，其下有丞、掾、令史、尉史、候长、士吏等属吏。候官又指官署，候官所在称障。根据汉制，“近塞郡皆置尉，百里一人”。西汉称“塞尉”，秩二百石，是候之属吏，位在士吏、候长之上。每一候官治一塞，下置若干候长，候长官署称部。候长负责若干烽燧，同时候官又派士吏分驻各部协助候长。一塞所置部之多少及部之大小因候塞的地位不同而各异，如甲渠候官塞地处居延中枢，故下置28个部，而与之辖区相连的肩水都尉治下的广地候官却只有3个部。

部下置烽燧，当时烽燧可与亭、燧互称，它们在一定场合又可称作亭障、列亭、列燧。烽燧因位置或任务不同，大小不一、戍守人数各异，人数最少者仅有一二人，最多者则近30人，一般在10人左右，烽燧尚有燧长一人。

西汉时期，关于烽火的品种、品数及其施放都有严格的法律规定。这些规定是边塞烽燧举烽报警的准则。除了朝廷颁布的有关举烽的律令章程之外，各边郡结合本防区的实际情况，也都有自己的详细规定。现以居延塞为例谈谈烽燧实施的有关情况。据汉简所示，西汉时期居延边塞的烽火信号分为烽、表、烟、苣火和积薪五类。

烽为白昼使用的信号，其初义大概是以草薪燃火为报警信号。汉边塞之烽有布烽和草烽两种：布烽是以缯布、布或绢帛制作，即在一种被称为“邛”的框架四周蒙上布帛制作而成；草烽即用草编成一笼形物（兜零）作为烽号。两种烽皆分赤、白两色，布烽不可燃，草烽可燃，都置于竖在堠坞上的烽架（桔槔）之上，遇有警报则举布烽或燃草烽。按置烽的位置，又有堠（坞）上烽和旁烽、地烽（皆在坞旁地上）之别。

表用于白昼，是以布帛蒙在一个长方形的木架上，其形制如桔槔。从某种意义上说，表是布烽的一种，根据大小，分为大表、小表；根据置所，分为坞上表、地表；根据用途，分为亡人赤表、兰入表和诟表。所谓“亡人赤表”是以赤色的表告示烽塞警戒追索逃人；“兰入表”用于敌寇侵犯塞防之时；“诟表”可能是对烽火滞留失误的督责信号。

烟是烽燧白昼与烽、表相配合的烽号。烽燧备有施烟灶，灶在台下，烟囱出台上堠顶女墙。报警时在灶膛内燃柴草、粪，烟火借烟囱施烟于堠顶，远方得以望见。汉代施烟多是灶与积薪并举，尤其是在军情紧急之时多燔燃积薪，其效果更佳。

苣火是夜间使用的信号，因其形制、作用不同，苣分大苣、小苣、桯苣、角火苣，但都统称为烽苣或苣。苣之形状，据甘肃居延考古队发掘的居延甲渠第四燧出土的遗物所见，残长82厘米，径8厘米，芨芨草把束绳4道，分5节，中间3节贯以小木橛，原长大约1米。苣火通常是由燧卒手执燃举，或竖于堠顶燃举，或置于兜零中燃举。

积薪是烽燧燔燃积薪以浓烟或烈火表示的一种烽号，昼夜皆可使用。积薪有大小之别，一般大积薪白昼施烟，小积薪夜间放火。凡积薪皆置于距烽燧10米以外（敦煌汉烽积薪一般距烽台50~100米），与烽燧线垂直排列，以便于候望应和。

上述五类烽火信号并非各自独立使用，一般是根据敌情组合使用。依据敌人的多寡及远近把敌情分为五品，敌情品级不同，烽火的组合品级就不同，烽号的兴放次第及次数（数量）也随之而变。例如，敌1 000人以上入塞或500~2 000人攻亭障为第三品级，烽火组合为烽与积薪和苣火与积薪，其举放为昼三烽，燔二积薪，夜三苣火，燔二积薪。在都尉府的烽燧品级中，又增加依敌人入侵方位而制定的一些特殊信号，规定了不同的举烽方法。

由于烽火传递只能依靠燧卒肉眼观察信号，如遇阴晦风雨天气，警烽便难以传递。此外，有时还会发生举烽失误的情况。这时，会采取遣驿骑驰告或传檄等措施给予补救。

由于烽火关联紧急军情，所以对它的传递不仅要求准确，而且还要尽可能地迅速。唐史专家程喜霖先生在《汉唐烽堠制度研究》中指出：据测算，居延塞烽火运行的速度是每昼夜1 280~1 440汉里（1汉里约合400米），或是每昼夜1 600~1 800汉里。

举烽报警是燧卒最重要的工作。当时的制度要求燧卒必须记诵有关烽燧的条文，熟练掌握施放各种烽警的方法。如果举烽不符

合有关规定，轻者遭斥免，重者逮下狱。为监督检查燧卒的工作，各烽燧都有烽火记录簿，用来记录放烽的燧名和司烽人员的姓名职务，烽火的收发时间、方位、传递行程、运行时间等详情。烽火记录簿要定时上报或存档备查，上级据此考课成绩，检校事故。

烽燧位于边塞前沿，往往首当敌锋，史籍中常见匈奴入塞后首先攻击烽燧的记载，所以燧卒虽以举烽为本职，但同时又必须兼行战士之事。为增强烽燧的战斗力和安全防护能力，燧内部配备有弩、矢、剑（刀）、方（戟）等兵器。在修筑烽燧时还特别注意增加垣墙、橐户墼和虎落等守御设施。橐户墼用以闭门或加固坞门，每烽备 300 块。虎落即栏篱，是置于烽燧前拦截敌人的障碍物。这样，每一处烽燧都犹如一个战斗堡垒，成为一个独立的作战单位。

汉代边塞烽燧部署兵士的数量较多。有人曾测算过，居延、肩水二都尉所辖燧卒的数量在 1 044 人至 2 610 人之间，这说明汉朝时期的燧卒人数甚多。尽管燧卒作战主要是防御敌人对烽燧的围攻和协助屯兵扫荡或清除亭障附近之敌，捕获盗贼、亡人，但他们仍然是边塞防御作战中的有生力量。

内蒙古自治区昭乌达盟（今内蒙古自治区赤峰市）文物工作站曾对该地区汉代长城的烽燧遗址做了实地考察。《昭乌达盟汉代长城遗址调查报告》显示，在 50 公里的长城沿线，共发现烽火台 80 余座，间隔距离平均 3 公里，最远的不超过 5 公里。烽火台设置多为沿线单个排列，也有少数两个并列，在地势较平坦的地段间距稍远，在群山环抱的山区间距稍近。照此推算，在万里长城线上至少有两三千个烽火台。烽火台均在长城线内侧，离城墙一般 8~10 米，远的不超过 30 米。烽火台均为圆形，直径一般为 20 米，小的 15 米，大的 30 米。最有意思的是用罗盘仪或目测实验，证明筑于山谷、平地、山头上所有的烽火台，不论它们如何随着地形的变化而改变方位，站在其中任何一座烽火台上，都能举目遥望前一座，也能回顾后一座。由此可见，汉代建造的烽火台，在地形测量、建筑水平上已达到相当高的水平，这种科学合理的布局就是明证。

图 1-29 辽宁绥中三台子烽火台

隋唐时期，烽火报警除了继承汉朝烽燧制度科学合理的成分之外，还在个别地方做了些改进。唐代杜佑在《通典·守拒法》中记载："烽台，于高山四顾险绝处置之，无山亦于孤迥平地置。"唐代的烽火台建得更高更大，一般 30 里置一处。悬空楼阁式的烽火台是唐代发明的。这种烽火台的台身为圆形，土筑，高高地建在土台上，台顶建圆形房屋。房屋周围外出土台 3 尺，呈蘑菇状，烽台外壁直立，没有台阶，使用绳梯上下，从悬空地板进入。烽台外围又筑羊马式城堡，即在烽火台的四周筑以小方城或圆城，用以圈羊马，使敌人不能靠近，以保护守台卫士的安全。

唐代的每座烽台上，都设有 4 个烟囱、4 根火炬木橛，一有敌情，除燃放烟火之外，还必须向所在州县城堡报告，这种二者相结合的双轨制，实为前所未有。另外，《武经总要》还明确地记载了唐代烽烟举放的有关规定：凡有贼寇入境，步兵在 500 人以下者，放烽一炬。若是骑兵，在 500 人以上 3 000 人以下者，放烽两炬，3 000 骑以上放烽三炬，万人以上放烽四炬。其放烽一炬者至所管州县止，两炬以上者至京都。凡是烽火，一昼夜须行 2 000 里。由此可见，唐代烽燧制度极其严密。

明代，烽燧制度有了更大的改进，除了放烽、燃烟之外，还加上了放炮。明成化二年（1466 年）的法令规定："令边俱举放烽炮，若见敌一二至百余人，举放一烽一炮，五百人二烽二炮，千人以上三烽三炮，五千以上四烽四炮，万人以上五烽五炮。"烽炮就像现代的信号弹，不但有火光烟焰，还有很大的声音。这样既提高了军情传递的准确性，同时也加快了传递的速度。在明代的墩台（即烽火台，后人俗称烽台、烟墩等）上，置有各种火炮：有铜铸的小炮，叫火铳；有铁铸的大炮，分别称为大将军、二将军、三将军等。明代对烽燧的管理有一套十分严格的制度。规定烽子、戍卒等均不得擅离职守，贻误军情。烽火台上要及时整理、广积柴草、昼夜轮流看望，接递通报要及时准确，违者处以军法。

《明史·戚继光传》记载，蓟镇防区内长城沿线，通常是“五里一墩，十里一台”。2 000余里的防线，只要3个时辰（相当于今6个小时）就能传遍，造就了2 000里内声势连接的防御体系。到明代后期，悬灯、举旗与放炮相结合的报警方法，逐渐取代了烟火和放炮相结合的制度。白天放炮举旗的口诀是“一炮青旗贼在东，南方连炮旗色红。白旗三炮贼西至，四炮玄旗北路逢”。夜晚举旗无法看到，改为悬灯。据载，夜晚放炮悬灯的口诀是“一灯一炮贼从东，双灯双炮看南风，三灯三炮防西面，四灯四炮北方攻”。这种放炮报警的传递速度比过去的点烟法要快得多，一昼夜可达7 000余里。

从西周至汉唐，再到有明一代，我们看到了烽燧制度的发展轨迹。战国长城出现以后，遂与烽燧制度紧密地结合在一起，共同组成了军事报警的防御体系，并在古代许多战争中起到重要作用。

最后需要提及的是，我国的烽燧制度在抗日战争时期还发挥了一些作用，帮助中华儿女沉重地打击了日本侵略者。今天，烽燧遗址已成为历史陈迹，但它作为中华民族特有的文化遗产，仍在祖国秀美的山水之间展示着独特的风貌。

第二章
江河锁链

——辽宁长城

在历史上，辽宁是我国中原农耕文明和北方游牧文明的结合部。战国时代的燕长城、秦汉长城都曾修到这里。尤其是在明朝，这里是进入都城北京的前沿阵地，政府在此设立了辽东镇，并修筑了辽东长城，派兵严密把守。这段长城被称为辽东边墙，它从辽西群山走来，迂迴于辽河平原，又奔向辽东大地，长达 1 960 余里。清代在此设置的柳条边，也是不小的工程。辽宁境内的长城，以前常被人们忽视，甚至出现了明长城“东起山海关，西至嘉峪关”的错误说法。这里特设一章，找寻辽宁境内的长城遗迹。

一 从鸭绿江畔到辽西群山

辽宁位于东北地区南部，辽东半岛伸入黄海和渤海之间，这里以长白山的余脉——千山山脉为脊轴，形成了辽东的丘陵地带。辽宁中部是以辽河为中心的平原地带，西部是密集的群山。两边高，中间低，自然构成了一条长长的通道，这成为东北进入华北地区的要塞，战略地位十分重要。在古代，这里是汉族与东北地区少数民族相互交流的地区。出于防御的需要，不少朝代的长城都修到这里。燕国修建的燕北长城东段，西由今内蒙古自治区赤峰市进入辽宁境内，向东蜿蜒起伏于辽东丘陵地区。秦汉时期仍沿袭。明代长城大体起于今丹东东港一带，向北延伸，到今昌图附近再折向西南，直到山海关北与蓟镇长城相衔接。其中有鸦鹘关、抚顺关、广顺关、镇北关等著名关隘。接下来，就让我们一起去领略一下辽宁境内古长城的风韵吧。

1. 辽宁燕、秦、汉长城寻踪

战国时期燕国的长城已修到今辽宁境内，这是有史为证的。《史记·匈奴列传》载："燕亦筑长城，自造阳至襄平。置上谷、渔阳、右北平、辽西、辽东郡以拒胡。"文中的"襄平"即今辽宁辽阳，"辽西、辽东"也均在辽宁。这是有关辽宁境内修筑长城的最早记载。关于这条长城的修筑时间，据史书记载是在燕将秦开袭破东胡，"东胡却千里"后开始修筑的。这条长城很明显是燕国为了防御东北方的东胡修筑的，秦汉时期也对这条长城进行了修复。让我们循着这条线索，去寻找这道始筑于燕，秦汉复修的长城旧迹，观赏在长城舞台上上演的一幕幕历史剧吧。

随着时间的流逝，风雨的侵蚀，早期的长城遗迹多已倾圮颓坍，但仍有一点儿蛛丝马迹可寻。20 世纪 40 年代初期，我国著名考古学家李文信和佟柱臣先生到辽宁建平北部黑水村一带调查，发现有一座土城址，在老哈河东西两岸有很长的“老边”，均为秦古长城遗迹。调查发现，这条长城在明长城以北约 250 公里。为了使大家对这条长城遗迹有所了解，我们看一下李文信先生写下的笔记:“它连山跨谷，一望无际，十分雄伟。并且沿长城壁内，每隔 10 公里就有一座连壁的小城。长城内外都利用高山建筑烽台，星罗棋布，有很近的，也有 5 公里 10 公里以上较远的。河口、山空也都筑有小型城堡。”

中华人民共和国成立后，对这一地区的长城又进行多次调查，发现这里的燕长城不是一道，还有复线。最早发现位于英金河北岸的这道长城，由于它在诸道长城的最北面，我们称它为燕国的“外线长城”，又由于它位于赤峰的北面，也叫作“赤北长城”。在建平北部的这道长城，我们称它为燕国的“内线长城”。这两道长城相距 50 公里左右。内线长城是在燕昭王时秦开第一次却东胡建北方五郡时修筑的；外线长城是在此后国力强盛，拓展边境，有了战略上进可出击、退可固守的条件时修筑的。

燕国北部的内线长城，盘亘在辽西山环水绕的老哈河东岸的建平境内。这一段长城处于丘陵地带，山高谷深，坡陡路险。如果登上山顶一望，可见长城所处位置十分险要。长城东去过蹦河以后，因地势较为平坦，它犹如一道长墙，再看不到那种蜿蜒起伏状。径直东延，经王苏地等村，至城家沟村后，便出了建平界，又进入内蒙古自治区。这段燕国内线长城，在建平境内长达 50 公里。

从内蒙古自治区赤峰市的敖汉旗至辽宁的阜新段，发现有 120 多公里的燕长城遗址，“保存较好，全部夯土筑造，残高 1~2 米，基宽 6~8 米”。这个遗址的确定，比过去史学家只据古籍推定的燕长城路线的位置，“向北推移了大约 120 公里”。另外，在燕长城的附近，还有不少战国时期燕国和秦汉时期的边城、亭障、烽台等遗址，“出土最多的是燕国特有的明刀钱、富有燕文化特征的山字纹半瓦当、环状纹半瓦当以及陶罐、盆、豆、瓮、‘鱼骨盆’等”。

图 2-1　出土的燕国时期的瓦当

燕长城在平地多为版筑夯土墙，在土层薄或多石地带，多用石块垒砌。总之是因地制宜，就地取材，只要有可以利用的，都加以利用。正如《汉书·匈奴传》所载，长城“非皆以土垣也，或因山岩石，木柴僵落，谿谷水门，稍稍平之，卒徒筑治”。从这里可以看出古代劳动人民的聪明才智，他们善于利用地势修筑长城，这种巧妙做法令人惊叹不已。石筑长城的两侧墙面是用较大的石块砌成，城壁较为陡直光滑，中间填以碎石夹土。为了使墙体坚固，城墙顶部略向内收。经过实地测量，一般城墙基宽 2~3 米，存高 1~2 米，建平境内有一段保存最好，已被公布为辽宁省级重点文物保护单位。这段长城修筑地点的选择，是经过深思熟虑的。它避开了交错的高山深谷，将长城修筑在山南面交通便利的丘陵地带。长城北面是沟谷纵横的险峻高山，这对于防御游牧民族的骑兵，是一道很好的天然屏障。

图 2-2　辽宁建平境内的燕长城

而长城的南面，基本上是平缓的丘陵，这种布局对交通往来、戍守以及日常生活都是较为便利的，其设计用心之良苦由此可见一斑。

长城沿线还有不少古城遗址，在老哈河东岸有一座燕国古城址。城址南北宽170米，东西长340米，墙基宽15米，存高2~4米，城墙夯筑，夯层厚20厘米。南面有一门，城内多出土燕国时期的陶器、瓦当等遗物。类似的古城遗址还有好几处，只是形制规模大小不等而已，这些古城大都是当时屯驻戍卒之所。

在燕国外线长城的沿线上，还建有许多传烽报警的墩台，也有不少驻兵戍守的小城。外线长城从阜新蒙古族自治县东去，经清原满族自治县、新宾满族自治县、桓仁满族自治县到宽甸满族自治县。这一段长城虽然行经路线不够清晰，但近年在其沿线一带出土的农业工具铁镬、铁斧、“明”字刀币以及大量陶器等，均带有明显的燕国遗物特征。如果把这些发现地点连成一线，可断定长城就是在这些地点外边通过，并一直向东南延伸，过鸭绿江而到达当时燕国疆界的。

燕长城在辽东地区的线路，恰好处在长白山脉西部的群山之中。这里自然环境幽静秀美，不仅山岩峥嵘、林木繁茂，而且溪流纵横、河水清丽、风光秀美、气候宜人。如果来这里寻访长城，无论何时，都会被历史和自然的奥秘所吸引，让人感叹辽东的确是一个神奇的地方。

综观辽宁境内的燕国长城，虽然历经两千多年的风雨、无数次战斗的洗礼，但至今依然是探古寻幽的游览胜地。站在长城之上，放眼望去，娇娆的长城，更增添了祖国山河的妩媚壮丽，一种无限自豪的感情顿时涌上心头。

秦始皇统一中国后，设在辽宁地区的行政建置，仍依燕之旧制。在医巫闾山以东设辽东郡，首府是襄平（今辽宁辽阳）；医巫闾山以西包括河北东北部在内设辽西郡，首府是且虑（亦在辽西地区，遗迹尚未找到）。大家都知道，秦始皇修筑的万里长城“起临洮，至辽东，延袤万余里”。这万里长城是连接秦、赵、燕三国长城而

成的，燕国在辽宁境内的长城当然也包括在其中。秦朝只是“因边山险，堑溪谷，可缮者治之”，对长城加以修缮、连缀而已，当然也有一些扩筑。

秦长城在辽宁境内段落，是沿用的原燕国的外线长城，在旧有的墙址上加以修缮，故秦长城走向与燕长城基本相同。从西边进入辽宁阜新地区后，又经彰武、法库、开原一带，越过辽河，向东经清原满族自治县、新宾满族自治县、桓仁满族自治县、宽甸满族自治县，过鸭绿江而后直达长城所起的碣石山。

同燕长城一样，秦长城进入辽宁阜新后，遗迹就不清楚了，只能从一些遗址所出土的器物中加以推断和寻找。在铁岭新台子镇发现一处遗址，内有燕、秦、汉时期的遗物，因此可知秦长城与燕长城是同一线路。在宽甸满族自治县东北，浑江上游北股河与半拉江的汇合处，是山清水秀的太平哨镇，在该镇发现一处秦代军队戍边遗址，出土了许多重要文物，其中有两件兵器铜戈和秦代货币“一化”圆钱。在其中一个完整的铜戈上面，分别刻有“元年丞相斯造栎阳左工去疾工上□□”和“石邑”“武库”等铭文。这说明秦王朝是非常重视辽东边地的。考古发现证明，秦长城就是从宽甸满族自治县下露河朝鲜族乡、太平哨镇和桓仁满族自治县雅河朝鲜族乡等一线外缘通过的。

西汉建国后，十分重视边境郡县的安宁，因此开始加固边关，缮治北方长城。对于辽宁境内的长城也曾加以修缮，“复修辽东故塞，至浿水为界”。由此看来，汉代在辽宁境内没有进行大规模的长城修筑，只是加固修缮了燕秦时期的长城旧迹。

值得一提的是，在辽西的群山之间，发现了一道以墩台与城墙交替构筑的长城遗迹，这是汉代自行修筑的一道长城。这段长城较燕、秦长城南移了一段距离。这段以墩台形式存在的长城，两端又和燕、秦长城相衔接，只是这一段向南凸出。关于这段长城，《汉书·匈奴传》里有这样一段记载，郎中侯应很熟悉边事，他对汉元帝说：“臣闻北边塞至辽东，外有阴山，东西千余里，草木茂盛，

图 2-3 辽宁建平境内保存较好的一段长城（修复后）

多禽兽，本冒顿单于依阻其中，治作弓矢，来出为寇，是其苑囿也。至孝武世，出师征伐，斥夺此地，攘之于幕北。建塞徼，起亭隧，筑外城，设屯戍以守之，然后边境得用少安。”这里所云当包括筑这道长城在内。

这道长城的墩台，每隔约 2 公里一个，并且一段是墩台，一段是城墙。在辽宁建平境内的长城约有 65 公里，全为墩台式，其具体走向由老哈河东岸的建平县八家村起，向东南而去，至今朱碌科镇止。共有墩台 50 座，距离远近不一，在山冈高处，间距就稍远些；当地势有掩障时，距离就近些。远者三四里，近者一里余，甚至个别仅有几百米远。墩台为方形，上小下大，底边长约 30 米。“大好河山余战垒，许多荆棘没荒台。”今天所保存下来的墩台遗迹，存高达 4~5 米，原来各墩台之间有沟壕连接，但现在沟壕大部淤平，个别地方还较为明显。这道墩台长城，别具风格，远远望去，一个墩台又一个墩台，随着地形，高低上下，错落相间，十分有趣。

唐代著名边塞诗人王昌龄曾写过一首咏叹秦汉长城的诗：“秦时明月汉时关，万里长征人未还。但使龙城飞将在，不教胡马度阴山。”诗中的“龙城”，一说就是今天的辽宁朝阳。西汉时期，朝阳属辽西郡。十六国时期，前燕、后燕、北燕三国均建都于此。“飞将”即李广，汉武帝时他曾任右北平郡太守。李广任太守时，多次出兵袭击匈奴，北出数百里，异常威猛，多所斩获，匈奴称之为“飞将军”。这首脍炙人口的诗篇，已传唱一千多年，迄今仍被人们传诵。

李广家族世代以善射闻名，李广更是臂力过人，弓马娴熟，他在右北平郡任职期间，极力操练士卒，并以射虎为事，以锻炼弓马和胆略。他曾在群山密林中射死过老虎。有次骑马外出行围途中，偶环顾路旁，突然望见距离不远的草丛中有一只猛虎，他疾速搭箭奋力射去，原来不是虎，而是一块伏卧在草丛中的石头，他下马近前一看，箭已深深地射入石头中。唐代诗人卢纶咏其事曰：“林暗草惊风，将军夜引弓。平明寻白羽，没在石棱中。”

如今辽宁境内的燕、秦汉长城都已成旧迹，“一抹晚烟荒戍垒，半竿斜日旧关城”。今天当我们行走在这道古长城上，每一座关隘、卫城、烽台都会使人遐想，发思古之幽情。每一块陶片都会引起我们对历史的回味，望着远去的长城渐渐地消失于天际，定会慨叹此景只应在画中。是的，古老的长城遗迹将塞上关山装点得如此壮观优美。壮哉，长城！美哉，祖国的大好河山！

2. 辽宁明代的辽东边墙

“辽东边墙”是辽宁境内明长城的具体名称，是明代万里长城的重要组成部分。它是为防备蒙古族兀良哈部和女真各部的侵扰而修筑的，它西起绥中县境内铁场堡吾名口台，东止于鸭绿江边的江沿台，即今宽甸满族自治县虎山南麓，全长 1 960 里。明代在此置辽东镇，总兵府初设辽阳，后改移北镇，管辖这段长城的防务。辽东镇的地理位置十分重要，霍冀在《九边图说》中议论辽东镇的地理形势时写道：“辽东全镇，延袤千有余里，北拒诸胡，南扼朝鲜，东控福余真番之境，实为神京左臂。”

从整体上看，辽东长城迂回曲折，呈一个“凹”字形，沿线共有边堡 98 座，墩台 849 个，驻守官军 95 369 人。边堡驻军多者达五六百人，少者也有四五十人。在这千里长城线上，十里一堡，五里一台，雄关、隘口林立，烽火台、瞭望台星罗棋布，形成了一道坚固的防线。这对保卫明代京师——北京起到了重大作用，不愧为北京的重要屏障之一。

辽东边墙按其地理位置和修筑年代，可分为三部分，即辽西边墙、辽河流域边墙和辽东东部边墙。其中辽河流域边墙是三段边墙中修筑时间最早的，始建于明永乐年间（1403—1424 年）。此段长城从广宁镇静堡起到开原镇北关止，长达 700 余里。广宁即今北镇市，镇静堡即白土厂关，现称白厂门镇，属黑山县，今天关城遗址仍在。关城有南北两个关门，平面布局和山海关、嘉峪关相同，可以想见此关当年的气势。这段边墙其形内凹，略如一“U”字形，故中间留下了一大片辽河套的沃土，并且拉长了防线。成化年间边将邓钰曾建议将这段边墙补修取直，但这个建议没有被采纳。边墙沿线边堡遍布，墩台林立。西部镇静堡至镇安堡与镇远堡至镇宁堡各有较小一段石墙，除镇夷堡经青阳堡到镇北堡为山墙外，其余全线皆为夯土版筑城墙。今天我们如果从昌图乘火车北行，由车厢窗户向外望去，不时还可看到山冈上的墩台。

辽西边墙从山海关外铁场堡吾名口起至广宁镇静堡止，长达 870 里。这段边墙修筑于明正统七年（1442 年），是王翱、毕恭修筑的。当时王翱提督辽东军务，举荐毕恭为统官指挥佥事，毕恭于是“图上方略，开设迤西边堡墙壕，增置烽堠，兵威大振”。王翱亲自出边视察，整饬边务，“自山海关直抵开原，高墙垣，深沟堑，五里为堡，十里为屯，烽燧斥堠，珠连璧贯”。辽西边墙因各段所处地理位置不同，相间有夯土墙，也有石墙，还有因山险无墙的。由于辽西边墙处在辽西的群山之中，地势险要，所修长城大多雄伟壮观。例如九门口依山控河，形势险峻。绥中有一段长城，处于关内通向关外的交通要道上，自古以来就是兵家必争之地，而且这里风景幽静秀丽，素有“第三八达岭”之称。在王翱、毕恭的共同努力下，不但修筑了辽西边墙，还对辽河流域边墙进行了维修和加固。

辽东东部边墙从开原镇北关起到丹东鸭绿江畔宽甸满族自治

县虎山南麓江沿台堡止，长达380余里。这段边墙是明成化十五年（1479年）修筑的，但沿线边堡的修筑早于此时。明成化三年（1467年）明军击败李满柱以后，就着手东部边防的建设。一些著名的关隘城堡如鸦鹘关等，均在这道边墙上。据《辽东志》载，成化三年，“自抚顺而南四十里设东州堡，东州之南三十里，设马根单堡……烽堠相望，远近应援，拓地千里焉”。

辽东长城的大部分地段依山险为障，筑有石砌城墙的地

方多是山谷缓冲地带，或是两山之间的来往通道。在今本溪碱厂镇桦皮峪村南山上，西起奶头山崖，东到老炮台山崖有一段近 2 000 米的石砌城墙保存较好。有些关隘遗址也较为明显，例如在新宾满族自治县苇子峪镇利用山险设立的三道关：头道关设在长城线上，其遗址尚十分清楚；二道关设在山坳之中，关口两侧，双崖陡峙，十分险要；三道关设在一块 30 多米高的巨石之侧。这三道关因多在山区，较为偏僻，保存相对较为完好。三道关，居于山海关与九门口之间，为山海关左翼要塞，峡谷两侧沿山筑高墙，谷底设关隘。此关附近的明长城是在齐（北齐）长城的墙基上叠砌筑成的。

图 2-4　山海关左翼要塞——三道关

二 虎山长城览胜

虎山长城是明长城的东部起点，位于今辽宁丹东宽甸满族自治县虎山镇。这段长城因坐落在虎山村的虎头山而得名。

据记载，虎头山南临鸭绿江，与朝鲜隔江相望；西濒叆河，地势险要，为关隘重地。虎山是一座状如卧虎的小山。在它的南麓靠近鸭绿江边，明代修筑了江沿台堡，这是真正的明长城东部起点。长城脚下是一泻千里的鸭绿江，背靠虎山，加上驻兵戍守的边堡，这种位置的选择和防御设施的建置，有“虎头”之势，其用心何其良苦。

虎山脚下原有一高句丽旧城址，明修长城时利用旧城址建江沿台堡，因此明代在此修的长城又称老边墙（今宽甸满族自治县虎山镇还有老边墙村）。它南接鸭绿江西岸的险山墙（明代称险山为马耳山，位于九连城之东）。明嘉靖四十四年（1565 年），辽东巡抚李辅在《补议经略东方未尽事宜以安边境疏》中说：“自短错江而入，则犯九连城、江沿台等堡，而康家哨其要也。”这说的就是在康家哨口的老边墙。

图 2-5 辽宁丹东宽甸满族自治县虎山长城

图 2-6　虎山长城高高地屹立在鸭绿江畔

这里所说的“短错江”是它的边台，属当时的边堡——汤站堡所辖。“康家哨”（明时称呼）隘口，尚存部分遗址。关于老边墙的建筑年代，应在明成化五年（1469 年）第一次建辽东长城时期。

虎山长城江沿台堡与镇江堡站相隔不远，因该城址为九连形式，故称九连城。城南隔大路为鸭绿江，从江沿台堡向西南行出鸭绿江口入黄海，是海陆重镇，是海防沿线上一个重要防御站。历史学家推断该地为元代的婆娑府。1974 年，这里曾出土元代“万户之印”“劝农之印”。1976 年，在这里还发现了明代铁盔。九连城不但是辽东东南部边境上的军事要地，还位于明清两代中国与朝鲜通商的要道上，是两国使节往来的必经之地。

九连城东面有叆河和鸭绿江，后面有镇东山，地势十分险要。清代光绪年间，陈本植曾对古城址进行调查，他在描绘九连城的情形时讲：“细辨围壕界址，其势乃长短方圆相环，共计营围有九，与贡道旁之土城三面分峙。”现在城址尚存四处，存瞭望台五处。

自元代以来，九连城就成为互市之所。清代在中江岛上进行贸易。岛上的马市台，也称中江台，即今马市台村。每年春秋两季，马市台都会进行物资交易活动。清代末期，又将互市地点迁往九连城。

明朝时期，倭寇不断侵犯中国和朝鲜，中朝两国人民团结一致，共同抗击倭寇。明朝将士还多次渡过鸭绿江与朝鲜军民协同作战，结下了深厚的友谊。明朝人王之诰巡视鸭绿江时，曾写诗以抒胸臆："九连城畔草芊绵，鸭绿津头生暮烟。对岸鸟鸣分异域，隔江人语戴同天。皇仁本自无私覆，海国从来奉朔虔。分付边人慎封守，莫教樵牧扰东田。"字里行间，反映出当时中朝两国唇齿相依的友好关系。

图 2-7　虎山脚下的高句丽石头城遗址

虎山长城，现尚存 50 余米长的台堡遗址，堡基和部分堡墙都是用巨石垒建，通道宽 3 米。长城由虎山开始，沿瑷河东岸和北岸山脉向北延伸。有关部门曾于 1992 年 10 月动工修缮虎山长城，先行修复 2 000 余米的城墙及敌楼 10 余座。工程完工后，虎山长城"旧貌换新颜"，以它原有的雄姿、崭新的风貌迎接中外游人。

三 鸦鹘关与抚顺关

明长城辽东边墙上有许多关隘，鸦鹘关和抚顺关就是坐落在辽宁东部明长城上的两座重要关隘。

鸦鹘关位于辽宁新宾满族自治县西南近百里处。此关东西两侧峰峦叠嶂，有连绵不断的群山，唯此处是一山口，可通南北。在此建关，地势十分险要。有明一代，鸦鹘关是辽东镇通往建州卫的主要通道。

图 2-8　险要的鸦鹘关

鸦鹘关为明成化四年（1468 年）辽阳副总兵韩斌所建，关门设障三道，故又称为三道关。头道关在今新宾满族自治县苇子峪镇三道关村南 0.5 公里处，关城修至两侧山脊，现存遗址墙高 3 米，基宽约 7 米，为方料石包砌，内填夯土而筑；二道关修在两崖对峙的山谷之中，砌石为障；三道关设在一拔地突起的巨石之侧，此石柱高 30 余米。

明朝同建州女真在此地发生过十分频繁的争夺战，关口屡遭破坏，又屡次重建。嘉靖二十五年（1546 年），明王朝为加强鸦鹘关的防务，在关西修筑了散羊峪堡。万历末年，辽东武备逐渐废弛，而建州女真却日益强盛起来。故到了万历三十四年（1606 年），辽东镇总兵李成梁以“地孤难守”为由，放弃了辽东镇孤山等六座城堡，实际上是将鸦鹘关关外之地丢给建州卫的女真人。继而，李成梁又在旧关西南 50 里处建造新关，仍名鸦鹘关，并在新关附近重修了一条长城，作为清河堡边防的屏障。新关城在今本溪满族自治县金斗峪附近。

明万历四十六年（1618 年）七月二十四日，努尔哈赤率部又一次攻下鸦鹘关，然后进攻清河，鸦鹘关为女真所据。明王朝见抚顺关、鸦鹘关一线长城先后失守，抚顺、清河诸城不是被女真攻占，就是遭到毁坏，于是调集了 10 万余人马，号称 47 万大军，由辽东经略杨镐统领，于万历四十七年（1619 年）兵分四路向后金政权的赫图阿拉城发起进攻。其中，驻山海关总兵杜松统兵 3 万，由抚顺关出长城；辽东总兵李如柏统兵 3 万，由鸦鹘关出长城。在此重要关头，努尔哈赤表现出了卓越的军事指挥才能。他利用明军不能马上会合的间隙，采取分而歼之、各个击破的作战方针，首先集中强悍的八旗兵主力，歼灭了由抚顺关出长城的杜松部。从整个战役看，明王朝的军队有 10 万余人，而努尔哈赤的部队只有 6 万人左右，明朝在兵力上处于优势。从局部看，杜松部仅有 3 万之众。当努尔哈赤以 6 万人对杜松的 3 万人时，又处于优势，结果首战告捷，大败杜松部，杜松等大将皆战死。接着，又先后击败了其他两路明军，最后只剩下出鸦鹘关的李如柏部。当李如柏得知其他几路军马皆战败的消息后，遂打道回府。这就是中国战争史上著名的萨尔浒之战，是以少胜多的经典战例之一。对于努尔哈赤来说，这一战役是关键一役，从此后金由防御转入进攻。

抚顺关坐落在辽宁抚顺东 20 里的前甸镇关岭村附近，关隘设在浑河河谷要冲之北的制高点上。与鸦鹘关一样，抚顺关也位于明朝时辽沈平原通往女真建州卫的重要通道上。

抚顺即“抚绥边疆，顺导夷民”之意。明朝建立后，对处在漠北草原实力仍很强大的蒙古族，主要采用武力和经济封锁相结合的政策，迫使其就范；而对当时还不够强大的其他少数民族，则采取怀柔政策，抚顺关之名即由此而来。

抚顺关建于明天顺八年（1464 年），而在抚顺关西、浑河河谷冲积平原上的抚顺城，建于明洪武十七年（1384 年）。为什么先在此地建立抚顺城呢？这是因为明初大将军徐达率部平定辽东后，为确保该地区的稳定，促进经济发展，从山东等地迁来大量的移民进行屯田，为了使这些移民能够安居乐业，先后构筑了 18 城，抚顺城即为其中之一。

正统十四年（1449 年），“土木之变”明英宗被俘后，京城一片混乱。此时，原与明廷关系一直较好的女真也乘机攻打长城要隘，以图西进掠夺财富，抚顺关首当其冲。女真族首领李满柱率部卒万余，围攻抚顺城。抚顺城守将鲁全告急，但京城正在惊乱之中，无暇派兵力增援。在此严峻情况之下，鲁全只有率部死守。其妻也率女眷手持弓箭到城墙上和将士们并肩守城，士气备受鼓舞，将士们无不以一当十。结果女真攻不下抚顺城只得原路退回。

在和平时期，抚顺关和抚顺城是明王朝向建州女真开放马市贸易的主要关隘。通过马市，明廷向建州女真输送了大量的铁制农具和耕牛，以及汉族先进的生产技术，为女真族的兴起、发展和最后的统一奠定了强大的物质基础。

明万历四十四年（1616 年），努尔哈赤在赫图阿拉建立后金政权。万历四十六年（1618 年），他正式对明宣战，并首指抚顺关。据史书记载，在进攻抚顺关的前一天，努尔哈赤使了一个花招，先遣人送信说，有女真 3 000 人于次日来此进行贸易。诱骗城内商人及军民出关后，他乘隙派重兵一举攻下了抚顺关，并包围了抚顺城。守城将领李永芳在兵临城下之际，连忙召集文武官员商议对策，最后决定向努尔哈赤投降。努尔哈赤在该城休兵三日而去，掠走人畜 30 余万，临走下令将抚顺城付之一炬。清乾隆四十三年（1778 年），清王朝为纪念努尔哈赤的功绩，重修了抚顺城。此时，抚顺关已失去了作用，成为历史遗迹，供后人凭吊。

四 “第三八达岭”与古兴城

在辽宁西南部的明长城中，有一段气势不凡，这里地势险峻、建筑布局雄伟壮观，被誉为“第三八达岭”。这段长城由绥中县加碑岩乡山神庙村向东经永安堡乡西沟村、锥子山至河口村，呈东西走向。这里山岭连绵，峰峦奇峭，长城建在西沟村南山脊上，因此保存完整。

这段长城线上有一个重要隘口——大毛山口。山口两侧岭高坡陡，群山起伏，苍山如海，峰峦层层，长城顺着山脊盘旋，犹如巨龙腾飞，林立的敌台穿插其间，气势磅礴。

这段长城虽处于辽宁境内，但在明代属蓟镇长城的最东端。该段长城向东过锥子山，经蔓枝草、石匣口，过河口村，到东面山谷的金牛洞。

锥子山呈圆形，下丰上锐，远望如锥，故而得名。长城在这里由东西南三面而来，直抵锥子山石壁间，城墙长 170 里。锥子山与长城哪段都不相连，故称为“盲肠”。当地老百姓说，这是当年秦始皇拉夫修长城，孟姜女哭倒了这段长城。锥子山陡峭的石壁，就是天然的屏障，又把三道长城齐集到自己身上，真是巧妙！锥子山向西去的墙体，系用砖砌，迄今保存完好。垛口、女墙依然存在，敌台上的铺房有部分尚存。

由锥子山向南，长城穿越起伏的群山，经九门口直达山海关。在锥子山一带的长城墙体上，发现有多处文字题记，这是研究长城的宝贵资料。例如金家沟北的墙体上，有一块城砖上刻印着“德州秋班营造”字样，由此可知此段长城为哪里人所建造。在曹家房子

图 2-9　明代长城建筑的典范——辽宁绥中锥子山长城

屯南长城敌楼上，保存着“万历五年闰八月”由“钦差巡抚辽东兵部右侍郎张学颜、钦差镇守辽东总兵官左都督李成梁”领衔的《椴木冲楼题名记》碑，其上记载着修筑这段长城的历程。

蔓枝草为一地名，这里有一条较为平坦的南北走向的山谷，东西两侧都是纵横的山岭。蔓枝草这段长城在山口两侧，如虎踞龙盘扼守谷口，长城由锥子山东来皆为石筑，它沿山脊下到蔓枝草谷口，又兀地向东面山顶升腾而去。由于长城是沿山坡陡直而上，形成一个又一个阶梯，十分别致，也很壮观。在这段长城墙体上，每隔百米左右，就有一座砖筑方形的高大敌台巍然屹立在山脊之上，像一个个威严的将士，严阵以待。石匣口是离蔓枝草村东侧不远的一个狭窄的谷口，谷口北面是自西向东而去的石河，谷里还另有一条小河流入石河。石筑长城跨越小河，堵住了山口，当中留一个水门。这段长城面临水清见底的石河，风景秀丽。在石匣口长城里侧的东山上，有明万历元年（1573 年）筑长城的摩崖石刻。

由西而来的这段石筑长城，过石匣口后，仍沿石河南岸的山岭曲折向东，几经盘旋，最后到河口村附近，越过石河，直上岸边的山上，到半山间的金牛洞旁。这段长城为石筑，过石河时，原来有水口关门，据险筑墙，工程巨大。山上的金牛洞就成为这道长城东部的终点。绥中金牛洞，也是明代蓟镇长城东部的终点。

在游览绥中“第三八达岭”长城之后，一定要去观赏一下兴城的古城风貌，兴城即明代著名的宁远城。明末清初，这里曾发生过几场著名的战役。

兴城坐落在辽西长城的东侧、渤海湾的北岸、兴城河畔，附近为滨海平原，北部是丘陵山地。明宣德五年（1430年），由总兵巫凯、都御史包怀德始建。该城呈正方形，“周长五里一百九十六步，高三丈，池深一丈五尺”，有城门四座——东曰春和，南曰延辉，西曰永宁，北曰威远。还有外城一座，也是明代所筑，“周长九里一百二十四步，高如内城”，有城门四座——东为安远，南为永清，西为迎恩，北为大定。明朝末年，大将袁崇焕镇守宁远时，为抵御后金努尔哈赤的军事进攻，用了两年时间修缮宁远城。城墙是砖石结构，外面包砌青砖，里壁用石块砌成，高达10余米，底宽6米余，上宽5米，并有女墙。城门外部都有半圆形瓮城，城池高大坚实，城门上部建有城楼，重檐高耸，气势巍峨壮美。古兴城饱经沧桑，著名的宁远保卫战、宁锦大捷就发生在这里。

明天启六年（1626年）正月，日益强大的努尔哈赤借兵部尚书孙承宗被罢斥之机，率领13万（号称20万）剽悍的八旗兵，直插山海关。新任蓟辽督师高第怯懦畏战，尽弃关外诸城，导致“弃米粟十余万，死亡载途，哭声震野”。高第退守山海关后，又欲并撤宁远、前屯二城，袁崇焕坚决反对，力主抗击，义正词严道：“我宁前道也，官此，当死此，我必不去！”他与满桂、左辅等将士坚守宁远孤城，并与城内军民联防固守，清野以待。他激励将士们说，努尔哈赤“蓄锐三年，其图我必深，万一不测，本道定与此城为存亡”，并向将士下拜，写血书激励士气。努尔哈赤的八旗兵来势凶猛，曾一度将宁远城墙攻开一个大缺口。袁崇焕身先士卒，亲自搬石头堵塞，修复城墙。后金军先后发动了三次猛攻，都被袁崇焕的将士们击退。这次大战使后金军遭受了沉重打击，努尔哈赤也身负重伤，被迫退回沈阳后不久病逝。这就是历史上著名的宁远保卫战。这次大战，大挫后金军的锐气，打破了后金军不可战胜的神话，极大地

图 2-10　兴城古城上陈列的大炮

振奋了明朝军民的斗志。

天启七年（1627年）五月，清太宗皇太极继位，他率大军围攻锦州、宁远。袁崇焕再次率领部下拼死反击。清兵先围攻锦州，久攻不下，又转攻宁远，并从沈阳调集重兵以图全歼袁军。袁崇焕面对来势凶猛的清兵，不急不躁，泰然自若。他首先派出一部分兵力绕到清军背后，与城内出击的明军配合，夹击清军，并用火炮轰击。清兵遭到致命的打击，再次退回沈阳。历史上称这次战役为宁锦大捷。后来，明崇祯皇帝中了皇太极的反间计，将袁崇焕逮捕下狱，凌迟处死。一代名将没有在战场上为国捐躯，反而惨死在无能皇帝的刀下，痛哉！从此，宁远城也就徒有虚名，宁锦防线一蹶不振。明王朝在清军和农民起义军的双重打击下，走上了覆灭之路。

五 京东首关——九门口

九门口，又名一片石关，位于辽宁与河北的交界处。它东北距绥中 65 公里，南距山海关仅 15 公里，是明长城线上的重要关隘，因地势险要，被誉为“京东首关”。关城跨河而建，城下九个高大水门既可导流，亦可御敌，水门的巨大墙墩用花岗岩条石铺砌而成，并以铁锯连接，使其成为一体，明末李自成与吴三桂曾率军在此有过“一片石大战”。

图 2-11 京东首关——九门口

九门口关城修在两山对峙的峡谷之中，位于背靠高山、面临山谷的平缓之地，九门河从关城北面流过，自然条件极为优越。关城由明长城的墙体、关城及关前九门河上护城泄水城门三部分构成。内城周长1公里，墙高8.3米，因其关门有九，故称“九门口”。据《临榆县志》记载：“九门口，东西门各一，其西门额曰‘京东首关’，东门外为边城，关正东向，又折而东南，直抵角山之背，复设正关门六，以泄水。合之，凡九门云。”这一段长城修筑于明洪武十四年（1381年），代宗景泰和神宗万历年间又各修复过一次。长城城墙修筑得十分高大坚固，可与北京境内的长城相媲美。

这段长城的墙体为砖石结构，顶宽5米，底宽6米，墙高达6米，外侧有垛口，里边有女墙。这里的防御设施也比较完善，敌楼密集，两座敌楼之间相距仅七八十米。在九门口长城2公里的范围内，就有敌楼12座、哨楼4座、战台1座、烽火台1座、城堡1座。关城台堡布局严密，建筑异常坚固。可见九门口所处地位之重要。这里不但山势险要，而且群峰叠翠，风景幽美。明代诗人王致中有诗云：“东望青峦列堠烽，秦城汉壁几重重。曾无日午三家市，空有风涛万壑松。桥隐断虹秋水涨，柝沈斜日石门封。疆场此日还多事，好向天山豫挽弓。”活脱脱刻画出此地山河与长城的壮美！

图2-12 享有“水上长城”美誉的九门口长城

值得称颂的是，这里不但有长城，而且还有山有水。城在山上走，水在城中流。九门河绕谷闯关，在山间迂回流淌，弯弯曲曲流出山外。敌楼、烽火台伫立在山顶，俯瞰着巍巍的群山，衬托着势若游龙的长城，使人心胸开阔，激情满怀。城外山头上有座烽火台，当地人称之为“望海楼”。若天气晴朗，向南极目远眺，可望见浩渺无际的渤海。其上蓝天白云，远处茫茫大海，近处长城、山水，构成一幅奇丽的风景画卷，“此景只应这里有，他处难得有见闻”。

九门口处在东北地区进入中原的交通要道上，地理位置十分重要，历来是兵家必争之地。明末，李自成领导的农民起义军就曾在这里与清军展开大战。由于山海关守将总兵吴三桂降清，与清军联合夹击起义军，农民起义军终因寡不敌众而败阵，清军遂入山海关，进入北京城。对于发生在这里的战事和明王朝的覆灭，清代诗人杨宾有诗云：“东海边头万仞山，长城犹在白云间。烽烟不报中和殿，锁钥空传第一关。大漠雪飞埋战骨，南天雨过洗刀环。汉家丰沛今辽左，铁马金戈岁岁闲。”

民国初年，直系与奉系军阀也曾在此展开过激战。《绥中县志》载：“直奉战起，两军相持于山海关内外，炮声隆隆，闻者惊心。”1924 年，奉军最后大破九门口，打败了直系军阀。

第三章
燕山飞龙
——京津冀地区长城

京津冀地区的长城，主要分布在河北北部、西北部、西南部和京津地区。因北京是明代的京城，所以为了保障京师的绝对安全，这段从山海关起，经今北京北部，止于河北张家口地区的明长城，修得雄伟坚固，是明代万里长城中的杰作。

秦汉长城在明长城的北部，在河北境内所留遗存不多，只在冀中平原上留有燕国南界长城和北齐长城的部分遗迹。因在第一章中对这些长城已有所论述，故本章只重点介绍明长城的有关情况，其他朝代的长城仅做略述。

一 从山海关到洋河

山海关位于河北东北部的渤海湾边，洋河处在河北西北部张家口地区和山西的交界处。它们分别为京津冀地区明长城的东西两端。另外，从北京北部到保定西侧的太行山东麓，还有一段明长城的分支，即明内长城，一直延续到山西下关附近。著名的居庸关、紫荆关、倒马关这“内三关”就坐落在这段内长城线上。

山海关是京津冀长城东端，也是明蓟镇长城东段的一个重要关隘。它西枕燕山，东临渤海，地处华北平原通往松辽平原的交通要道上，人称“辽蓟咽喉，京东门户”，历来为兵家必争之地。

明朝万历年间成书的《长安客话》载：“京东之外镇，营、蓟、辽阳也。……京东之内险，山海也。……外镇以屯重兵，进与之战，内险以严隘塞，退为我守。”这里主要是讲山海关重要的地理位置以及山海关与关外辽东地区兵力部署的关系。对于明代的心脏——北京来讲，营口、辽阳是它的前哨阵地。因此，设立了辽东镇，并派兵修筑了辽东长城，这实际上是蓟镇长城山海关外的一道外城。一旦战事爆发，如果敌势强大，营口、辽阳一线抵御不住，即可收缩兵力，退到山海关，凭险固守。由此可见，明朝在山海关和辽东长城的防御部署方面，可谓用心良苦。

举世瞩目的山海关，是一座威武雄壮的大关。山海关之得失，往往关系到朝代兴衰，故素有“两京锁钥无双地，万里长城第一关”之称。作为我国历史上的一个重要军事关塞，它经受了无数次血与火的战斗洗礼。闯王李自成率农民起义军和吴三桂军及多尔衮所率清军在此决战，这是决定清军入关的关键之役。九一八事变后，榆关（山海关古称）抗战揭开了长城抗战的序幕。

图 3-1　雄伟的长城及山海关城楼

明代在万里长城沿线共设了9个军事重镇，称为“九边”，京津冀地区占了2个——蓟镇和宣府镇。蓟镇管辖的长城，东起山海关，西至北京居庸关的灰岭口，全长1 200多里。因这段长城紧靠都城北京，战略地位非常重要，所以城墙修得特别坚固。居庸关一带长城的城墙，多达3重，外侧是八达岭要塞，可谓关外有关，城外有城，城防固若金汤，以御来犯之敌。蓟镇总兵驻地，在今天津蓟州东面的三屯营。宣府镇管辖的长城东起北京居庸关的四海冶，西至山西大同东北的西洋河，全长1 023里。这段长城地处北京西北，控制着北京到内蒙古大草原的通道，地势险要。所以这段长城修得非常坚固，有些地段的城墙也是内外数重。宣府镇总兵驻地在今河北宣化。后来，为了加强京城的防务，保护位于北京西北昌平的帝陵，又增设了昌镇和真保镇，成为九边十一镇。昌镇，驻地在昌平，管辖的长城东起慕田峪，西至紫荆关，全长230公里。真保镇，驻地在保定，是为加强京畿，特别是护卫西南部而设，所辖地段北起紫荆关，南至故关，全长390公里。这两个镇都设在明代内

图 3-2　山海关关城全景

长城上。

说到蓟镇长城，我们不能不提戚继光，他是对蓟镇长城贡献最大的人。戚继光是我国历史上反抗外来侵略的名将，但他晚年几乎都是在长城上度过的。他原在浙江沿海一带任职，所率“戚家军”多次击败倭寇侵犯，威名远震，成为“威震海疆”的民族英雄。明朝后期，北方边防吃紧，戚继光于隆庆元年（1567 年）受命北调镇守蓟门。翌年入京，任京师神机营副将，后改总理蓟、昌、辽、保练兵事务，节制四镇。他到任后，巡视长城，考察边关形势和军情，将辖区的千里防线分为 12 路协守。戚继光注重边防建设，一面在要冲地区修建重墙，一面在长城线上修筑敌台。现在我们看到的空心敌台，就是他创建的，既能住人藏兵，又能储备武器和粮食，是边军驻守和战斗的堡垒。戚继光重修的这段城墙，有瞭望孔、射孔、礌石孔。他还把原来的垛口修改成扇面，并加了一种火炮，这样可以有效地消灭敌人。另外，他还在长城的某些段落上修建了障墙，即使敌人攻上了城，也可以利用这些掩体来阻止敌人，以彻底消灭之。

戚继光一面修筑长城，一面募练士兵，操练营伍，蓟门军容是为九边之冠。隆庆六年（1572 年），他建辎重营 3 座，又创车战营 6 座，造车千余辆，分置密云、建昌（今河北迁安）、遵化等地。同年冬，集所训 16 万车步骑军于长城边校阅 20 余天，为古代练兵史上之壮举。

戚继光重修了蓟镇长城，蓟镇外的其他长城例如大同镇、昌镇、真保镇的长城，都效仿这个规格加以修缮。因此现在保存下来的长城，比较雄伟的段落，大都是戚继光设计的。戚继光在蓟镇练兵的成功举措，赢得了明廷的赞许，后来相邻几个镇都归他指挥操练。另外，他还于隆庆二年（1568 年）冬，拒蒙古朵颜部董狐狸、长昂于青山口外，后又多次率兵出塞击败之，迫其叩关请罪。万历七年（1579 年），戚继光还曾率师援助辽东总兵李成梁大败蒙古插汉部首领土蛮（即图们札萨克图汗），录功加少保。戚继光所撰的

《纪效新书》《练兵纪实》等，在我国古代军事史上占有重要地位。

蓟镇、昌镇、宣府镇内的长城，不但修筑得雄伟壮观，而且躺卧于崇山峻岭之中，一年四季景色各不相同：春天百花盛开，长城生机盎然；夏日郁郁葱葱，绿色海洋中的长城令人心旷神怡；秋天漫山红叶，长城充满诗情画意；冬天，长城银装素裹，分外妖娆。可以说无论在哪个季节观览长城都能给人以美的感受。

宣府镇是明京师西北之门户，位置重要。此镇管辖的长城，东起蓟镇长城所辖的四海冶（今慕田峪附近），西达洋河（今河北怀安县境），与大同镇长城接界，全长千余里，总兵官治宣府卫（今河北张家口宣化）。有明一代，非常重视对宣府镇长城的修筑。据《明会要·边防》记载，明代前期对该段长城的修建工程主要是在北魏、北齐、隋长城的基础上"峻垣深壕，烽堠相接"，"各处烟墩，务增筑高厚，上贮五月粮及柴薪药弩，墩傍开井"，"自长安岭迤西，至洗马林，皆筑石垣，深壕堑"。由此可见，明政府把这段长城作为重点进行修缮，增建烟墩、烽堠、戍堡、壕堑，局部地段还将土垣改筑砖石结构。

土木之变以后，瓦剌、鞑靼不断兴兵犯边掳掠，迫使明王朝把修筑这段长城作为当务之急。明成化二十一年（1485 年），余子俊以户部尚书兼左副都御史，总督大同、宣府军务时，曾增筑墩台 440 座，东起四海冶，西抵黄河，延袤 1 300 余里。而重新修筑的长城主要是嘉靖年间完成的。嘉靖二十一年至二十九年（1542—1560 年），翟鹏、詹荣、翁万达先后总督宣府、大同，挑修边墙千余里。新工程的特点是在城墙上筑墙台、敌台，"利于旁击"。台上置铺屋"以处戍卒"。靠近长城之处筑堡，"以休伏兵"。城垣下留有暗门，"以便出哨"。这是明长城建筑结构的一大改进，使城墙、关隘、烟墩、戍堡共同组成纵深防御体系。

由于明代的京城在北京，围绕着夺取北京和保卫北京，在北京城下和北京周围的长城沿线，发生过多次战争。例如紫荆关之战、京师保卫战、昌平之战、李自成取京师之战、山海关之战等。因其他章节还会涉及这些战争，这里只择其一二，略述如下：

京师保卫战是明正统十四年（1449年）十月，明军在京师击败蒙古瓦剌军进攻的一次都城保卫战。该年八月，明英宗朱祁镇所率的50万大军在今河北怀来的土木堡，被蒙古瓦剌军歼灭，京军精锐损失殆尽，英宗被俘。瓦剌欲乘胜夺取京师，朝廷无主，京师守军不足10万，情况危急。皇太后和留守京城的郕王（后为代宗）朱祁钰召集大臣商议对策。有人提出迁都金陵（今南京）以避灾难，兵部左侍郎于谦坚决反对，力主抗战，并详尽地陈述自己的意见。郕王遂命于谦为兵部尚书，全权指挥守城作战。于谦速调河南、山东等地将士增援，并选拔得力将领分别镇守居庸、紫荆等重要关隘。京师之内，调整三大营主将，并扩充兵员，日夜操练，赶制兵器，筹措粮草，缉拿奸细，积极备战，兵力增至22万。于谦将主力列阵于九门之外，与总兵石亨亲自督阵德胜门。

也先几次施展“挟天子以令诸侯”之计，挟持英宗至宣府、大同等城门诱降明军，被拒绝后兵分三路开拔京师。也先率主力10万人，挟持英宗，经大同，破紫荆关直逼京师。十一月十一日，瓦剌军兵临北京城下，企图以武力威逼和要挟，迫使明军投降。明军严阵以待，于德胜门等处多次扰乱、伏击瓦剌军，并配合神铳轰击。京郊民众也纷纷拿起武器，配合明军抗击瓦剌军。瓦剌军四面受敌，对北京城无可奈何，于十五日下令撤退。于谦命石亨乘胜追击，宣府总兵杨洪率军前往居庸关拦截。也先又改向西南紫荆关方向溃逃，明军紧追不舍，追至固安（今河北固安）、霸州（今河北霸州），杀伤瓦剌军万余人。瓦剌三路军溃败撤退，明军取得了保卫京师的胜利。

李自成取京师之战是明崇祯十七年（大顺永昌元年，1644年），李自成率领农民起义军攻取京师、灭亡明朝的战争。该年正月，李自成在西安建立大顺政权后，东渡黄河，兵分两路，直趋北京。李自成亲率北路主力军，攻宁武关，由大同进逼京师。他在长城沿线攻杀，在宁武关与明军激战数日，全歼明总兵周遇吉部。三月初攻陷大同，杀代王朱传㸄、巡抚卫景瑗和总兵朱三乐。师抵宣府，明总兵姜瓖献城投降。到居庸关，明总兵唐通见各镇守将多降，也献关投降。南路军攻破故关后，沿途守军纷纷望风归附。十七日，两路农民军会合于京郊。后农民军于西直门、平则门和德胜门三处架云梯强行登城。京师三大营也归顺了农民军。夜晚太监曹化淳打开彰义门迎降。十九日晨，崇祯帝闻外城已落入农民军手中，万念俱灰，自缢于煤山（今景山）。农民军占领了京师，明朝灭亡。

二 苍茫山海关

山海关，气势雄伟，闻名遐迩。现在就让我们到山海关游览一番吧。

首先让我们简略回顾一下山海关的历史。明洪武十四年（1381年），大将徐达在此构筑长城，建关设卫，因建于燕山和渤海之间，故名“山海关”。山海关原是蓟镇山海路的一个军事据点，位处辽西走廊，背负燕山，面临渤海，加上周围欢喜岭等地的防御工事，控扼着从东北进入华北狭长通道的咽喉，地理位置十分重要。因此后来在此建筑雄伟高大的关城，城楼上悬挂的“天下第一关”的巨幅匾额，使它更加威名远扬。

站在城楼高处，环顾四周，山海关关城及周围风光尽收眼底。关城平面呈方形，现存城墙4公里余，城高14米，宽7米，城墙为土筑砖包，高大结实。墙外围绕着一条宽约15米、深约7米的护城河。过去河上有吊桥和关门相通，

图3-3 山海关关楼

图 3-4 从山海关关楼伸延向角山的城墙及敌楼

如今早已改为平桥。城墙内侧有砖墁的马道通到墙顶。城楼九脊重檐，巍然耸峙。关城四面均开门：东门名为镇东门，其上悬挂“天下第一关”巨幅匾额；南门为望洋门；西门为迎恩门；北门为威远门。长城从关城的东边城墙向南北伸延，南行 4 公里，达渤海海滨；北行 3 公里，抵燕山脚下。围绕四门还修有瓮城，瓮城之外又修有东、西罗城。因东门是迎敌的一面，城外还筑有屯兵设防的卫城，以及传递军情的烽火台。为与关城相策应，在南北二门之外约 1 公里远的地方，紧靠长城的内侧，各修了一个翼城。山海关是城外有城，门外有门。关内关外均驻有重兵，各门又有人把守，要想进入关城，得越过卫城，通过罗城、护城河、瓮城和城门。层层关卡，防守严密，要想穿越过去，十分困难。若登上城墙、城楼，极目远眺，北望燕山千重，长城似龙盘亘；南望长城与大海相接，如龙头探海。城内城外景色尽收眼底，既有碧波万顷的大海，又有巍巍矗立的群山，更显出山海关那非凡的气势。正如明朝诗人所咏叹：“幽蓟东来第一关，襟连沧海枕青山。”

因为山海关的地理位置非常重要，所以除了筑有高大严密的

图 3-5 伸向大海的老龙头长城

关城之外，在关城的四周还建有其他军事防御设施，构成了一个严密的防卫体系。

当代诗人张志民在《三唱山海关》一诗中，曾这样写山海关的威严，他赞叹道："……脚踏着大海，头枕着山；近看是座城堡，远看是座宫殿；又像是只猛虎出山岗，一条飞龙腾九天。罗城牢，瓮城坚，左右翼城两只拳，墩台是扣，垛口是环，环环扣扣千重锁，扣扣环环万把钳！……"

长城从关城向南延伸至 4 公里外的渤海岸边，这里有一座巨大的海上石城，那就是老龙头。因人们常将长城比喻为一条巨龙，

于是把长城的入海处比喻为龙头，老龙头因此而得名。这是明隆庆三年（1569 年）戚继光任蓟镇总兵时修筑的。当时是为了防止蒙古骑兵趁退潮或冬季水枯时从海边潜入，动员士兵修建了这座海上石城。如今“天开海岳”石碑仍傲然矗立于此。这座海上石城的基础非常牢固，历经几百年海水的冲刷而不毁。据说初建之时，在海底反扣了许多铁锅，以减少海水对石城的冲击。铁锅之上，是纵横交错的巨大条石。这种独特的建筑方法曾被载入建筑史册。石城上修有高大的城楼，上悬清乾隆皇帝书写的“澄海楼”横匾。澄海楼是长城线上的一座重要建筑，1900 年八国联军入侵山海关时，曾把它毁掉。为了使后人能瞻仰这座雄伟壮观的建筑，城楼于 1987 年修复完成，再现了当年的雄姿和风采。

图 3-6 角山长城

角山，毗邻山海关城楼，是长城自渤海岸边西来翻越的第一座山峰。由于山上巨石嵯岈，似龙头之角，故称为角山。山峰是这里的制高点，所以在离角山 2 号敌楼不远的长城外侧，有一座明嘉靖四十四年（1565 年）修筑的烽火台。这座烽火台高 10 米，分上下两部分，下部是用山石砌成的墩台，上部用城砖砌成，顶部砌有垛口和射眼，墙垛上还有一块嵌刻“镇虏”二字的石碑，迄今保存完好，是我们研究长城的珍贵资料。

明朝末年，在山海关东门外 1 公里处的欢喜岭上，筑有一座高 10 米的威远城，城的周围又修了 3 道防线。从它的位置和布局来看，既可屯兵，又可瞭望，与山海关关城遥相呼应，是山海关的前哨阵地。明朝末年，山海关总兵吴三桂就是在此投降清军，引清军入关的。紧靠山海关东门的这条小小山岗为什么叫欢喜岭（又叫凄惶岭）呢？这是因为戍边的士兵，走出山海关就感到悲伤，回到此地就感到高兴。到了近代，山东、河北一带的穷困百姓，为求生计出关谋生，即所谓“闯关东”。他们走下欢喜岭，回头不见山海关，远离故土，背井离乡，感到十分伤心，因此岭下的一条沟被称为流泪沟；而进关回归时从沟下登上山岭，一眼望见山海关，就感到故乡指日可到，喜上眉梢，这也可以解释为欢喜岭名称的由来。多少年来，欢喜岭已与山海关紧密地联系在一起，两者有着不解的情结。

山海关及其附近的长城，始建于明嘉靖十二年（1533年），竣工于万历十二年（1584年），历时51年之久，参加修建的军民包括戚继光指挥下的那些防守长城隘口的士兵，以及山海关附近州县的民工。在漫长的岁月里，军民不分寒暑，年复一年地挖窑烧砖。当年这里黑烟滚滚，烧制的青砖堆积如山，现在仍有烧砖的遗址。今天在罗城外墙的砖上，还可以清楚地看到修筑年代和修筑单位的标记。凡是军队烧制的砖上，大都印有“营造”二字，民工烧制的砖上只印有“造”字。另外，戚继光还用了5年的时间，修筑了从山海关到居庸关之间的千余座墩台。在他任蓟镇总兵的16年间，虽然山海关一线屡有犯敌，但他和将士们守卫的防线，关关固若金汤，处处似铜墙铁壁，敌人未能跨越城墙一步。

在山海关东门箭楼上，悬挂着一块巨大的横匾，白底黑字，上书“天下第一关”五个大字。笔法苍劲，神韵庄重潇洒，“一”字一笔，不显单薄，“关”字多笔，不显烦琐，实为书法杰作，令四面八方慕名而来的中外游客惊叹不已。这几个字和城楼相映成趣，珠联璧合，浑然一体。因匾额上的字无书写年月及题者姓名，于是引出种种猜测，又给城楼增添了几分神秘的色彩。有人说它是晋代大书法家王羲之的手笔，有人说它是明朝奸相严嵩所书。比较可信的说法是由明代成化年间本地两榜进士萧显所写。

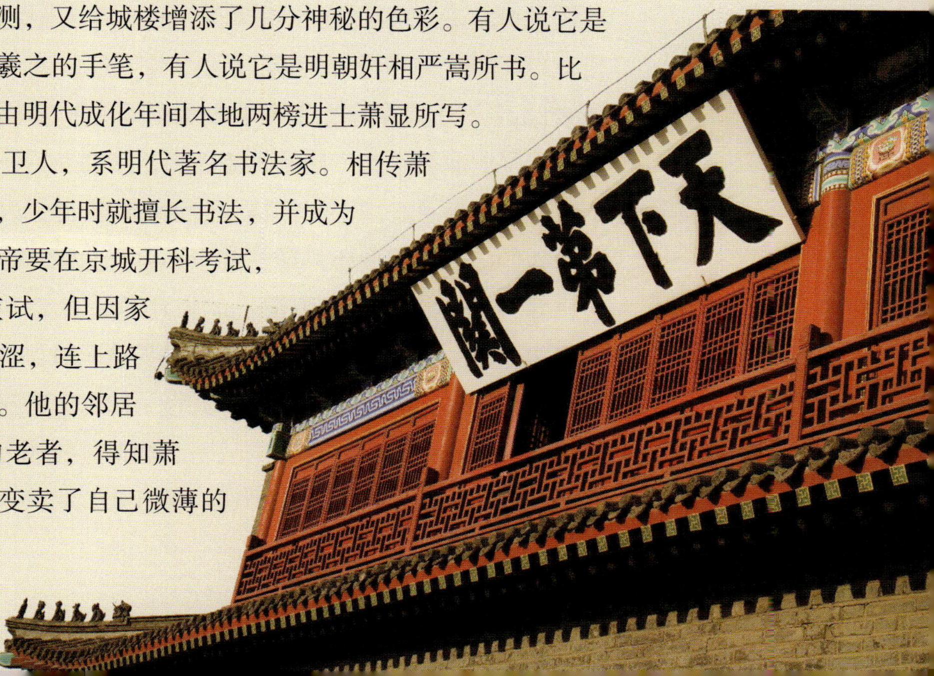

图3-7 山海关东门匾额

萧显，山海卫人，系明代著名书法家。相传萧显幼时聪明好学，少年时就擅长书法，并成为举人。有一年皇帝要在京城开科考试，萧显有心赴京应试，但因家中贫寒，囊中羞涩，连上路盘缠都筹措不够。他的邻居是位孤苦伶仃的老者，得知萧显的窘态后，就变卖了自己微薄的

家产资助他。这时适逢朝廷张榜悬赏有才之士给山海关“天下第一关”题字，萧显提笔一挥而就，“天下第一关”几个浑厚雄健的大字跃然纸上。萧显把字给老者时嘱咐道，先把“天、下、第、关”四字送去。后来，皇帝招来许多名士来书写这个“一”字，但他们费了九牛二虎之力，使尽浑身解数，写出来的“一”字怎么也不能与其余四字相匹配。无奈之下，皇帝不得不再贴皇榜，昭示天下，求这个“一”字。这时老者又把原来萧显写的“一”字送上，因而又得到一笔重赏。这显然是萧显为了报答老人的资助之恩。尽管这个故事中有些后人附会的成分，但却反映了人们对这件书法作品的喜爱和对善良老人行为的赞美。

山海关作为我国历史上的一个重要军事关隘，经历过无数次战争洗礼。明末闯王李自成与蓟辽总兵吴三桂及清军的决战就发生在这里。明崇祯十七年（1644 年）三月十九日，李自成进驻北京坐在金銮殿上，并没有感觉天下太平，因为此时驻守在山海关的蓟辽总兵吴三桂，还握有重兵，对大顺政权构成严重威胁。李自成亲笔写信给吴三桂，劝他归顺农民起义军，并派特使携带大量财物去犒赏吴三桂的人马。起初，吴三桂见大势已去，欲接受招降，归顺李自成，可后来又听说农民起义军进北京后拘禁了他的父亲和爱妾陈圆圆，便“冲冠一怒为红颜”，向清军首领多尔衮乞师求降、剃发称臣，并拱手献出了山海关。消息传到北京，李自成气愤至极，遂于四月一日亲率10 万农民军挥师东征，直逼山海关。李自成充分利用山海关一带的特殊地形，采取三面夹击的战略。起初，农民起义军势如破竹，所向无敌，把吴军围得水泄不通。吴三桂几番突围均未得逞，已到

图 3-8 山海关城墙及马道

山穷水尽的地步，关城指日可破。正在这危急关头，清摄政王多尔衮突率 14 万大军从侧翼向李自成扑来，在清军和吴三桂的联合夹击下，人数上处于劣势的农民起义军，终因寡不敌众被迫撤回北京。从此，李自成建立的大顺政权由盛转衰。清军大举入关并占领了北京，建立了我国历史上的最后一个封建王朝。

图 3-9　存放在山海关城楼上的铁炮

山海关老龙头是这段海岸上可以停靠船只的三处地方之一。1900年，八国联军的船只就是在这里登陆的。当时，老龙头是清朝在山海关防守的重地之一，岸上筑有炮台，置有铁炮，并派重兵镇守。但当八国联军的舰队开来之时，提督郑才盛没有奋力抗击外敌侵略，而是采取不抵抗政策，命令各营清军，对空鸣枪三响后，拿下炮闩，仓皇逃窜，把价值几十万两白银的大炮和弹药，拱手送给了侵略者。今天，遗弃在海岸线上的“镇海侯”大铁炮以及炮台遗址等，是对当年清军不抵抗行径的无情控诉。

1931 年 9 月 18 日，日本发动了九一八事变，随后侵占我国东北地区。1933 年 1 月 1 日，日军入侵山海关。中国军队奋起抵抗。在这里发生了我国历史上著名的榆关抗战（山海关古称榆关），此战揭开了长城抗战的序幕。

日军侵占山海关是早有预谋的。当时日军已占领了我国东北的大片国土，占领山海关，一是可以扼辽冀之咽喉，封锁东北边境，阻止我东北义勇军从这条道路上通过，防止张学良的东北军进袭辽西，使日军攻热河之战无后顾之忧；二是占领山海关和热河之后，山海关和热河可以遥相呼应，为日后发动更大规模的侵华战争制造有利的战略态势。从以上叙述可以看出，山海关的得失关系到中华民族的存亡。

1932年11月至12月，日本关东军沿辽西走廊向山海关方向转运兵力。皇姑屯至山海关之间的每一个车站均分驻重兵把守，空军还在前线修建机场。以旅顺为基地的日本津田第二遣外舰队，还派出军舰10余艘，游弋在秦皇岛外海面上，可谓海、陆、空军俱全。12月8日，关东军挑起了炮击山海关事件，揭开了榆关抗战的序幕。

12月8日，关外日军步兵第五联队的装甲列车开至山海关车站东端长城缺口时，向城内射击，旋即西进至石河桥西端，继续向城内发炮。9日早晨6时，日军又派出两架飞机，飞往山海关上空侦察，还派遣200余名士兵向九门口方向运动。我方对日方的挑衅提出严重抗议，但多方交涉无效。1933年1月1日下午2时，日军守备队通知日本在山海关的侨民，在5小时内悉数退入临海的日军兵营。这预示着将有大的行动。日军便衣队先从山海关南门外向城门上的中国哨兵射击，意欲冲入城内占领中枢机关。我哨兵开枪将其击退。这是双方大战的开始。当晚12时，日军步炮联合部队约3 000余人，占领山海关车站至二里店一线，日军守备队向南门发起进攻。1月2日上午8时许，日军70余人在南关以机枪及平射炮向城上我守军射击，以掩护登城。30余名日军用木梯攀登城墙，向城内抛掷手榴弹。守城将士以手榴弹还击，将攀登日军击退。10时许，敌军3 000余名，野炮40余门，向中国守军阵地进行猛攻。另外还有8架日机，3辆铁甲车，20余辆坦克车，向城内狂轰滥炸。守城将士浴血奋战，沉着反击，击毙日军数十名。至午后4时，将进攻的日军击退。

1933年1月3日，日军又投入了大规模的兵力，向山海关发动了更为猛烈的进攻。日军为掩护上空的8架飞机，派出2艘兵舰发炮，大有炸平山海关之势。我守军以步枪、机关枪、迫击炮迎头痛击，誓死抵抗。面对着强大、凶残、武器装备精良几倍于我军的敌人，守卫山海关城的安德馨营，与敌人进行了殊死搏斗，誓死与关城共存亡。我军为保卫山海关，做出了巨大牺牲，虽因敌众我寡而失败，但书写了抗日战争史上可歌可泣的一页。日军的铁蹄虽越过了山海关，但中华民族的优秀儿女用血肉筑就的民族精神，是任何力量也摧不垮的。

在山海关城东 6.5 公里望夫石村的凤凰山上，有姜女庙、望夫石等名胜。姜女庙又称贞女祠，庙堂所占面积不大，灰砖青瓦，砖木结构。从山下向山上攀 108 级台阶，便可进入挂有“贞女祠”横匾的庙门。庙内有前殿、后殿、振衣亭等建筑。前殿内有泥塑彩绘的孟姜女像 1 尊，她面带愁容，眼里透着悲伤，使人联想到她当年盼望丈夫的焦虑心情。殿的正中悬挂写有“万古流芳”四个大字的黑底金字匾额。两边墙上嵌有康熙、乾隆皇帝和其他文人墨客的诗碑。其中还有副据说是文天祥题的楹联：“秦皇安在哉，万里长城筑怨。姜女未亡也，千秋片石铭贞。”殿前的廊柱上有副对联更耐人寻味。上联为“海水朝朝朝朝朝朝朝落”，下联是“浮云长长长

图 3-10　山海关凤凰山姜女庙中的孟姜女塑像

长长长长消”。粗略一看似文人在舞文弄墨，搞文字游戏。实际上对联中好几个字少了偏旁，如果加上去，上联变为“海水潮，朝朝潮，朝潮朝落”，下联变为“浮云涨，长长涨，长涨长消”。人生哲理蕴含其间。振衣亭相传是孟姜女望夫前整理衣裳、梳妆打扮的地方。现在的姜女庙，是明万历二十四年（1596 年）修筑的，后又经几次重修，才形成今天红墙围绕、古柏参天、有相当规模的古建筑群。

姜女庙后殿的墙外，有两块巨石，一块上刻“望夫石”三字，一块上刻乾隆皇帝的题诗。两石之间的小坑，相传为当年孟姜女望夫站立留下的脚印，望夫石后的石凿平台和小圆坑，传为孟姜女的梳妆台和洗脸盆。另外，还有姜女坟。姜女坟在海水中，传说是孟姜女跳海后葬身的坟头。姜坟雁阵的故事就发生在这里。

眼前的一切，使人想到了在中国流传已久的孟姜女哭长城的故事：相传孟姜女的丈夫叫范杞梁（一说是范喜梁或万喜良），住在陕西潼关黄河岸边。他们新婚之夜，范杞梁被秦始皇派的兵丁强行拉去修筑长城，一去十年不归，音信杳无，孟姜女日夜思念，为了早日见到丈夫，便带着给丈夫缝制的寒衣，踏上了千里寻夫的艰辛之路。

图 3-11　孟姜女哭长城图

孟姜女千里迢迢来到长城脚下，当得知朝思暮想的夫君已经死去，且尸体被那些如狼似虎的监工填埋在城墙里面时，悲恸不已，顿时失声痛哭，一直哭了三天三夜，最后把长城哭倒了，才露出丈夫的尸骨。秦始皇闻知后大怒，一定要治孟姜女的罪，可是当秦始皇见到孟姜女时，被孟姜女的美貌迷住了，要孟姜女做他的妃子。孟姜女将计就计说，要当妃子可以，但先要修建坟茔安葬、祭奠自己的丈夫，秦始皇答应了。当一切完毕，秦始皇要孟姜女随他一起乘船东游渤海。孟姜女站立在船头，怒目看向秦始皇，破口大骂："无道昏君！你害死无数黎民，害死我的丈夫，我死也饶不了你这昏君！"接着，孟姜女仰天高呼："夫君，你稍等，我随你来了！"说罢将衣袖蒙面，跳海身亡。

以上只是传说故事，其实细考之，孟姜女和范杞梁，并不是秦朝人，秦始皇的万里长城也并没有修到山海关。这个故事源于人们对秦始皇修筑长城过程中蔑视百姓、酷虐催逼暴行的痛恨。因为秦始皇修长城动用了大量的人力、物力、财力，拆散了无数幸福的家庭，给广大百姓带来了深重的灾难。人们用这个故事寄托对劳动人民深深的同情，同时也无情地揭露了封建社会的专制和秦始皇的残暴行径。

这个故事的雏形在《左传·襄公二十三年》《礼记·檀弓下》中都有记载。春秋时期，齐国大夫杞梁随齐庄公攻营被俘而死。杞梁的妻子孟姜到郊外迎其柩，庄公派人到郊外吊慰，孟姜认为这是违礼的行为，辞而不受，于是庄公亲自到她家里去吊唁。到了西汉，人们给这个故事增添了一些浪漫主义色彩。刘向所编《列女传》记载，齐国杞梁战死，其妻哭于城下，十日而城崩。这里的城并没有明确说是长城。直到唐代，有本名为《调玉集》的书，才把这件事与秦始皇修长城联系到了一起。书中记载说，秦朝时，杞梁被遣筑长城，被官吏打死。其妻孟姜女哭于长城下，城即崩倒，露出了杞梁的骸骨。另外，唐代僧人贯休写了一首诗，用孟姜女哭长城的故事来控诉秦始皇的暴虐和无道。诗中说："秦之无道兮四海枯，筑长城兮遮北胡。筑人筑土一万里，杞梁贞妇啼呜呜。上无父兮中无夫，下无子兮孤复孤。一号城崩塞色苦，再号杞梁骨出土……"孟姜女的故事之所以广为流传，是因为许多朝代的统治者为修筑长城，强加给人们各种徭役赋税，使人民遭受巨大的苦难，人们想借此故事发泄对统治者的怨恨和不满。到了宋代，民间开始为孟姜女塑像立庙，明清各代也屡有所修，以此来纪念这位贞烈女子。

山海关不但以关险城固闻名于天下，它还以众多的名胜古迹驰名中外。登上“天下第一关”的城楼远眺，巍峨奇险的山海防御体系历历在目。南面烟波浩渺的渤海，北面群峦叠嶂的燕山，以及像游龙一般连接着山海的长城，都一览无余。正如张志民在《三唱山海关》一诗中所吟诵的：“登城楼呵放眼看，关外关里好河山，西瞧花果树，东望米粮川，南赏渤海青套绿，北望燕山紫中蓝，敞开胸膛吸口气，只觉眼亮心也宽。千声歌呵万声赞，不到此地终生憾。自古燕赵多英烈，故国文化五千年。……”

从山海关关城下来，走进精致、高雅、古朴的仿古建筑——长城博物馆，那又是另一番享受。从历史、建筑、军事、文化等展厅中，我们会对长城有更加全面、深刻的认识。如果说长城是一部古代政治、经济、军事、文化等方面的百科全书，那么长城博物馆就像是了解这部全书概貌、查阅长城丰富和深厚内涵的目录索引。

图 3-12　山海关关楼中陈列的部分明代兵器

如果你有兴趣，体力又允许的话，可以去位于关城东北部8公里处的角山长城攀登一番。这里的三道关关隘处，峪谷两岸崖壁陡峭，山高谷深。长城在这里踞险而布，因地而设，砌立在陡峭的崖壁上，自然形成倒挂之势，所以又称“长城倒挂”。长城如游龙巨蟒从角山逶迤而下，直插谷底，又随即依另一侧山崖蜿蜒而上。这段长城要算整个长城中最险的一段了。若雨天来游长城，可观看到崖壁飞瀑，如“跳珠喷雾”的胜景。这时的“长城倒挂”景色更显奇特、险峻、雄伟、壮观，与起伏的山峦交相辉映，构成了独特的长城风光，充满诗情画意。这是万里长城风光中的一绝。

三 喜峰口及冀东长城

明长城自山海关往西，先后经抚宁、卢龙、迁安、迁西、遵化等诸区县境。这一段长城在上述各区县的北部山岭上起伏蜿蜒，气势雄伟。在众多关隘中，较为著名的是喜峰口，还有马兰关与黑峪关等。现在就让我们自东至西，来游览这段长城的几处精华部分。

在山海关和抚宁的交界处，有一座有九个门口的关城，叫一片石关。该关西门上有匾额，书“京东首关”四字，应为京师东部的第一道门户。这里的长城筑在崇山峻岭之上，墙体多就地取材，用大石块砌筑，只有少量砖墙穿插其间，砖石城墙相间，是这段长城的一大特点。

在高楼山的东面，有一座保存较好的敌楼，当地人称之为媳妇楼。传说曾有一位武艺高强的女子，丈夫戍边在此楼，当她千里寻夫至此夫妻团圆之时，敌人来犯，丈夫战死。妻承夫志，主动要求留下守边，也住此敌楼。为纪念这位巾帼英雄，人们便把这个楼称为“媳妇楼”。

大毛山关的几个敌楼券门分别镌刻有“忠义”二字，券门边沿均雕刻有狮子滚绣球纹和别致的花盆景图案。在董家口西北有一座三通道形制的敌楼，其石雕券门框上镌刻“忠义报国”四个楷书大字，足见当时戍边将士保卫疆土的雄心壮志和豪迈的气概。而在程山山顶的敌楼券门上竖式镌刻有“人马平安”和“天下太平”的字样，充分反映了人们渴望和平、反对战争的良好愿望。

界岭山下的界岭口关城，形式别具一格。它处在两山之间，洋河穿关而过，把关城分为两个月城。月城状如两个红缨枪头，东月城自东山顶蜿蜒而来，西月城由西山顶盘绕而下。月城的一端紧锁关口，另一端挂在东西相对的两个山顶之上。这种形式的关城，在整个长城的修筑中是很少见的。

图 3-13　因修建潘家口水库，长城高高的城墙淹没在水中

饶有趣味的是，在迁安大嘴山附近，很多空心敌楼内没有砌筑上楼的梯道，而是在楼顶开一个天窗，在当时可能置有活动的木梯或者绳梯，万一敌楼失守，士兵即可撤上楼顶，提起活梯，坚守待援。当年的设计者可谓用心良苦，匠心独具。在白洋峪关附近有一座保存较好的敌楼，楼内砌有好几个向墙内凹进去、大小不等的壁橱，当为驻兵放置物品之用，既方便又实用，这种形式在长城的敌楼建筑中也不多见。

在冀东长城的重要关隘中，除了山海关，恐怕就要数喜峰口了。它位于迁西西北 80 多公里处，自古是中原出关的交通要冲，也是明代北方蒙古族进出的主要通道。关口左右高山对峙，地势十分险要。据《四镇三关志》载，喜峰口于“洪武年建”。明景泰三年（1452 年）七月在关门上建镇远楼，楼高 4 丈。明嘉靖年间在关口处还建有来远楼。喜峰口关建筑结构十分独特，关有三重，三重关门之间由坚固的石基砖墙连接成一体。关口与城墙的 6 个接触点均驻兵戍守，关东、关西城墙与万里长城主体相连。在关口东南 2 公里处有喜峰城。明代之所以十分重视喜峰口，是因为此处的地理位置十分重要，在此发生过数次战事。

宣德三年（1428 年），宣宗皇帝亲率大军北出喜峰口，征伐蒙古族贵族残余部兀良哈三卫。嘉靖十年（1531 年），兀良哈三卫又联合其他残部进攻喜峰口，从此明朝派重兵戍守此地。隆庆三年（1569 年），兀良哈三卫又侵犯喜峰口，镇守蓟镇的总兵官戚继光率军大战喜峰口，赶走了来犯之兵。万历初年，蒙古部族首领朵颜率兵来犯喜峰口，这次戚继光从青山口出兵，从喜峰口外围堵截伏击，打败来犯之敌。从以上几次战争中可以看出，居住在塞外的蒙古军队若从北部的赤峰、平泉南犯进攻北京，喜峰口是其主要的进攻通道。因此，明朝政府非常重视喜峰口关城的修建，城墙、城楼修得十分坚固。

图 3-14 长城从潘家口水库中露出后又登上陆地，顺坡而上

喜峰口原名喜逢口，明代永乐年间改为喜峰口。这里面还隐含着一个民间故事：据说，当年一位王姓青年到喜峰口来修长城，几年不得还家且音信皆无，家中老父无限忧虑，夜不能寐，食不甘味，最后决定独自一人去边关寻找儿子。因家境贫寒，老人只带了点干粮和破单衣上路。老人顶风冒雪，忍饥挨饿，一路上历经千辛万苦，终于来到喜峰口。当遭受长期暴晒和繁重体力劳动的儿子来到父亲面前时，老人几乎不敢相认。离别之苦，思念之情，一齐涌上心头，老人既高兴又悲伤，叫了一声“儿啊”便一头倒在地上去世了。儿子十分悲痛，含着眼泪埋了父亲，但从此忧郁成疾，不久也去世了。为纪念王氏父子，人们就把这地方叫作喜逢口，即欢喜

图 3-15　潘家口水库与两岸长城

相逢之意。这个故事的真假先不去评说，从这里我们可以看出，修筑长城使民众承担的劳役，确实使数以万计的夫妻、父子、母子长期忍受分离之苦，他们是多么渴望团圆，过安定幸福的生活啊！

最后需要说明的是，由于 20 世纪 70 年代引滦入津大型水利工程的需要，在此修建了潘家口水库，淹掉了喜峰口和潘家口。这里成了山水长城，山上是透迤蜿蜒的长城，山间是群山环绕的水库。长城宛如一条从山上翻滚下来的巨龙，把龙头伸入波光粼粼的湖面，构成了一幅宁静优美的风景画。是啊，烽火不举、狼烟不燃的长城，就该是这般令人心旷神怡啊！

从喜峰口向西，大约经过 31 个大小关口，就到了今遵化西北的马兰关。建在关西的清东陵，是值得游览之地。陵区南北长约 12.5 公里，东西长约 20 公里，埋葬有 5 帝、15 后、141 妃嫔。顺治、康熙、乾隆等几位皇帝都葬于此。

据说自康熙葬在此处后，这里就被认定为风水区，但又觉长城隔断了这里的风水，乾隆皇帝就决定拆除此处的长城。因为他相信宗教、经济、文化的交流远远胜过城墙。如今这里被拆除的长城墙基像一根去掉肉的龙脊躺在山坡上，而陵区的建筑修得富丽堂皇。大红门为陵区门户，肃穆典雅。这里纵横交错的神道和桥梁、黄绿琉璃瓦殿顶、画栋朱垣、汉白玉殿陛栏杆，构成一幅绚丽宏伟的图画。清东陵是我国现存规模宏大、建筑体系完整的皇室陵寝之一。今天，这里已成为游览胜地，吸引着越来越多的中外游客。

四 畿东锁钥——黄崖关长城

在今天津蓟州北部的崇山峻岭中，绵延着 42 公里长的明代黄崖关长城，它以雄险闻名，被称为“蓟北雄关”“畿东锁钥”。这里荟萃了明长城多种类型的建筑形式，城依山势，高低错落，千姿百态，气势磅礴。

图 3-16 崇山峻岭中的黄崖关长城

黄崖关是明蓟镇长城的重要关隘，在蓟州北25公里处。出黄崖关向北是河北兴隆，发源于兴隆茅山峪的泃河横切燕山向南流。河谷为峰峦林立的燕山山脉间一条重要通道，黄崖关便横卧在这条谷地上，扼控这条沟通燕山南北的孔道。关城扼守着两山夹峙、一水中流的狭处，地势极为险要。“紫塞横空岚影秀，之字平分两仞山”这两句诗，生动形象地描绘出黄崖关的雄奇和险峻。它是蓟州境内唯一的一座关城，有“小雁门关”之称，据说这个称呼是李自成所起。李自成为抵抗清兵来到这里，见此处崇山峻岭，林茂谷奇，颇似山西雁门关，决定以此为御敌屏障，遂将其命名为“京东雁门关”。黄崖关始建于明永乐年间，当时建了正关、水关和由关城向两侧延伸的城墙。关城东侧山崖峭壁陡立，岩石多为黄褐色，在夕阳照射下，层层叠叠的山体泛着金光，景致十分壮观，故有“晚照黄崖”之称，此关也因此而得名。黄崖关作为京东险要之地，和京师东面的门户在京师防御体系中占有极为重要的地位。

今天津蓟州（以前称蓟县）在古代是个重镇，历代统治者都较为重视。秦朝在此设立无终县，隋代改名为渔阳，唐代始有蓟州之名，直到1913年才改为蓟县。蓟州修长城的历史，可上溯到北齐。《隋书·地理志》记载，在渔阳郡无终县有长城。考古调查发现，今黄崖关长城太平寨段，从水洞处城墙突然下伏，继而又随山势猛

图 3-17　黄崖关长城横跨蓟州泃河河谷，因其所踞山崖皆为黄色而得名

插云霄。山巅之上，有一圆形黑色的石筑烽火台，这是北齐天保年间（550—559 年）所建，距今已有 1 400 余年了。接着是 100 多米陡降的石墙，这也是北齐时期修建的。狭窄的长城骑在山峰上，悬崖峭壁，百丈深渊，游人踏着专门制作的木板马镫上下，还胆战心惊。研究长城的专家们把此段长城称为“国宝”。

明成祖朱棣迁都北京，蓟州更成了拱卫京师的要地，于是开始大规模修筑蓟镇长城。历史文献记载，明永乐、成化年间修筑了关塞。嘉靖二十九年（1550 年）于此设蓟州总督，次年改为蓟辽总督，管辖顺天、保定、辽东三地巡抚。此后又在此修筑了土石城墙。隆庆元年（1567 年），戚继光被从南方调来担任蓟镇总兵。从 1569 年到 1571 年，戚继光用了整整 3 年时间，主持增修蓟镇长城。在东起山海关、西至镇边（今北京昌平西）长达 1 100 公里的防线上矗立起高大的城墙和 1 017 座雄伟的敌台，它们随着地势高低相间，突兀参差，蔚为壮观。戚继光在这里创建的“空心敌台”（或称“空心敌楼”），雄堞睥睨，跨墙林立，骑墙凌空。为了纪念这位曾镇守蓟州、威镇边塞 16 年的英雄，人们在太平寨瓮城前广场西侧的土岗上，雕塑了一座高 8.5 米的戚继光花岗岩像，他身着戎装，威武庄严。游人每每至此，就缅怀起这位“南北驱驰报主情，江花边草笑平生。一年三百六十日，都是横戈马上行”（戚继光诗）的英杰。

图 3-18　黄崖关前的戚继光石像

黄崖关关城随地势修建，为不规则的长方形，城南墙的西半部向南凸出，实测城周 890 米，南北最长处不足 270 米，东西最宽处约为 200 米。为了加强关城的防御能力，关城中间还砌有一道南北向的隔墙，将城分为东西两部分。东城门外还筑有一座瓮城。明万历十五年（1587 年）砖包了黄崖关关城。明万历十九年（1591 年）又砖包了黄崖关两侧的城墙。在蓟州区文物保管所内，存有一张 1964 年拍摄的照片，当时黄崖关的关城南门砖券拱洞尚存，门额嵌有一块长 1.85 米的汉白玉石匾，阴刻楷书“黄崖口关”四个笔力雄浑的大字。关城北墙无门，但有一座石券拱门洞，可登上城顶。这座门洞上也嵌有同南门一样大小的汉白玉石匾，上书“黄崖正关”四字。

黄崖关东有悬崖为屏，西有峭壁为依，泃河从山间流过，长城好似一条苍龙逶迤于这险峰峡谷间，飞山越谷，起伏腾跃。泃河宽百余米，碧波倒映着陡峭的山峰和矗立的城楼，山水相映生辉，绚丽多姿，俨然是一幅垂挂天际的绝妙丹青。封锁河谷的水关是黄崖关的重要组成部分。其关口两侧的城墙虽不是很长，但结构形式丰富多样，其高低宽窄及垛口、宇墙的尺度随山势地形而异。除了砖石结构的墙体外，还有块石墙、半面垛口石墙等。这里的山险墙和劈山墙也极为明显，是研究明长城结构的重要地段。另外，在太平安寨通口至 5 号台之间的城墙脚下，还专门留下一个恰能过人的窄孔，以方便守城士卒和当地居民来往，这也是别处长城所没有的。

太平安寨取天下太平、平安之意，它是黄崖关长城上的一个重要通口。自黄崖正关向东越泃河处，有一水关，水关之上是绝壁高崖，以山险为墙。在崖顶，长城开始向东伸展，直抵黄崖之麓，山间有一通口，即太平安寨。据《四镇三关志》记载，太平安寨为明成化二年（1466 年）所建，此处正当黄崖绝壁之下，又值山麓的交通要道。为了防御敌人侵袭，同时又便于长城内外人们的往来，设关口把守。

黄崖关长城上有敌台 52 座，烽火台 14 座，数目虽不算多，但形式多样，有大有小，有方有圆，有砖有石，有空心的，有实心的，有骑墙的，有靠墙的，有离墙较远的，等等。东山高处的长城上有一座用毛石砌筑的圆形敌台，此种形制极为少见。此台为骑墙敌台，但为实心，内外均无梯级可登，当年可能用软梯或活动梯子上下。在台顶上还保留有守城士卒留下的片石炕和炉灶的遗迹。还有一个特大的圆形高大墩台——凤凰台，它属于战台类型，不仅形体高大，而且下部无门，自中部上升，中间是空的。顶层设有铺房、垛口，台内可住士卒、储存武器粮草，既是备战库，又是作战台。

图 3-19　留存在黄崖关的古代石雷

在太平安寨长城西段，有一座引人注目的方形砖楼，名寡妇楼。楼高 13 米，楼基与城墙齐，分上下两层。此楼为何称“寡妇楼”呢？在当地流传着一个悲壮的传说：在戚继光修长城时有一批河南籍士兵，其中 12 名士兵的妻子见丈夫数年不归、吉凶未卜，心中非常惦念，便结伴千里迢迢到边关寻夫，途中历尽千般苦，好不容易走到蓟镇长城下，一打听才知道她们的丈夫为修长城全都献出了生命。她们悲痛万分，在此痛哭不已。戚继光见状发给每人一笔优厚的抚恤金，劝她们回家抚育子女，赡养老人。但 12 名寡妇决定继承丈夫的遗志，献出抚恤金，投身到修长城的行列中去，修起了这座敌楼。后来，人们为了纪念她们这种深明大义、为国分忧的壮举，就把这座敌楼命名为“寡妇楼”。

黄崖关关城的城垣和城楼因年代久远已损坏，后来又按历史原貌修复起一座面积达 4 万平方米的关城。其主体建筑有瓮城、东西南北四座城门楼，以及角楼、门洞、水门、水关、牌坊、八卦街，提调公署（明代军事人员办公的地方）和城外的凤凰楼。正关上建面阔三间、单檐的关楼一座，粗大的木柱，五脊四坡大顶，雕梁画栋，着明式大花旋式彩绘，绚丽夺目，雄伟壮观。

黄崖关正关的台基中央无门洞通道，这是它与别的关门的不同之处。其上面建筑的楼房，名为北极阁，俗称玄武帝庙，阁内供奉北极神。此房屋建筑完全按照明代建筑法式设计，在长城关城建筑上尚无他处。为什么要在此处建北极阁，供北极神呢？相传明成祖朱棣是扫北的燕王，是在北方起家的，他把首都从南京迁到了北京。他还信奉道教，按照道教的说法，东神青龙、西神白虎、南神朱雀、北神玄武，各守一方。他自认为扫北获胜，夺得帝位，皆因得北神之助，甚至有时还把自己比作玄武大帝的化身，到处大修玄武帝庙。黄崖关是永乐年间修建的，在关城上也修了北极阁，以借助北极神维护明朝的安全。如按照古制关塞等级，黄崖关不宜建筑规模大的城楼，但因是玄武帝庙，不受其限。

更值得注意的是黄崖关关城的布局，关内布满机关，被称为“八卦城”。据史料记载，这座城从永乐年间始建，到万历年间才完工。城周长 707 米，设“三关、九门”。南门外建牌坊一座，正面书“蓟北雄关”，背面写“金汤巩固”。城内按古代传说中伏羲所创的八卦图的卦形规律（依次为乾、坎、艮、震、巽、离、坤、兑），以提调公署为中心，从西北方向开始向右依次排成八卦形。每个卦字一个方位，最后排成“一”字方阵，组成街道网络，纵横 40 多条街道，只有一两个门楼相通。它与一般城市的十字大街、棋盘式纵横贯穿的胡同坊巷完全不一样，而是采取了“T”字形或曲尺形街巷，有的街道还在交叉处故意错位，有的专门使直街增加些拐弯。凡此种种，莫不带有强烈的军事色彩。如果敌人不知底细，步入“八卦城”，就会晕头转向，陷入包围之中，守关人员的火器、弓箭也得以发挥最佳威力。这样的关城布局，在所有明长城关城、卫城等城堡中，都是十分罕见的。“八卦城”，这个不可多得的军事杰作，使黄崖关易守难攻，固若金汤。真可谓“一夫当关，万夫莫开”。

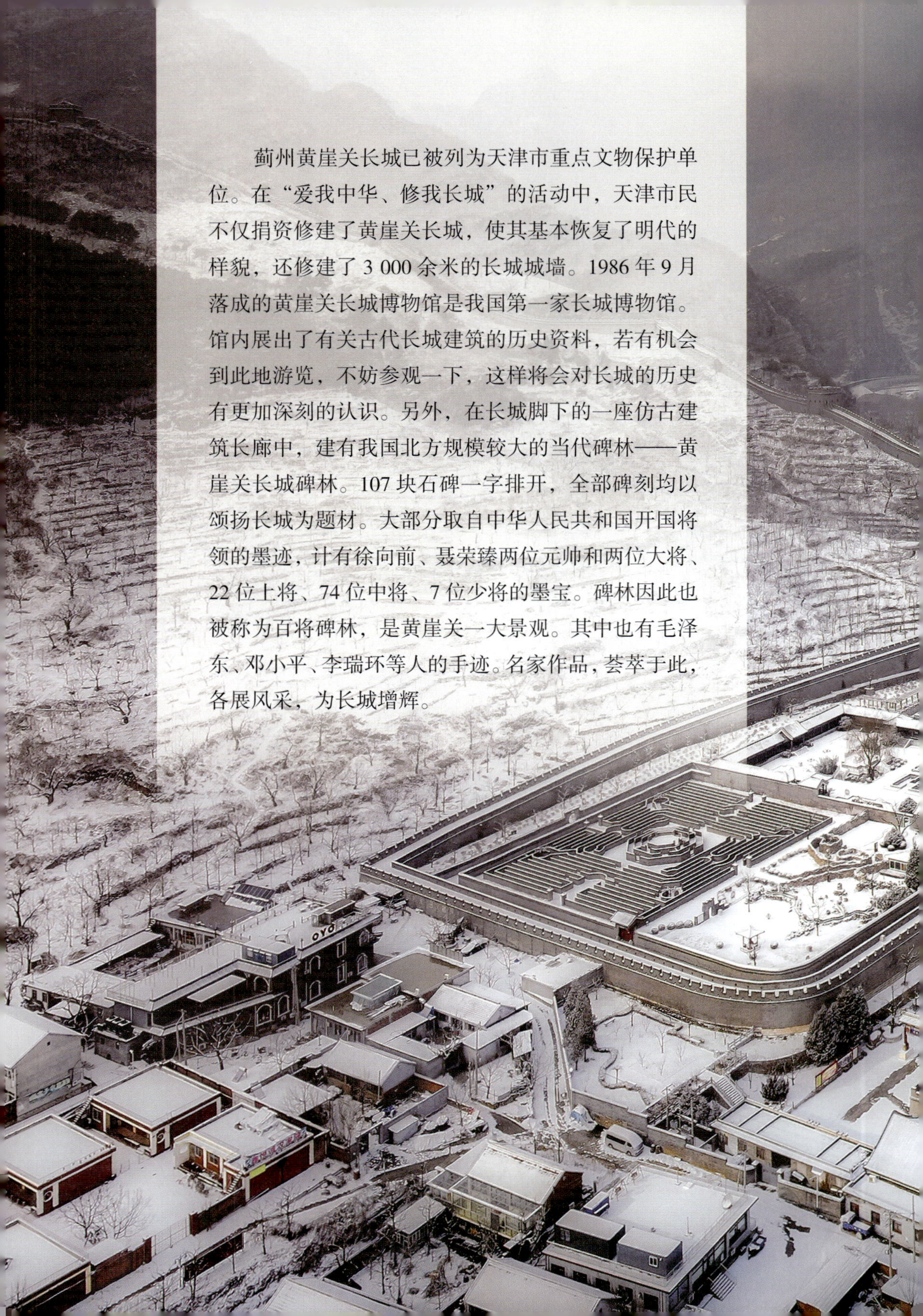

蓟州黄崖关长城已被列为天津市重点文物保护单位。在“爱我中华、修我长城”的活动中，天津市民不仅捐资修建了黄崖关长城，使其基本恢复了明代的样貌，还修建了3 000余米的长城城墙。1986年9月落成的黄崖关长城博物馆是我国第一家长城博物馆。馆内展出了有关古代长城建筑的历史资料，若有机会到此地游览，不妨参观一下，这样将会对长城的历史有更加深刻的认识。另外，在长城脚下的一座仿古建筑长廊中，建有我国北方规模较大的当代碑林——黄崖关长城碑林。107块石碑一字排开，全部碑刻均以颂扬长城为题材。大部分取自中华人民共和国开国将领的墨迹，计有徐向前、聂荣臻两位元帅和两位大将、22位上将、74位中将、7位少将的墨宝。碑林因此也被称为百将碑林，是黄崖关一大景观。其中也有毛泽东、邓小平、李瑞环等人的手迹。名家作品，荟萃于此，各展风采，为长城增辉。

图 3-20 黄崖关“八卦城”的街道按八卦图形修建，这在万里长城中绝无仅有

五 司马台——一段奇妙的长城

大家都知道北京有知名的八达岭、慕田峪等长城。其实在北京北部的密云山区中，还有一段被称为“奇妙的长城”的司马台长城。这段长城鲜为人知，已被联合国教科文组织认定为人文保护遗址。

司马台长城位于密云东北的东庄禾乡境内，距北京约120公里，东起望京楼，西与金山岭长城相连，雄伟壮观。在这条长城的中段，

还有一个南北长六七百米、蓄水量 5 万立方米的司马台水库。长城从两面山上飞奔而来，如巨龙饮水，气势非凡。因司马台长城有山有水，故也有人称其为“司马台山水长城”。

司马台长城扼守古北口长城东部，始建于北齐，现在北齐长城还有迹可寻。司马台北齐长城坐落在密云东庄禾乡后川口村对面山上，这段长城残高 0.7 米，宽 2.5 米左右，断断续续约 3 公里长，一端起于司马台关门西山脚下，沿山脊在后川口与明代金山岭长城连接。这是此地唯一一段保留下来的北齐长城，其轮廓面貌还较为清晰。明代万历年间修筑的砖石长城就是在北齐长城的基础上修建而成的。司马台长城是万里长城的一部分，它建筑在燕山峰巅之上，地势险峻，建筑奇特，汲取其他长城之精华，富有诗情画意。

图 3-21　逶迤在崇山峻岭之间的明代司马台长城

司马台长城多建于陡峭如削的峰巅危崖之上，有的地方几乎垂直壁立，人们只能从障墙旁的窄道通过，登长城犹如上“天梯”。一道通天石梯，只容独身攀登，与蜀道无异，和古栈道有异曲同工之妙。这段长城的宽窄高低变化较大，山下的墙体宽五六米，到山顶的悬崖绝壁处，墙体仅有约40厘米的两砖宽，这种单边实砌墙身的长城，为司马台长城所独有，被称为“天梯”。有的地方干脆以山为墙（称为“山险墙”），只在山上筑敌楼加以守卫。司马台以东的山脊有些地段较窄，长城修到这里时，仅在墙面外侧筑一道单墙，墙上布满射眼，供守城将士射击使用。这种墙被称为“战墙”，是一种独有墙体。

在司马台这段不长的长城墙体上，共有34座敌楼。其建筑形式较为独特，是别处长城少有的。司马台长城的敌楼分单层楼、双层楼，有单室、双室、多室，有“田、日、川、回”等形状，顶部结构有平、穹窿、复平、八角藻井、四角钻天等形式，门窗有砖券、石券、雕花花岗石等，坚固美观，富有民族特色。敌楼之间的距离根据地势的陡峭程度从五六十米到百米不等，其原则是使两座敌楼的中间地带均在射程范围之内。总之，敌楼的大小、样式是根据官衔等级、戍防人数和地理位置等因素设置的。有座敌楼建于山脊如锥

图3-22　这一段司马台长城俗称“天梯”

之地，因地狭小，只能造得又高又细，形如棒槌，因而俗称“棒槌楼”。司马台长城上还有座仙女楼，该楼建筑十分精美，汉白玉石券洞上刻有并蒂莲浮雕。相传有一个羚羊变的仙女就住在此楼上，有个牧羊人还亲眼见过她，所以取名“仙女楼”。

图 3-23　久负盛名的司马台长城上的望京楼

在司马台长城上还有座久负盛名的城楼叫望京楼。它屹立在近千米高的司马台长城的最高处。据说，登上望京楼，若遇天气晴朗，白天可望见北京城的北海白塔、景山黄亭等高大建筑物，夜幕中可望见北京城的万家灯火。伫立在楼顶之上，俯瞰山下，村庄历历，炊烟袅袅。那道道登山小路，似条条飘带逶迤于峡谷之中。举目远望，众峰挺拔，万木森森，司马台水库水平如镜，塞外的旖旎风光尽收眼底。望京楼成为人们登攀观赏长城的胜地。

在登望京楼途中的老虎岭楼底下，有 3 块巨石像石碑一样并立着，崖缝之间宽不过 1 米，居中那块巨石的半腰中有一洞口，洞里有一池清水，旱不枯竭，涝不增水，被当地人称为“天池”。传说当年在此修长城的人们，就饮其水。今游人至此，品尝其味，仍感清冽甘甜，爽口提神。

司马台长城的脚下，在司马台关门处有一座司马台大水库。水库很自然地把长城分为东西两段，增添了新的景观。以水库为界，西长城上有 18 座敌楼。当年戚继光下榻的黑楼、饮茶的石台、议论军机大事的花楼和库房楼等遗址尚存。东长城的山势由缓到急，长城腾越向上，直插苍天。水库清澈碧绿的水面，倒映出两侧长城的影子，煞是好看。更奇妙的是，在西山坡离库边不远处，有一温泉，水温常年在 38℃左右，可饮可浴。在东山坡下还有一冷泉，其水冰冷刺骨。由于温泉与冷泉并存，致使库水冷暖各半，人们戏称二泉为“鸳鸯泉”。两泉水量充足，终年不断。游览至此或洗个温泉澡，或荡舟碧波之上，或游泳、垂钓，都会给人们带来无穷的乐趣。每至严冬，外面是银装素裹的冰雪世界，库区依然碧波荡漾，雾气升腾。天气越冷，雾气越大。若这时来此观览长城，看它吞云吐雾，宛若置身于仙境。

司马台水库南侧 2 公里许，是司马台堡。这是明代守城将士安营扎寨的堡子，其城长约 300 米，宽约 200 米，墙体为砖石结构。堡子东西各设一门，至今仍有村民居住，东门是他们进出村的唯一路口。司马台堡以城为中心，南设一楼，北置一庙（真武庙），东有一塔，西有一寺，可见这里当年是长城脚下一座繁华的小城镇。今天在此建立的水镇，房屋建筑风格富有北方特色，大片房舍或作为宾馆，或作为饭馆，或作为工艺品零售商店，甚或作为中国非物质文化的传承场地。观光旅游者到此，既可饱览长城雄姿，又能享受到中国的传统文化，可谓不虚此行，收获颇丰。

我国已故长城专家罗哲文先生 1986 年在密云县（今密云区）举行的长城论证会上说：“司马台长城是长城之最。”百闻不如一见，有机会还应到司马台长城一睹为快！

图 3-24　气势磅礴的司马台长城

图 3-25　夕阳下的金山岭长城巍然屹立在燕山山脉

六 “第二八达岭”——金山岭长城

金山岭长城东接司马台，西连古北口，是明万里长城中具有代表性的一段工程，因修在大小金山上而得名。这段长城全长20余公里，气势雄伟，很有特点，被称为“第二八达岭”。

早在北齐，这里就已经修筑了长城和关隘。明初，太祖朱元璋派大将徐达率军攻占此地后，便不断修建这里的防御设施。金山岭长城下属的砖垛口、桃春口等都是在洪武年间（1368—1398年）陆续修建的。朱棣迁都北京后，更是重点修缮这一带的防御工程。隆庆元年（1567年），为加强北部门户的防御力量，明穆宗朱载垕下令将抗倭名将谭伦、戚继光调往北方，同时调来了3 000名士兵。这些官兵为寄托自己的思乡之情，便将江苏镇江附近金山的名字冠于这个山岭，把这一带的长城称作金山岭长城。

金山岭一带地势险要，山峦起伏，连绵不断。由于其地处京师外围，明廷修筑这段长城时不惜花费重金。长城均以坚硬的条石为基础修筑，上部用青砖包砌。城

图 3-26　金山岭长城敌楼顶部的垛口及射击孔

墙高 5~8 米，底宽 6 米，顶宽 5 米，设置有瞭望孔和射击孔，加筑炮台。同时每隔 2~3 米铺设砖砌排水沟，防止墙顶积雨水。城墙内侧下部设券门，外侧修礌石，用于打击攻城敌人。在地势高峻的地方，墙面上只筑外墙，没有垛口，内侧也无女墙。外墙上的射眼，分上中下三排，可同时供 3 列士兵以立、跪、卧三种姿势射击，这在长城中是极少见的。在地势险要陡峭、易守难攻之处，只筑有很窄的单墙。在金山岭长城某些段落的顶部，还横着修了一道道障墙，上置射击孔和瞭望孔。万一敌人攻上城来，城上的守兵可凭此射击，击杀敌人。还有的段落，在离主城墙 40~50 米处，用山石垒成一道外墙，以此作为第一道防线。筑墙者匠心独具，使这里的长城更具特色。

图 3-27　金山岭长城敌楼前设置的一道道障墙，战时可作掩护

金山岭长城的敌楼较为密集，有158座之多，敌楼间的距离一般在百米左右，平缓地带只有五六十米。敌楼的密集程度为其他长城地段所罕见。有几座敌楼设计得十分巧妙，其两侧无门与城墙相通，人只能从墙内侧砖券拱门进出，登上小梯爬进楼内。这是为防止敌军攻城而有意安排的。其中有座敌楼门框为汉白玉石料，上刻精美的图案，据传蓟镇总兵戚继光常在此办公。坐落在砖垛口和沙岭口之间山峰上的库房楼，是金山岭长城敌楼的典型代表。它是一座规模较大的两层敌楼，楼的外侧筑有一道院墙，距院墙60米的山坡上修有一重城。在敌楼南侧平台上建有一间贮物的库房，敌楼因库房而得名。库房楼内外共设三道防线，异常坚固，在其内侧不远的小平台上，建有一间长6.4米、宽4米、高1.9米的小房，用以储存粮草武器，或为指挥官临时住屋。这种设计在明朝万里长城中是非常少见的。有的敌楼外面还修有防护用的矮墙。楼台形制各异，有的敌楼顶部修得非常精巧，分别有四角、八角、硬山和歇山顶等形式。有的楼台使用汉白玉券门，上刻花卉浮雕，精美别致。

图3-28　金山岭长城的库房楼

金山岭长城还设有许多小关口，它们一般建在深沟峡谷或军事要地等隐蔽之处，主要关口有龙峪口、桃春口、砖垛口、沙岭口等。这些关口为守城将士平时进出长城巡逻与沟通内外交通等提供了便利条件。另处，戚继光在这里增修长城时，在城墙以北的制高点上设立了许多烽火台，并将长城外侧的山坡进行削铲，然后用石块砌筑重城（也叫拦马墙）。整个金山岭长城，关城互连，楼台相望，内外互守，加上烽燧亭障，形成了坚固的防御体系，拱卫着京畿地区。

图 3-29　金山岭长城城墙上的文字青砖

金山岭长城已列入国家重点文物保护单位，并陆续得到修缮。这一带还曾发掘出土不少武器和生活用品，如火炮、石雷、箭头、菜刀、油灯、碗具、酒具等。城墙上有数以万计的文字青砖，当地人称之为“文字砖”。青砖上记录了烧砖的年代、地名和部队番号等，是研究长城建筑的珍贵资料。

金山岭是燕山的一条支脉，与燕山主峰雾灵山相邻。这里千峰竞秀，万壑纵横，长城腾越其上，凡是到此观光者，无不为长城的磅礴气势所折服。金山岭长城设防谨严，建造艺术精美，独具一格。停立在燕山第一高峰雾灵山上，千姿百态的北国风光，蜿蜒曲折的金山岭长城，历史上著名的关隘古北口，塞外的山涛林海等景色尽收眼底，足以大饱眼福，令人心旷神怡。

七 雄伟的古北口长城

古北口在北京东北，位于密云与河北滦平之间，是万里长城的重要关隘，位于北京通往内蒙古草原的重要通道上。其背依盘龙、卧虎二山，南接青风、叠翠二岭。潮河由北向南穿关而过。敌楼屹立在山巅，长城腾飞过潮河，似一条纽带把两山紧密地联系在一起。长城脚下的三座水门横跨在潮河之上。古北口关城及其水门，使这里的长城更具特点。

图 3-30 长城的重要隘口——古北口

古北口自古就是重要的交通枢纽，曾因关西南有卧虎山而被称为“虎北口”。在唐代时称为“虎白口”，曾设东军、北口二守护卫。五代时为战场。宋时是使臣出辽必经之地。金代称留斡岭，金贞祐二年（1214 年），建铁门关。元代为大都（今北京）至上都（今内蒙古自治区锡林郭勒盟）的必经之地。明初在这里设立千户所，后又将其升格为古北口路，管辖附近的 15 个关口，并派重兵严加把守。古北口一带在北齐天保年间（550—559 年）就修有长城，那是北齐政权从今大同附近修到渤海长达 1 500 公里的长城的中间一段。不过那时的长城工程简陋，墙体多用黄土夯筑，经过长时间的风雨剥蚀，如今已踪迹难觅了。今天我们看到的古北口长城均为明代所修。

明初，太祖朱元璋命徐达修筑长城。古北口是徐达所修建的第一批关隘之一。明洪武十一年（1378年），徐达建古北口关城。关城雄踞山顶之上，东至东关门，西到潮河川，南控大开岭，北依高山尖，名为营城。据史籍记载：“城周四里三百一十步，设东、北、南三门。”城墙迄今依稀可见。明代就有人写诗诵古北口：“诸城皆在山之坳，此城冠山如鸟巢。到此令人思猛士，天高万里鸣弓弰。”古北口关城墙高10米，外高内低，濒临潮河，呈三角形。整个关城依山凭险，加之潮河、长城护卫，盘龙、卧虎二山为天然屏障，可谓“虎踞龙盘”，坚如磐石，易守难攻。两山飞来的长城与关城相接，似关城的两翼，呈鲲鹏展翅欲飞之状，甚为奇特壮观。

图3-31　古北口长城

古北口战事繁多，曾经历过无数次战火洗礼。长城抗战期间，中国军队曾奋战古北口，给日本侵略者以沉重打击。

若有机会到古北口游览，不但可以观览那巍峨奇特的长城建筑，还可观瞻名胜古迹，在纪念碑和烈士墓前凭吊抗日阵亡的将士等。南山坡上的杨业祠是值得瞻仰的地方，祠堂虽不大，但知名度却很高，是全国众多的杨业祠中修建较早的一座。杨业死于北宋雍熙三年（986 年）。北宋至和二年（1055 年），宋臣刘敞出使辽国，出古北口，拜谒了杨业祠，还留下了赞扬杨业作战英勇、壮烈殉国的诗篇。可见杨业死后仅 60 余年，这里就已建有杨业祠了。可能有人会问，在宋辽南北对峙之时，古北口属于辽境，杨业又是被俘于雁门关（今山西北部）西北的朔州陈家峪，为什么要在此建祠纪念呢？据推断，杨业可能是在押送回辽途中，因绝食而死于古北口的，当地人为纪念这位令人敬仰的英雄而建立了祠堂。

今天这里已开辟为古北口旅游区。因这里是北京到承德的必经之地，京通铁路也在此设站。除长城遗迹外，这里旅游资源十分丰富，当地群众形象地概括为“七郎坟、令公庙，琉璃影壁靠大道，一步三眼井，两步三座庙”。还有震山塔、震山亭等名胜。值得一提的是，在 20 世纪 30 年代的长城抗战中，许多为国捐躯的将士就安葬在古北口的山坡上，为了纪念他们的抗战业绩，这里还建有抗战博物馆，用以宣扬先烈们的英雄事迹。

古北口，已张开它的双臂，欢迎南来北往的客人。

八 颇具特色的慕田峪长城

慕田峪长城位于北京东北隅的怀柔境内。此段长城西接北京昌平的居庸关，东连北京密云的古北口，自古以来就是拱卫北京的军事要冲，被称为“危岭雄关”。这是万里长城中又一段精华之所在，其构筑形制和军事设施有许多独特的风格和特点。

早在 1 400 多年前的北齐，就在慕田峪筑有长城。明朝初年重建，永乐二年（1404 年）建“慕田峪关”。隆庆三年（1569 年），谭伦、戚继光镇守京畿时，又在明初长城的基础上对其加以修葺。现在慕田峪所保留修复的长城，为明代所修筑，是全国明代长城遗迹中保存最好的地段之一。

慕田峪地理位置十分

图 3-32 重峦叠嶂之中的慕田峪长城

重要，在此曾发生过多起战事。其中比较著名的是明代的几次战争，明初徐达和元兵曾大战于此。据清朝光绪年间编纂的《昌平州志》记载，明嘉靖二十二年（1543 年），蒙古朵颜来袭，围慕田峪关袭杀明军守备，后被明军击退。

图 3-34　横卧在慕田峪长城城墙上的铁炮

图 3-33　慕田峪长城多建于山体外侧的陡峭崖边，城墙两边均有垛口

明中叶以后，为加强对王朝京都的防御，特从南方调来戚继光，大力修筑都城北部的长城，慕田峪长城是此期修复工程中施工最精细、造型最别致的一段。

慕田峪长城建在危崖环绕的群山之中，墙体多筑在刀削似的山峰上，昂首直上云霄，气势磅礴雄伟。这段长城在结构上也有不少独特之处，例如构筑坚固，敌楼密集。在一段起伏绵延 2 250 米的城墙上，就筑有 22 座敌楼。慕田峪长城多建在外侧陡峭的崖边，依山就势，以险制厄。墙体高七八米，墙顶宽四五米，建筑材料以花岗条石为主，雄伟坚固。在靠近敌楼附近内侧的墙体上都筑有券门，供戍卫将士上下通行。

慕田峪长城，墙顶上两边都建有矮墙垛口，可两面拒敌，外侧还挖掘有挡马坑，防御功能更加完善，这又是一大特点。我们知道，八达岭和其他地方的一些长城，只在外侧筑有垛口，内侧是 1 米多高的女儿墙。而慕田峪长城比较独特，墙顶的双侧都筑有长约 5 尺、厚 1 尺多、高 2 尺有余的垛口。由于慕田峪长城关门两侧是沿山脊升起的，随山势翻转，故有些地方较为陡险。这些地段的垛口不是开口的长方形，而是呈锯齿形状。射洞筑在垛口的下方，它不是圆形孔，而是顶部呈弧状的方形孔。险要之处还修有炮台。

慕田峪长城上还建有“支城”，这是它的又一个特色。所谓“支城”，就是在长城内外侧有高脊山梁的地方，再“节外生枝”地顺山梁修出一段长城来，长度几米到几十米不等，并在此筑有敌楼，

图 3-35　慕田峪长城的“支城”

当地人称之为“刀把楼”。为什么慕田峪长城上要修双垛口和“刀把楼”呢？这里面有个小故事：明嘉靖二十九年（1550 年）庚戌之变时，蒙古族土默特部领主俺答汗从黄榆沟绕道突入，从背后袭杀扼守在今密云古北口的明朝守军，攻破长城直逼北京城。有了这次被偷袭的教训，明代在重修慕田峪长城时，在墙顶的两侧都加修了垛口，同时还新设置了滚木礌石孔，可攻可守。而修筑“刀把楼”，可控制制高点，减少对主城的威胁。

慕田峪长城隘口所建的正关台，构筑巧妙，是一处构造新颖、独具特色的楼体。它建在两座山峰之间的低凹处，城楼占据山谷。慕田峪关的关门与八达岭、山海关、嘉峪关等处的关门形式都不相同，它由三座连在一起的空心楼台组成。它不从正中城台开门，而是让戍卫将士从两侧沿高陡的石梯左右两侧上下，犹如敌楼的形状。据记载，正关台是明永乐二年（1404 年）建筑起来的。这三座空心楼台，当中一座高大雄伟，两侧次之。三座敌楼之上各建有楼橹。正关台上三座敌楼并矗，内室相通，构成中厅、侧室之路，这种形式在整个长城建筑中甚为罕见。

慕田峪长城从正关台左侧起，随山势翻转，奔向远方。长城由山腰直伸山顶，在山顶立一敌楼后，又突然下降，翻身向下返回山腰，又骤然升起，直达海拔 940 多米的地方，绕了一个大弯，其形状酷似牛犄角，苍劲雄浑，人们称之为“牛犄角边”。这种为了控制制高点，特意舍缓求险，把长城修上山巅的杰作，实在令人惊奇。

长城从“牛犄角边”继续往前延伸，经过一个名叫箭扣的地方，这里是海拔 1 044 米的山峰，两侧陡峭如削。在修筑长城时，必须使它从山头外侧的断崖绝壁上通过，但又不能把这个制高点留在外面。怎么解决这一问题呢？使用砖石、木材显然都不行。于是，能工巧匠们用了两根大铁梁担在断崖之上，上面再垒砌砖石，这种建筑方法在整个长城修建史上极为罕见，不能不说这是古代劳动人民的智慧结晶。

在慕田峪长城东侧，长城本来是顺山势伸向东北。可是到一敌楼处突然分出约 1 000 米的地段，另辟蹊径摆向东南方向，山势尽处，突然终止，修有一个甚是坚固雄伟的敌楼。这段千余米的长城被人们称为“秃尾巴边”。这样此处就形成了三道长城汇于一楼，即“三面极目观巨龙”的景观。关于这一段“秃尾巴边”长城，还流传着一个故事：明万历十年（1582 年），宰相张居正去世以后，朝中的明争暗斗加剧，当政者任人唯亲，排斥异己，戚继光等正直官员相继被调走。后来国防吃紧，为了京师的安全，需加固增修京

图 3-35　慕田峪长城“牛犄角边”（董旭明摄）

师北面的长城。在修到慕田峪这一段时，起用了戚继光的一位老部下。他看到慕田峪的山形地势十分复杂，原长城外侧曲折起伏的山岭很多，敌人较易偷行至城墙脚下，这样就需要修一道向外纵深延长的工事作为巡视的前哨阵地。他把预算方案报到兵部，兵部官员却乘机向他索取贿款。这位刚正不阿、廉洁奉公的人，根本不吃这一套。于是兵部官员就生了害人之心。在工程完工时，他们借验收之名，诬陷这位正直的军官把长城的走向定错了。欲加之罪，何患无辞，他们罗列种种"莫须有"的罪名杀害了他。十多年后，奸相倒台，这一冤案才平反昭雪。人们特意在此敌楼内立了一块昭雪碑以记其事。据说，这块石碑一直保存了300多年，遗憾的是它在"文革"期间被砸毁。

在慕田峪长城"牛犄角边"的两侧，有段长城被称为"鹰飞倒仰"，这也是慕田峪长城一绝。这段长城墙体全部建在岩石裸露的悬崖峭壁上，坡度大都在50度左右，其中有一节接近90度，几近垂直，台阶仅有几指宽，非勇敢者不敢涉足。当地人说，即使老鹰飞到此处也要翻身仰飞才能越过。凡是游览此处的游客皆言"鹰飞倒仰"是慕田峪长城的一处"险关"。

图 3-37　慕田峪长城天险——"鹰飞倒仰"

在慕田峪长城上，还有一座名为"九眼楼"的敌楼，这座敌楼因每面都有九个箭窗而得名，极为奇特。其上有明代官员巡行时所立的石碑，碑上刻有二首七律诗。其中一首咏此楼的诗如下："天际丹梯拱帝州，高台插汉眺燕幽。风云北极凭栏动，星斗西垂倚剑流。龙啸层巅朝雨霁，虹垂大漠夕阳收。幸簪白笔巡行暇，暂向青山记胜游。”站在此楼上，四周风光一览无余。此处还有一座水关，一边建在斧劈状的悬崖上，另一边建在深沟巨壑的响水河中。这骑河而构筑的水门关，其势上看长城耸入云霄，下看关门悬于河上。其上有明万历六年（1578 年）刻石，上刻“天设金汤”四个大字，这也是游人至此的观感。

慕田峪长城还有一个特色，就是林木葱郁，景色非常优美。在人们的印象中，似乎所有的长城都修筑在荒山野岭中，殊不知慕田峪长城却处在万绿丛中，是北京十六景之一。它东连古北口，西接黄花城，在燕山崇山峻岭的层层遮掩之中，宛如黛青色群山中的一条项链。这里植被好，果木多，春华秋实，风景秀丽，富有高山园林的意境。春、夏、秋、冬四季皆有美景可以观赏。春天栗花金黄，桃红李白，群芳争艳；夏天漫山碧绿，郁郁葱葱，树影婆娑，清凉宜人；秋天红叶遍山，核桃、板栗、梨子等悬挂枝头，硕果累累；冬天白雪皑皑，银装素裹，松柏挺拔，傲雪凌霜。其中最为迷人的是秋天，各种颜色的树，把山峦装扮得五彩缤纷。雄伟的长城，飞舞腾翔于山脊之上，使景色更加瑰丽多姿。慕田峪已成为继八达岭之后新的长城旅游区。

图 3-38 冬天的慕田峪长城

图 3-39　世界文化遗产——八达岭长城

九 北门锁钥——八达岭长城

八达岭长城位于北京西北60公里延庆境内燕山沉降带西端，是居庸关的重要屏障。这里山高谷深，地势险要，历来为兵家必争之地。16世纪初，明王朝为抵御北方少数民族的侵扰，保卫京师，在旧长城遗址上修筑新的长城，这使八达岭长城和关城墙高城固，气势磅礴，如同一把铁锁扼住了京北要冲。长城建筑在海拔600~1 000米的山脊之上。其名称一说是“把鞑岭”，即防御鞑靼之意；另一说这里四通八达，南通北京，北去延庆，西往宣化、大同等，故名八达岭，人们多取这个名称。

八达岭一带历来为兵家必争之地。战国时期此地已构筑了长城防御工事，迄今仍有墙垣、墩台等遗迹可寻。汉朝时，这里设置军都和居庸两座关城，居庸关就在今八达岭关附近。北魏建造的“畿上塞围”长城，西至黄河，东至上谷军都山，即今八达岭。

今天我们见到的八达岭长城，均系明朝所建，属蓟镇居庸关体系，是扼守京北的咽喉要道，闻名遐迩。

在八达岭岭口的关城西关门门额上方，题有“北门锁钥”四个大字。何谓“北门锁钥”？这要考察一下八达岭地区的地形，追溯一下历史。从北京的南口起至八达岭，有一条两旁翠嶂如屏的山沟，

图 3-40　曲折连绵的八达岭长城

长达 20 公里，俗称关沟。八达岭是关沟的第四重关，也是居庸关之北口，故从元代起就被称为“北口”，地势极为险要。古人云：“居庸之险不在关，而在八达岭。”罗哲文先生登临八达岭长城时曾咏叹道：“千峰叠翠拥居庸，山北山南处处峰。锁钥北门天设险，壮哉峻岭走长龙。”

八达岭岭口的这座小关城，其形状呈东窄西宽的梯形，建于明弘治十八年（1505年）。其瓮城面积约5 000平方米，东西各建有一座关门。东关门刻有“居庸外镇”，为明嘉靖十八年（1539年）所建。西关门为明万历十年（1582年）所建。东西关门相距63.9米，整个瓮城及东西关门均为砖石结构。关城墙体高深厚重，十分坚固，给人以坚不可摧之感。如果说居庸关是古代北京的门户，那八达岭就像一把牢固结实的大铁锁，八达岭一旦失守，居庸关也就门户洞开了。

八达岭长城从“北门锁钥”城楼左右两侧，分别向南北两个方向，随着山脊的高低起伏，曲折连绵地向远处延伸。因为在明代，此处为京师之西北门户，所以盘桓起伏于群山峻岭之间的八达岭长城是万里长城中最雄伟的地段之一。这里层峦叠翠、山势巍峨，长城依山势蜿蜒起伏，宛如苍龙凌空。清代诗人沈用济在《登八达岭》的诗中这样写道：“策马出居庸，盘回上碧峰。坐窥京邑尽，行绕塞垣重……”这里写出了八达岭群山的苍茫和长城的磅礴气势。

八达岭长城的城墙，依山而筑，高低不一，宽窄不同，平均高7.8米，墙基宽约6.5米，墙顶平均宽5.8米，城面可容纳5匹马并骑或10人并进。在山势陡峭的地方，城墙顶上筑成梯形，称作“梯道”。八达岭长城上的梯道，从两山直泻峡谷，势如游龙啸天，长达千米，

图3-41　八达岭长城的山体墙

图 3-42 八达岭长城宽敞的墙顶

蔚为壮观。八达岭这段长城，在明长城中很有代表性，其工程技术已经达到了较高的水平。由于这段城墙大都在高山深谷之中，修筑城墙就需要随着复杂的地形采用不同的方法。如在山脊峰巅之上，就以此为基础，外砌石块；在深谷之下则利用地形的陡坎和崖岸修筑。总之，要巧妙合理地利用地形，进行匠心独运的设计和布局。八达岭长城南段修在高山的顶峰处，只修了顶上和底下墙，中间就干脆利用自然的“立崖”当墙了。这样既省工省力，又节约用料，而且墙体顶部平坦易登，易守难攻，便于士兵通行和兵力增援。

在八达岭蜿蜒曲折的长城中，有一段在一座悬崖峭壁的山巅戛然而止。因为这里人们是很难逾越的，所以未修筑长城墙体，而是以此处的绝壁来替代长城。在这绝壁之下，长城又接山险墙修筑延伸，呈现出“二龙锁山”的奇观壮景。

在八达岭长城上，每隔一段距离就有一个敌台。敌台形制有两种，一种是平台，一种是两层台。敌台是空心的，里面可宿住哨兵、遮蔽风雨、储存兵器等。台与台之间相距不等。建什么样的台子以

及台子之间的距离，均视该段地势的险峻程度而定。如南段长城的第三楼是平台，因为这段墙下地势险峻，易守难攻。而北段长城的8个敌台都是两层，原因是墙下比较开阔平坦，便于敌骑驰骋，所以要特别加强防守。两层敌台的长、宽、高各为10米，呈方形，砖石结构，台上四面垛口，均可御敌。另外，在八达岭长城上西望，还会看到许多用土石筑起的烽火台，它们像一个个坚固的堡垒，和长城遥相呼应，相映生辉。

在八达岭“居庸外镇”关城下的南侧，有一长7米、高2米的巨大石块，上刻“望京石”三字。每当晴空万里之日，伫立石上，透过关沟可望见北京城。相传1900年八国联军攻占北京，慈禧太后携光绪皇帝仓皇西逃路过此处时，曾站在石头上极目遥望紫禁城，伫立良久，不愿离去，因为这一去不知何日才能返京，悲凉之情油然而生，“望京石”因此得名。

在八达岭长城入口处的南侧，陈列着几门明代铸造的大炮，其中最大的一门叫“神威大将军”。炮筒长2.85米，周长1.05米，1638年铸造。另外还有4门牛腿小炮和235枚炮弹，都是1957年修整长城时出土的，这在明代算是先进武器了。为了让人们全面了解我国长城的历史和全貌，在八达岭关城西门外滚天沟南侧的

半坡上，还修建了长城博物馆。通过大量的实物、图片、文字、电影、电视专题片等，向人们展示我国长城的历史风貌。若游览八达岭长城，莫忘到此观览一番。

图 3-43　八达岭长城陈列的神威大将军炮和牛腿小炮

登上八达岭长城的最高点，俯瞰脚下的长城，它犹如一条巨龙盘桓于燕山的群峰之中，翻山越岭奔向远方。辽阔的大地，巍峨的山峦，与长城这举世无双的浩大工程完美地融合在一起，是如此雄伟壮丽，气势非凡！如今，八达岭长城已成为国内外人士游览之胜地。

图 3-44　八达岭长城秋景

十 关外有关——千峰叠翠的居庸关

从八达岭长城往南，沿著名的关沟直下约5公里的中间地带，就是明万里长城最负盛名的雄关之一——居庸关。

居庸关自古就是今北京地区西北的屏障。如果说八达岭是从西北进入北京的第一道门户的话，那么居庸关就是第二道门户。居庸关两侧高山耸立，翠峰重叠，峭壁陡不可攀。中间一径相通，地势十分险要。“天下九塞，居庸其一”，因这里扼控着南下北京的通道，决定了它在军事上的重要性，古代军事家称其为“控扼南北之古今巨防”。唐代边塞诗人高適，在描述居庸关路险关雄时写的“绝坡水连下，群峰云共高”，充分道出了居庸关的雄奇险要。居庸关在漫长的岁月中，虽始终是兵防重镇，却屡易其名，三国时称“西关”，北齐时改“纳款关”，唐时又先称“蓟门关”后改为“军都关”，自辽至今一直称“居庸关”。

秦时，虽然秦始皇所修长城不经过这里，但此地已是秦军都县和居庸县的关口。据元代人记载，秦始皇修长城时，曾徙居庸徒于此，“庸”就是强征来的民夫士卒。到北魏太平真君七年（446年），这里才开始有了长城。北齐政权所修的长城也曾经过这里。此时，居庸关才真正成为长城线上的一个重要隘口。明朝建立之初，就于洪武三年（1370年）派开国元勋徐达修筑了居庸关关城。关城“跨两山，周一十三里，高四丈二尺”。城建立之后，在此置守御千户所，永乐三年（1405年）又升为卫，统领五个千户所。明景泰元年（1450年）土木之变以后，还对居庸关进行了一次较大

图 3-45 居庸关关楼及伸延两侧的长城

图 3-46 耸立在居庸关南山的长城敌楼

的修缮。今居庸关尚存的南门门额所嵌“居庸关”石匾上就有“景泰伍年捌月吉日立”的题记。

关城两侧的长城城墙，紧接关城向两翼山上延伸，其形如大鹏展翅。城墙随山势地形而筑，在山巅平缓处的垛口为“凹”字形，墙筑在陡峭山坡上，垛口为台阶式，呈现锯齿状。关城设南北二门，街长二里余，南门筑有瓮城，今已修复一新，垛口、射洞齐备，咽喉通道穿入南北门，具有“一夫当关，万夫莫开”之险。它与明长城的倒马关和紫荆关合称“内三关”。明成祖朱棣称居庸关“路险而窄，北京之襟喉也。百人守之，万人莫窥”。居庸关之固由此可见一斑。

居庸关是经受战火洗礼较多的一座关隘，这里曾发生过几场决定朝廷命运的战争。北宋宣和四年（1122 年）金灭辽，就是先攻取的居庸关，而后挥师南进，直取辽都燕京（今北京）的。金朝后期，蒙古族军队也多次攻陷居庸关。

在这“断崖万仞如削铁，鸟飞不度苔石裂”的居庸关前，还曾留下“一代天骄”成吉思汗的足迹。金大安三年（1211 年），成吉思汗在野狐岭击溃金兵 40 万后，乘胜追击，派前锋将领哲别

去夺取居庸关。哲别见居庸关山路崎岖，守备完善，不能轻易攻占，于是定下妙计，猛攻一阵之后即下令撤退，引金兵出关后再派兵伺机抢占关城。金兵守将果然认为哲别势单兵弱，胆怯退却，便出兵追击，中途遇到埋伏，大败折回。金兵回到关前，发现关城上已插上敌方旗帜，才知中计，顿时一片混乱，溃不成军。哲别占领了居庸关，即迎接成吉思汗入关城驻扎。接着，成吉思汗进攻金中都（今北京城西南隅），洗劫一番后又退回漠北草原。

明灭元，也是先攻下居庸关，而后长驱直入，一举攻占元大都（今北京）的。后来，李自成的农民起义军也是先攻取居庸关，而后进入北京城，推翻了明王朝。

在历史上，居庸关虽屡经炮火，但更多的时候，这里是一派和平景象。1971 年，在内蒙古自治区和林格尔县发现的一座东汉墓中，有一幅《使君从繁阳迁度关时》的壁画，生动地描绘了当时居庸关车马往来的繁荣景象。这幅珍贵的壁画足以说明，居庸关在 2 000 余年前，就已是沟通长城内外的门户了。

居庸关一带在历史上还以景色优美而著称。这里遍植苍松翠柏，崇岗叠嶂，碧波翠浪。因此，早在 800 多年前的金章宗（完颜璟）时期，此处就被钦定为燕京八景之一，名为“居庸叠翠”。清乾隆皇帝曾亲笔写下“居庸叠翠”四字。从金代至明清的 700 余年间，燕京八景的第一胜景就是居庸叠翠。

最后需要提及的是居庸关云台。云台位于居庸关城的中心，为一过街塔基座，用汉白玉砌成，建于元至正五年（1345 年）。台上原矗立三座石质塔，俗称“过街塔”。塔在元末明初时先后被毁。明正统四年（1439 年），在台上重修寺院，名泰

图 3-47　居庸关云台

安寺。寺又于清康熙四十一年（1702 年）被焚毁。现存塔基高 9.5 米，下基东西长 26.84 米，南北长 17.57 米。台顶四周有雕刻精美的石护栏及排水龙头。台座正中间南北各开一券门，券洞为八边折角式拱券，这是我国目前仅存的宋、元以前城关门洞的一种建筑形式。券面及券洞内雕有迦楼罗（金翅鸟）、大龙神、卷叶花等。券洞内左右两壁刻有藏传佛教的图像，如四大天王像，以大鹏、鲸鱼等六种形象组成的法相装饰“六拏具”等。四大天王像之间布满了用梵、藏、八思巴、维吾尔、汉、西夏六种文字刻写的佛经，还刻有《造塔功德记》。这是我国元代各族人民文化交流的实物例证，也是研究我国古代民族文字的重要资料。券洞顶部刻有若干小佛像，还有各种花草图案。其刻工之精巧，使其成为现存稀有而珍贵的元代雕刻艺术杰作。

图 3-48 居庸关云台保存的精美雕刻，具有很高的艺术和科研价值

居庸关所在的关沟，还有杨六郎拴马桩、五郎像、穆桂英点将台等名胜，号称七十二景。因居庸关位于从北京去往八达岭的途中，又是一处名胜古迹，所以每天有众多的观光者在此游览。

十一　历代塞上长城重镇张家口

张家口位于河北省北部，为北京西北地区的军事屏障，也是长城的主要关隘之一。其地理位置十分重要，自古为边塞的门户。张家口地区的长城纵横交错，分布全境。从历史的纵线考察，有战国、秦、南北朝和明的长城。这一地区的长城军事防线严密，堡塞重重，墩台相望，是研究我国古代长城军事布防、军事机构和战略防御最直观的实体。

根据历史文献记载和考古调查可知，战国时张家口地区为赵国之地。赵武灵王修筑长城，“自代并阴山下，至高阙为塞”。这里的“代”就在今张家口盆地一带。这里不仅为防胡前线，而且是拓边基地。燕国为赶走东胡族修筑长城，西起“造阳”，东达“襄平”（今辽宁辽阳）。“造阳”也在今张家口一带。北魏为防备柔然攻入，于423年修筑长城，北齐天保七年（556年）所筑的长城也经过这里。明代重修长城，设九边重镇，其中的宣府镇就设在张家口地区的宣化。由此可见，历代政府对在张家口修筑长城是十分重视的，主要是因为此地的地理位置非常重要。对此，古人曾赋诗“欲把舆图求胜概，张城第一塞垣冲”感怀，这是对张家口长城要塞的形象描绘。

在张家口地区，长城主要有南部、中部和北部三道防线。南部长城在怀来、涿鹿、蔚县一带，沿北京西山山脉和小五台山西麓而建。南部长城主要是燕、赵长城，也有一段明长城。中部长城较为复杂，为秦、北魏、北齐和明四个朝代修筑，主要利用阴山、燕山余脉和东北部大马群山的山岭要塞、沟谷孔道而建，基本沿东西方向横贯全境。中部长城主要是明朝在上述几个朝代修建长城的基础上修缮利用而成的。北部长城是指金代界壕。明代长城距今时间较近，遗迹较为清晰，城墙大多用砖包，亦有石砌，不仅城墙上敌楼林立，而且长城内外还筑有许多烽火台和城堡，比较重要的有马市口、洗马林、万全堡、独石口、滴水崖等处，形成了一条严密的军事防线。

张家口市内的明长城，约有 35 公里，从口里东窑子蜿蜒而去，直至坝底村。这段长城是明成化二十一年（1485 年），在北魏、北齐长城的基础上修筑的，横跨两山对峙的东、西太平山。长城北侧群山叠嶂，峡谷直通坝上，得天独厚的险要地形，使之成为保护京畿地区的咽喉要地和屏障。

这段长城的重要关口叫大镜口，是明长城的一个著名关隘。清代顺治年间，在大境口开豁建门，名曰“大镜门”。它以条石为基础，砖砌拱门，门墙高 12 米、底长 13 米、宽 9 米，券洞外侧高 5.4 米、宽 6 米，内侧高 9.5 米、宽 6.8 米，大门为木制，外包铁皮。城门上部设有平台、女墙、雉堞、垛口。门的西侧设有通道，可直通山顶。门楣上镶嵌察哈尔省都统高维岳于 1927 年所题的“大好河山”四个颜体大字，笔力雄浑，苍劲有力，颇有气势。大镜门屡经修缮。两侧沿着巍峨山势起伏的长城，像两只巨大的臂膀时刻欢迎着八方来客。

在大镜门外，有座来远堡。关于来远堡的修建过程，有一个历史故事：明万历四十一年（1613 年），宣府巡抚汪道亨视察边塞，见张家口两侧两山对峙，但中间缺口处，一边是河流，一边是坦途，不禁惊叹：“上谷延袤千三百里，未有若此山之扼要而雄峙也！”但这天设之险的地方，防务却不够严密。山南仅西面筑有长城，河流东畔坦道没有设防线。“山川之险，险与虏共他；垣堑之险，险为我专也。”于是他决定在此修筑城堡。堡方二里十三步，堡墙长一百零四丈四尺，墙高三丈，上加五尺女墙。因堡东临水，则筑堤建闸，以防“河流漫涣”。环堡四隅，各建一座戍楼，以供警戒瞭望。城堡建成后，汪道亨为炫耀“皇灵远荡，声教远敷”，外族“至此如归”，将堡命名为“来远”。来远堡与稍靠南边的张家口堡仅隔数里，二堡相望，互为依托，像两把锁头牢牢地控制着京师北门。

过大镜门后，卧云山横亘东西，形成一道天然列障。在卧云山长城里侧，山脚之下依山傍水处建有风景秀丽的水母宫。水母宫建于清乾隆四十七年（1782 年），迄今已有 200 多年的历史。它四周榆柳环合，松青柏翠，草木繁茂，山色秀丽宜人。山脚下有洞，内奔涌清泉，其水清澈甘美。相传东大厅为冯公馆，冯玉祥将军曾在此避暑，西大厅为吉鸿昌将军住所。春夏之际，这里绿荫如盖，繁花似锦，馨馥四溢，令游人流连忘返。

在张家口西南的云泉山上，有一座明代洪武年间兴建的云泉寺。寺内的宫殿楼阁依山建筑，像梯子一样一步一步地向上修筑。岩下有风洞、冰洞。风洞中有和风自然吹出，冰洞终年汩汩涌流，无论何时终不干涸，真是一大天然奇景。

张家口地理位置重要，历来是兵家必争之地。远的且不说，仅从辽金时期开始，这里的战事就连续不断。辽末，金人自东北起兵，辽的军事防御重点被迫退居燕京。当金人占领东北和大漠以南的大片土地后，便着手攻打燕京。1122 年 8 月，金太祖完颜阿骨打自蒙古高原到达今张家口地区的坝上地带，进攻燕京。蒙古族从草原上起家以后，也把燕京作为攻取的目标。1213 年，元兵开始大举进攻长城沿线，由张家口一带直趋德兴府（今涿鹿），遂破之，最后攻取燕京。

明朝建立之后，蒙古族被迫退居北方草原一带。明太祖朱元璋在位时，将北方广大地区统一在明政权之下。明成祖朱棣为减轻边患，又将都城由南京迁至北京，并在长城以北蒙古部落集中的地区设立 20 多处卫所。宣府（今宣化）、张家口一线，成为防御蒙古族侵扰的重要据点。有明一代，这里战事不绝，明成祖朱棣夺位后，曾五次亲征鞑靼，皆经过该地区。

明英宗正统十四年（1449 年），瓦剌部兵分三路来攻明京师，其中一路攻宣府、张家口，瓦剌首领也先亲率大军前来。英宗不明军情，率军数十万出宣府、张家口迎战。瓦剌兵力强大，明军被迫还师。也先尾随而至，追到今怀来西侧的土木堡，地寒无水，明军被困，也先俘英宗而去。这就是历史上有名的“土木之变”。

瓦剌军获英宗以后，挟帝相要，也先率兵经大同、张家口、宣府一线，最后兵临北京城下。于谦率全城军民死战以守，蒙古兵进攻德胜门、西直门均遭猛烈还击。也先只好挟英宗北去，这就是著名的于谦保卫北京之战。

从以上的几例战事来看，北京和张家口有着唇亡齿寒的关系。张家口地区的战争胜负，往往关系到一个朝代的兴衰。

1933 年春，日本侵略者占领山海关以西、河北东北部长城各隘口及滦东以后，又分兵侵入察东和冀东，华北形势异常危急。为了抵抗日本侵略者，察哈尔抗日同盟军在张家口成立，冯玉祥出任总司令，吉鸿昌担任前敌总指挥。他们的抗战行为，给全国抗日军民以极大的鼓舞。今天冯玉祥的小图书馆——爱吾庐，设在张家口新村，吉鸿昌纪念馆修筑在水母宫。游人至此瞻仰游览，更具有教育意义。

十二　“内三关”上的紫荆关和倒马关

这里首先要说明的是，明长城自东边蜿蜒而来，到八达岭东侧分为两条。一条向西北经张家口，至大同方向，称为外长城。一条向西南经居庸关，沿河城、河北易县去往阜平方向，称为内长城。紫荆关在河北易县西北面的紫荆岭上，是内长城的重要隘口之一。因其崖壁峭直，状如列屏，又称蒲阴陉，列为“太行八陉”的第七陉。紫荆关古称子庄关，东汉时改名五阮关，宋时改名金陂关。后因山上多紫荆树而改名紫荆关，金、元、明以来一直沿用此称。明代把居庸、紫荆、倒马三关合称为“内三关”。居庸关前已述及，此不赘述，以下重点介绍紫荆关和倒马关。

图 3-49　河北易县紫荆关长城

紫荆关原有 4 座城门，以南北二门为交通要道。北门有“紫荆关”“河山带砺”匾额，南门有“紫塞金城”匾额，皆为明万历年间书刻。关城东、西、南三侧墙外有墙，北墙下临拒马河。关城依山傍水，建于山谷崎岖地带，易于防守，是河北平原进入太行山的要口之一。因距京师较近，明代戚继光曾在此练兵。明代冯惟敏在《紫荆关阅武》的诗中这样写道：“万年天险辟鸿蒙，不数崤函百二雄。敕使观兵中执法，守臣分辅右扶风。从来肘腋三关重，此去华夷一路通……”这里形象地描绘了紫荆关天然屏障的险峻天成。

紫荆关自古为雄关。东汉建武二十年（44 年）九十月间，汉朝北部边境遭到乌桓、匈奴与鲜卑等族联合攻击，大将马援自请率兵出击，光武帝乃令其部署兵马，修筑堡塞。经过一番积极准备，马援于次年八月率 3 000 骑兵出五阮关（即紫荆关），袭击乌桓。乌桓兵败逃遁，马援追赶斩杀百余人，大胜而归。

金代，蒙古将领木华黎奉成吉思汗之命进攻南方，调兵遣将向太原方向进发，其部下将领明安，率侧翼部队直奔紫荆关。金政府命张柔代理元帅府事，率军迎战。金军在紫荆关与蒙古军相遇，展开大战。金军中的马蹶被捉，投降了蒙古军，最后金军因相互倾轧而败北。

明正统十四年（1449 年），瓦剌军也先率军进犯北京时，也曾攻打过紫荆关。也先在河北土木堡俘虏了英宗皇帝，因此挟英宗威胁明廷，但明代宗朱祁钰继位，遥尊英宗为太上皇，挫败了也先的阴谋。正当此时，明朝叛变的太监喜宁向也先献计，说现在紫荆关一带守备空虚，不如假装奉上皇还京，令守吏开关相迎，乘势入关，直逼京城。也先采纳了喜宁的建议，拥着上皇率兵向紫荆关进发，途中打败了明军，并杀死通政使谢泽。当瓦剌军抵达紫荆关下时，也先假传上皇谕旨，命守备都御史孙祥、都指挥韩青接驾。孙、韩二人不知是计，只率 1 000 骑兵出关接驾，遭也先部队包围。孙、韩二人强行突围不成，自刎而亡，明军大败。也先遂率兵入关，直抵北京城下，遭到于谦的顽强抵抗，兵败北归。

紫荆关东面的永宁山下，是闻名中外的清西陵景区。这里埋葬着雍正、嘉庆、道光和光绪4位皇帝以及他们的后妃、皇子、公主等共76人。陵园内红墙澄瓦、石阶玉廊，整个陵区庄严华贵，气势恢宏。除此之外，清西陵还有十大美景，诸如“易水寒流”“奇峰落照”“华盖烟岚”“伏山捧日”等，或雄浑壮观，或秀媚多姿。

紫荆关南面有狼牙山，著名的“狼牙山五壮士”的故事就发生在这里。1941年秋，日寇3 000余人向这里进犯。我军主力部队转移到外线作战，只留下少数部队在狼牙山一带坚持战斗，牵制敌人。经过激烈战斗，只剩下马宝玉、葛振林、胡德林、胡福才、宋学义5人。在敌众我寡的情况下，他们仍然坚守阵地，多次击退敌人的进攻，最后弹尽路绝，他们宁死不屈，一起纵身跳下悬崖。马宝玉等3人壮烈牺牲，葛振林和宋学义负重伤脱险。1942年4月，晋察冀军民为纪念五壮士的英勇事迹，在狼牙山上建立了烈士塔。

长城“内三关”之一的倒马关，又名常山关、鸿上关。据《畿辅通志》记载，倒马关在河北唐县西北约60公里处，因山路险峻，马为之倒，故而得名。倒马关位于太行山东麓，北临内长城，背靠唐河，东南为险要的十八盘岭。自古以来，倒马关就为战略要冲。据《后汉书》记载，东汉建武十五年（39年），东汉政府迁徙雁门、代郡、上谷三郡居民于常山关（即倒马关）、居庸关以东地方居住，以防止匈奴的侵扰，由此可见倒马关的屏障作用。

倒马关处于一条古老的通道上，这条道称为灵丘道。《魏书·高祖纪》记载，北魏太和六年（482年）曾调集州郡5万人修治灵丘道。灵丘道北起平城（今山西大同），南越恒山，自灵丘以下，略循今唐河谷道出太行山，南抵中山（今河北定州），是当时山西高原北部通向华北平原的交通要道。倒马关就是这条道路上的重要关隘。

明朝马中锡在《倒马关诗并序》中说：“关有两山对峙，其路极险，相传杨六郎到此马踣，故名。”后人为纪念杨延昭（六郎）镇守三关的功绩，于明正德十五年（1520年），在倒马关城西3公里的马圈山上修建了“六郎碑”。碑通体高1.8米，宽0.6米，为汉白玉雕琢而成，碑额抹角及两边雕云纹花边图案，碑文为“宋将杨六郎拒守之处”。杨延昭是并州（今山西太原）人，宋真宗时为保州（今河北保定）缘边都巡检使，后因与辽兵作战有功升为保州防御使。杨延昭在边防镇守20余年，辽兵甚为畏惧，千百年来，许多文人学士到倒马关凭吊杨六郎，称颂吟怀杨六郎威镇边关的不朽业绩。

图 3-50　倒马关关城遗址

第四章
高原脊梁
——晋陕宁长城

在我国长达几千年的封建社会中，在今西安、洛阳两地建都的朝代较多。所以，为了中原王朝的安全，从战国至明代，在晋陕北部及宁夏回族自治区境内修筑长城，延续时间较长，而且数量很大。尽管封建社会后期，我国的政治中心转移，但晋陕宁北部仍然处于北方游牧民族和中原农业民族的交界线上，长城往往是北方游牧民族南下的首攻之地，因而也就成为中原王朝重兵设防的前线。如明代在长城沿线共设立了9个军事重镇，陕甘宁地区就占了5个，它们分别是大同镇、太原镇（又称山西镇）、榆林镇（又称延绥镇）、宁夏镇和固原镇。如欲游览长城，晋陕宁地区众多的长城遗迹是不能不看的。

一 从雁北山地到河套西部

长城自冀西山地爬上黄土高原后，就进入了山西。从战国至明代，在2 000多年的时间里，许多朝代都先后在山西境内修筑了长城，长城长度超过3 500公里。现在有遗迹可辨的尚有1 500余公里。这里的长城可谓纵横交错，卫所关台相望。我们打开山西地图，可以看到长城从西到东，从北向南几乎贯穿山西全境。东西有“外长城”“内长城”两条。最早的长城是战国时期赵国赵肃侯时

图4-1 晋北地域的长城，纵横交错

所修的“赵北长城”，长约350公里。南部尚有战国时期一段魏国的长城。西汉武帝时期曾在当时的平舒（今广灵）一带修筑长城，东汉初年也在今阳高、左云、右玉等地修筑了150余公里亭障，至今烽台密布，遗迹仍存。北魏在修筑北部长城之外，又修筑了畿上塞围，东西南北走向的长城计有800余公里。东魏高欢又征调5万民夫于肆州（今山西忻州）北山筑70余公里长城。北齐几次大规模在山西境内修筑长城，纵横长达1 500余公里。其后隋唐时代亦在山西修筑长城。尤其是明代，为防止北部蒙古诸部势力的南侵，开始大规模地修筑长城。明代在长城沿线共设9个军镇，山西就有大同、太原2个。大同镇辖长城500公里，所属卫8、所7、堡583；太原镇辖长城750公里，有关3、堡39、口19，迄今“雄关存旧迹，形胜壮山河”。综上所述，山西境内的长城可谓纵横交错，堡台林立，关口相望，是万里长城中精华部分之一。

图4-2　山西右玉境内的明长城与敦台

晋北长城横贯山西北部，长城最东端与河北怀安相交，进入山西境内以后，从东到西依次经过今天镇、阳高、左云、右玉、平鲁、偏关等地。天镇境内长城长50余公里，因多修筑在崇山峻岭之上，沿山脊跨崖跃谷，修筑简单，故现多已坍塌成堆，砖砌敌楼也不复存在，仅剩有黄土夯筑的61座墩台。不过从这些遗迹中我们可以想象这里昔日城墙绵延、敌台关塞林立的壮丽景观。与天镇相连的阳高，为明朝军事活动较频繁的地区之一，因此作为防御体系的长城也修得十分坚固。元朝时，阳高称白登，明为阳和卫。据《明史·地理志》记载，“洪武初，县废。二十六年二月置卫。宣德

图 4-3 空中俯瞰晋西北明长城

元年徙高山卫来同治”，属山西行都指挥使司。据《明史·地理志》载，阳高曾发生过诸多战事。例如，土木之变时这里发生过激战。在明代的正德、嘉靖、万历年间，这里都曾发生过规模较大的战事。明朝较为重视这里的防守。明隆庆四年（1570 年），宣大山西总督由宣化移驻阳和，总督成为常设的地方官，是宣府、大同、山西三镇的最高军事长官。由此可见，阳高曾是以上三镇的指挥中心。据《阳高县志》记载，“明洪武三十一年废白登，命中山王徐达筑阳和城。周九里三十步，高三丈五尺，壕深三丈”，后又经历年增修，阳和城成为重镇。作为当时指挥中心的驻地，阳和城城墙的设计十分严谨，布局也非常合理。1980年，阳高城内西北隅城墙附近，出土了一尊重500余斤的大铁炮，炮身铸有铭文“崇祯戊寅岁仲夏吉旦捐助建造”的字样，还有兵部侍郎、宣大总督卢象升等将领的名字，足见阳高城重要的历史地位。

山西境内的明长城，向西先后经晋北重镇大同、杀虎口、偏关等主要地段。南北向的长城从北向南先后经宁武关、雁门关、平型关、娘子关等主要关隘，从偏关向西进入陕西。

图 4-4 毛乌素沙地中一段段被黄沙掩埋的长城

陕西北部的明长城，呈“V”字形分布，走向主要沿陕西和内蒙古自治区的自然边界。从东北和山西交界的偏关、河曲起，一直向西南方向，经府谷、神木、榆林、横山、靖边，然后再折向西北方向，经吴起、定边等地。因古时这里和蒙古族居住地接壤，属前沿阵地，故位置十分重要。明长城沿线9个军事重镇之一的榆林镇就设在此，榆林北濒我国著名的毛乌素沙地南沿，位于明万里长城的中段，历史上素为边陲重地。

府谷位于陕西东北部，其北部为黄土高原，东北部与毛乌素沙地接壤，长城横贯其间，长约70公里。遗憾的是，遗迹保存完好者少，损坏坍塌者众。在麻镇向西南蜿蜒至杨家峁，尚有一段保存较好的长城。城墙只有几处沟壑被雨水冲毁，高 3~4 米，最高的地方可达 6 米，墙间的夯土墩台亦较好，城墙里侧还有三座墩台各据制高点。

长城入神木境后，在秦家燕湾一带存有一段较好的夯土城墙。在水头沟有一座较好的砖砌空心敌楼，当地人称为“花楼”。

长城由神木进入九边重镇之一的榆林，榆林是明长城防务的重点，这里的长城较为坚固。

长城继续向西南方向延伸，先后经横山、靖边和吴起，靖边境内所辖长城就有 60 多公里。在吴起境内长城开始转向西北方向。两者构成一个夹角。在长城沿线的靖边红墩界镇白城则村，有统万

图 4-5 矗立在大漠中的统万城遗址

城遗址。据《魏书·铁弗刘虎传》记载，匈奴贵族赫连勃勃建立大夏国，定都于统万城，昌武元年（418 年），征发岭北胡汉各族人民 10 万人筑此都城。这里现在是沙漠地带，但也曾山清水秀，草泽丰美。《魏书·世祖太武帝纪》中记载，北魏太武帝始光四年（427 年）西伐赫连昌，攻克统万城，俘获宫人以万数，马三十余万匹，牛羊数千万头。如果统万城当时是一片荒漠的话，那么这么多人、马、牛、羊是无法生存的。统万城主要是用白胶泥和石灰修筑，加上细黄土一层层用夯砸实，因此十分坚固。虽然 1 000 多年过去了，但西南角楼台基的高度仍有 30 余米，傲立于荒漠之中，数十里之外便可望见。可见当时的筑墙技术已相当成熟。

图 4-6 统万城残墙

定边所辖明长城，位于陕西西北部，西与宁夏回族自治区相接。多年以来，北部内蒙古自治区毛乌素沙地南移，长城多处于风沙之地。只有在定边境内唐凹村至马圈梁这一段，因是黄土地貌，故保存较好。长城居高梁之上，墩台罗列连成一线，夯土墙体现存高度达 4~6 米，十分壮观。在唐凹村有一块红沙石碑，为明朝修边时的记功碑。其他地方尚可找到城堡的遗迹，有些在残破的石券门上尚

有刻石可辨认。

另外，今西安是我国的十三朝古都，因此自春秋战国以后，许多朝代都在陕北及西安东北部一带修过长城。因年代久远，长城的墙体多已不复存在，只有战国时期秦国、魏国和秦汉时期的长城遗迹尚有少存。

宁夏回族自治区东跨黄土高原，西至河套平原西部，地理位置十分重要。自古以来，这里就是祖国西北部的前哨阵地，素有“关中屏障，河陇咽喉”之称。战国时期以及秦、汉、隋、明几个朝代，都在此修筑过长城。明代在北部边境长城沿线设的9个军事重镇，其中宁夏、固原两镇都在今宁夏回族自治区境内，足见当权者对此地的重视程度。宁夏回族自治区境内的长城，总长度达数千公里。前些年国家利用遥感对明长城进行调查，结果表明，仅是宁夏回族自治区境内的明长城就有1 507公里，实存墙体500公里，营堡282座，墩台1 065座。作为中国长城的重要组成部分，这是一笔珍贵的历史文化遗产。

图4-7　盘踞在晋陕黄河大峡谷两岸的古城堡要塞

二 晋北军事要塞——大同古长城

大同是长城线上的军事重镇，明大同镇治所置此。它地处晋、冀、内蒙古的交通要冲，位于内蒙古高原通往明京师的咽喉要道上。顾祖禹在《读史方舆纪要》中叙述大同的地理形势时称：“东连上谷，南达并、恒，西界黄河，北控沙漠，居边隅之要塞，为京师之藩屏。”此地居于内外长城之间，境内山峦起伏，地势险要，历代为兵家所争，地理位置十分重要。

大同在春秋战国时期，为我国古代北方少数民族楼烦所据。战国初年，此处已发展成为军事重镇，先后隶属于代郡和雁门郡，赵武灵王变法图强开拓疆域后归赵国。赵国曾派大将李牧驻守此处防御匈奴，并修建了长城及众多的烽燧。秦始皇统一中国后，在这里继设雁门郡。秦始皇将北部长城连为一体，在大同西河谷处修建

图 4-8 大同明长城及烽燧遗址

武周塞，作为北部的防守重镇，始设平城于此，是为大同建城之始。西汉初年，汉高祖刘邦北击匈奴至平城，在附近的白登被围，史称“白登之围”。汉武帝发动对匈奴的反击，也多在此地征战。北魏兴起后，天兴元年（398 年），鲜卑族首领拓跋珪将国都从盛乐（今内蒙古自治区和林格尔）迁到平城。平城作为北魏政权的都城达 96 年之久。魏都由宫城、外城和廓城三部分组成，城内有坊、里、市等布局。皇宫建于城东北，还有太庙、御花园等。民宅、手工业区、商业区集中于城南。这里汇集各地百姓，商贾游移其间，佛教盛行，一时成为北方政治、经济、文化和军事中心，极为兴盛繁荣。北魏政权为保卫首都平城的安全，曾在都城南北建筑“畿上塞围”。后唐将其置为前哨阵地，辽金相继把此地定为西京，继续营建。明朝建立后，元顺帝北逃“上都”（今内蒙古自治区锡林郭勒），但时时觊觎中原，大同是其南下的必经之地。明洪武二年（1369 年），为防止北元势力南下，政府开始大规模修筑北部长城，并在此设置大同镇。明洪武五年（1372 年），大将军徐达奉命率军民增建大同城，使其更加坚固完善。大同镇分设府、县和行都指挥使司。军事长官设总兵官、副总兵、参将等员。其军队兵员，据明隆庆三年（1569 年）记载为 83 800 余人，战马 23 100 多匹。朱元璋封其十三子朱桂为

代王，坐镇大同，增修代王府邸。土木之变后，又分别在城北、城东、城南增筑三座小城，与主城互为犄角之势，还于城东和城西修筑聚乐、高山二堡，防御体系更趋完善。明中叶以后大同及周边长城、烽堡又得到增固。

图 4-9 长城沿线的贸易市场——大同马市口遗址

明朝政府在大同境内修筑的长城有两条，一条称边墙，是明的外长城，也叫大边，在大同北面 40 公里处，东西长 67.5 公里。这条长城边墙结构为黄土，夯层为 18~20 厘米，表里一致。墙体未曾包砖，只在靠近城堡重要地段的城台才用砖包。在大同北约 30 公里处，还有一条东西长约 28 公里的长城，叫“内边墙”。这是大同西北方向的第二条防线。明朝政府在大同北马头山北麓修筑的长城，因为土质太差，修起的单层墙塌了，又修筑起双层墙。至今这里还有一段长城是双层墙的遗迹。另外，大同境内的长城烽火台全是用黄土夯筑起来的，和北京地区砖石结构的长城敌楼相比，它呈现出完全不同的风格，被称为“紫塞”。

大同境内的长城沿线城堡遍布，现存有镇川、宏赐、镇美、市场、得胜、拒墙、拒门、拒马、破鲁、高山、驻马、镇河和镇鲁等 13 个城堡。这些城堡大部分为明嘉靖年间所筑，万历年间增修，全部包砖。在修建城堡时，明代匠师们进行了精心设计，如市北 40 公里靠近外边墙的得胜堡，南、北门上方各镶嵌有“保障”和“得胜”字样的雕刻匾额。堡内存有石狮、石兽等石刻艺术品，体现了匠师们高超的技艺。另外，位于内边墙东端的宏赐堡的战略地位也很重要，它的存亡直接关系到大同镇的安危。据《三云筹俎考》记载，嘉靖、隆庆年间蒙古贵族多次率兵南下，为打通道路，都是先攻下宏赐堡。宏赐堡墙体全部砖包，较为坚固，周“四里三十二步，高三丈六尺。明时在此设守备，分守长城十九里，边墩二十六座，火路墩八座”。

明代修筑的驻马堡，与云冈石窟连成一体。云冈石窟的雕凿始于北魏时期，因在武周山麓的最高处，故名“云冈”。在山腰的石崖上，佛龛如蜂窝，大窟、小窟和佛龛疏密有致。其中昙曜五窟的五尊大佛十分著名，有人考证这是北魏太祖及其以下五位皇帝的大型石雕像。它们既是释迦的造像，又展现皇帝的尊容，连大佛身上镶嵌的黑石头部位，都正好是皇帝身上长痣的地方。这五尊大佛面带笑容，有人说这是东方的蒙娜丽莎神秘的微笑——自信的微笑。从它们身上，人们不仅可以感受到皇帝的风采，还可以看到统治者的气魄。云冈石窟是我国古代规模最大的石窟群之一，闻名遐迩，为中外游客所仰慕，是游览大同古长城时必须要去观赏的地方。

图 4-10 中国四大石窟之一——云冈石窟雕像

图 4-11　雁北外长城最重要的关隘之一——山西右玉杀虎口关城遗址

杀虎口是明长城大同镇的重要关隘。杀虎口在明时称杀胡口，明朝时蒙古贵族进犯长城，多次以此口为突破点，而明朝派兵出长城作战，也多由此口出入，所以起了这么一个杀气腾腾的名字。清朝统治者对蒙古贵族采取怀柔政策，将“胡”字改为“虎”字，由此杀虎口之名沿用至今。

这一带的长城蜿蜒曲折，横贯东西，处于晋北山地与内蒙古高原的边缘地区，也是从内蒙古草原南下山西中部盆地或转下太行山的必经之地。杀虎口两侧高山对峙，地形十分险峻。其东依塘子山，西傍大堡山，两山之间为开阔的苍头河谷地。明嘉靖二十三年（1544 年）在此建杀虎口关城，先为土城，后于万历二年（1574 年）砖包，城周为“二里，高三丈五尺”。明万历四十三年（1615 年）在杀虎口堡外另筑一座新堡，名平集堡，其长、宽、高、厚与旧堡皆同。两堡之间又有东西筑墙相连，成为掎角互援之势。

杀虎口俗称“西口”，作为军事要塞，历史上这里战火不断。明正统至嘉靖年间，它先后多次被蒙古军队攻占。但在嘉靖三十六年（1557 年）的一次战争中，明守军在孤立无援的情况下，孤军奋战，坚守右玉城长达 8 个月之久，这在中国战争史上是不多见的。这场战争起因于“桃松寨”事件。桃松寨是俺达汗之子辛爱的妾，她与辛爱部下的一个头目鬼混，事发后投奔了明朝。大同总督杨顺为邀功请赏，将其送往京城。辛爱为此率部进攻杀虎口，然后包围了右玉城，同时向大同、宣府一带长城发起了进攻。在蒙古兵多次强攻下，右玉城军民浴血奋战，守将阵亡后，武将尚表自愿担任了右玉保卫战的指挥，打退敌人多次进攻，并抓住有利时机袭击敌人。明军从九月坚持到次年四月，右玉城虽未被攻克，但城内军民断粮，牛马等牲畜都被吃光。在形势十分危急之时，明廷派兵部尚书杨博率大军解右玉之围，蒙古兵遂自动解除了对右玉城的包围，从杀虎口撤退。

这场战争之后，明廷重新修缮并加固了杀虎口、右玉城以及杀虎口一带的长城，并增加了守备兵额，大大提高了杀虎口的防御能力。

“哥哥你走西口，小妹妹实难留，止不住伤心泪，一道道往下流。”这首描写晋陕灾民出西口逃荒的辛酸民歌流传了数百年，也使这个本不重要的关口出了名。

图 4-12 杀虎口是明外长城的重要关隘

三 “外三关”所在的晋中长城

在山西中部，自西向东也横贯着一条长城。这条长城依次经由偏关、神池、朔城、宁武、代县、山阴、应县、繁峙、浑源等区县。著名的长城“外三关”——偏关、宁武关和雁门关，就坐落在这条长城线上。此三关鼎峙晋北，互为犄角，是北疆之门户，京师之屏障。古人有诗赞誉曰：“雄关鼎宁雁，形势独开张。地控黄河北，山连紫塞长。”

图 4-13 偏头关自古为兵家争战、屯兵驻防之地

偏关，地处山西、陕西、内蒙古自治区的交界处，所处地理位置十分重要。据《明史·地理志》载：“成化十一年十二月置偏头关守御千户所。”偏头关又名偏关，位于黄河东岸，外长城以南，东衔管涔山，西濒偏关河，因东仰西伏，故称偏头关。明代进士崔镛在《偏头关》一诗中，用“黄河曲曲涛西下，紫塞隆隆障北环”的佳句，形象地描绘了偏头关在古代防务上的重要作用。偏头关自古为兵家

争战、屯兵驻防之地。五代时在此置偏头塞，元时改关，明设偏关所，清为偏关县。

现在的偏头关关城，为明洪武二十三年（1390 年）所筑，当时太原镇总兵驻此。偏头关辖边墙四道。第一道在关北 60 公里处，东接平鲁崖头墩界，西抵黄河，长 150 公里。第二道在关北 30 公里处，北贯草垛山，南至河曲石梯隘口，西抵黄河岸老牛湾，东达老营好汉山。长城在此分为内外，外长城为山西、内蒙古自治区分界，内长城为雁北、忻州两行署的分界。第三道在关东北 15 公里处，东接老营堡，西抵白道坡，长 45 公里。第四道在关南 1 公里处，东起长林鹰窝山，西达教场。从今黄河岸桦林堡地段约 30 公里的长城看，关城全部用砖筑，高耸河岸，甚为壮观！其余大部分夯土犹存，随山据险，好似黄龙逶迤于群山峡谷之中。

在抗日战争时期，偏头关属于晋西北抗日根据地。1938 年 2 月，日军企图进攻晋南，集中万余人兵分两路围攻偏头关。一路由井坪向偏关、河曲进犯；一路由伪军李守信占领绥远清水河后，再向偏关方向进犯。八路军三五九旅北上阻击敌人，但南下之敌先期占领了偏头关等地。毛泽东指示先集中兵力打击一路。一二〇师奉命先打岢岚、五寨之敌。岢岚之敌受到连日困扰，水源断绝，向北撤退。偏关之敌也只得向东撤退，八路军迅速夺回了偏关。

晋中部长城，从偏关向东南，经神池、朔城，到达宁武。宁武位于晋西北管涔山麓，境内山峦重叠，沟壑纵横，地形十分复杂。长城的重要关隘宁武关就在该县。县西北管涔山山势险峻，县东北是海拔 2 200 多米的禅房山，这两座山是宁武的天然屏障。长城在宁武北部由西向东，将西边的神池和东面的代县连在一起，形成一道坚固的“铁壁铜墙”。

北魏时广宁、神武二郡先后治宁武。唐代始有宁武郡之称，“宁武”取广宁、神武二郡尾字而得。宁武关城筑于明景泰元年（1450 年），成化、正德、隆庆年间均有修葺，全部城墙用砖砌成，墙高 11.6 米，周长 2 公里，呈椭圆形，状如凤凰，故俗称“凤

凰城”。《边防考》谓：“以重兵驻此，东可以卫雁门，西可以援偏关，北可以应云朔，盖地利得世。”晋中部长城分为三路，雁门关为东路，偏头关为西路，宁武关为中路。宁武关还是三关镇守总兵驻所，明代末年镇守三关总兵周遇吉的墓就在此地。墓冢外包砖，外表呈馒头状，周长 13 米；底座呈八角形，用石条砌成，通高 3.5 米。明崇祯十七年（1644 年），李自成领导的农民起义军挥师北上，进京途中路经宁武关。周遇吉被起义军击杀于战场，他的家人也自焚而死，葬于一处，故名“盍署尽节墓”。

在宁武城外的山冈之巅，烽火台密布，关堡相连。宁武东北的阳方口原为阳方堡，砖筑堡城墙周长约 1 公里，始建于明嘉靖十八年（1539 年），万历四年（1576 年）增修。阳方口有旧堡、新堡之分。阳方口堡城、长城、敌楼、烽火台森严壁垒，实为宁武关第一要口。在阳方口还保存有一座方形的砖石结构的空心敌楼，可供人居住，有回廊，三面开石券箭窗 10 余个，门上砖雕有斗拱及垂花石。在宁武东寨楼子山岩壁上，有处摩崖石刻，凿有“紫塞长城”四个大字。每字高 1.3 米，为明朝兵备张凤翊于正德七年（1512 年）题凿，字体为正楷，苍劲有力。

在 1940 年的百团大战中，八路军一二〇师为截断同蒲路北段交通，曾以主力破击同蒲路宁武、轩岗段，在宁武、忻口开展破击战。9 月，八路军袭击了宁武西南的头马营等地，控制了朔县至原平间数段铁路，有力地打击了日本侵略军。

长城自宁武西来，便到了代县的雁门关。该关位于代县城西北约 20 公里的雁门山腰，是闻名的“外三关”之一，享有“三关冲要无双地，九塞尊崇第一关”之称。雁门关北侧 7.5 公里的勾注山脊，地势险峻雄固，西抵宁武、偏关，东连紫荆、倒马关，北拒塞外高原，南屏京冀防务。古有“天下九塞，雁门为首”之说。

雁门关，旧名勾注，又名西径关。《天下郡国利病书》谓：“雁门，古勾注，西陉之地。重峦叠巘，霞举云飞，两山对峙，其形如门，而蜚雁出于其间，故名。”雁门关建有关城，《代州志·关隘》载，

明“洪武七年筑，周二里有奇。嘉靖中增修，万历二十五年复筑”。关城有东门、西门和北门。小北门已毁成豁口。东西门额上各嵌有石匾，已毁的北门上刻有“雁门关”三字。雁门关周围峰峦错耸，峭壑阴森，中有一路盘旋幽曲穿城而过，异常险要。在雁门关下有新旧广武两城，旧城建于辽金时，南北长约500米，东西宽约300米，是防范北方之敌的军事据点。新城和雁门关城同时建成，在雁门关北口，依山修建，周长1.5公里，一半坐落在半山坡，一半修在山前平川，北门外筑有北关，地势险要，也是雁门关的山前防御据点。广武西城是雁门关防御体系的一个组成部分。

图4-14 至今保存尚好的雁门关关楼

雁门关素以军事要冲、战事繁多而著称。我国历史上的许多征边大将都曾鏖战于此。李牧、李广、卫青、霍去病、杨业等名将都曾在这里出生入死，立下了汗马功劳，写下了光辉篇章。

战国时期赵国赫赫有名的战将李牧曾多年驻守雁门关，防备匈奴进犯。在匈奴最初数次南下的过程中，李牧为了诱敌深入，故

意不与其交锋。匈奴以为李牧怯战，更加肆无忌惮。李牧精选战车130乘、良骑13 000匹，士卒15万人，认真进行军事训练，暗中加紧作战准备。第一次与匈奴作战，李牧假装败北。单于轻视李牧，便亲率大部队来战，以求取得大胜。李牧依靠有利地形，列奇阵与匈奴决战，大败匈奴10万余骑，破东胡，降林胡，北逐单于。以后十余年间，匈奴再也不敢接近赵国边城。明代重修雁门关时，修筑了李牧庙，并立了碑，碑文是西汉时司马迁所著《史记·李牧列传》中的文字，以称颂李牧的功绩。

到了汉代，由于北部匈奴不断南下，汉朝北部边境战事不断，作为要塞之地的雁门关更是如此。汉武帝元狩四年（公元前119年），骠骑将军霍去病率5万骑兵，从代郡出发北上抗击匈奴，大败匈奴于雁门关外。李白在《塞下曲（其三）》中赞道："功成画麟阁，独有霍嫖姚。"

汉朝大将卫青，也曾威镇雁门关。汉武帝元朔元年（公元前128年），车骑将军卫青率3万骑兵出雁门关，斩杀匈奴数千人。后匈奴屡犯边塞，卫青又于元朔五年（公元前124年）率3万骑兵出雁门关大败匈奴，并捉拿了匈奴首领右贤王，卫青被封为大将军。

汉代骁骑将军李广先后与匈奴作战70余次，勇猛善战，号称"飞将军"。但在汉武帝元光六年（公元前129年），李广率1万骑兵由雁门关出发北击匈奴时，由于匈奴兵马甚多，兵败雁门，负伤被俘，后乘敌不备，夺马逃回。唐代诗人王维在《老将行》一诗中，赞颂李广"步行夺得胡马骑"。胜败乃兵家常事，但汉武帝责其兵将死亡甚众，将李广革职为民。对于李广的遭遇，许多人给予了深深的同情。诗人王维不无感叹地写道："卫青不败由天幸，李广无功缘数奇。"

在历史上，还曾发生过隋炀帝被围雁门关的事。隋大业十一年（615年）八月，隋炀帝巡北塞，遭突厥数十万军队包围。炀帝十分恐慌，民部尚书樊子盖劝慰隋炀帝若突围无望，不如据城坚守，等候援兵。诏书送不出去，便将其系在木头上，投入汾水，顺流而下，以此募兵来救。这时 16 岁的李世民在将军云定兴军中服役，也应诏来救炀帝。他向云定兴献计，多设疑兵，白天数十里内遍竖旌旗，晚上擂鼓呐喊，突厥必以为救兵甚多，不敢再战。云定兴从其计，突厥果以为救兵大至，不战而退，炀帝脱险。

宋朝，雁门关的战事更加频繁。在此立下汗马功劳的当首推杨业。北宋太平兴国二年（977 年），辽军进犯雁门关，杨业率数千骑至雁门关北口，从背后直插辽军中，大败敌军。北宋雍熙三年（986 年），宋大军北征契丹。忠武军节度使潘美为都部署，杨业为副将，契丹国萧氏统兵 10 余万和宋军作战。潘美不听杨业利用有利地势、伺机歼敌的建议，坚持在雁门北川中与契丹军决战。杨业率部首先打入敌军心脏，但因寡不敌众而败北，杨业数十处受伤，士卒死亡殆尽。潘美临阵脱逃不救杨业。杨业最后为契丹军擒获，绝食而死。宋朝皇帝为表彰杨业的报国精神，封其为太尉，赐其家布帛千匹，粟千石；将潘美官降三级。后人为纪念杨家忠君报国的功绩，在县城东 10 公里的鹿蹄涧村建立杨家祠堂（又称杨忠武祠，亦称杨令公祠）。

图 4-15　被誉为“中华第一关”的雁门关遗址

据说该祠是元代杨家十七世孙奉旨所建，明清时多有修缮。现存祠内建筑及塑像，大都为明代遗物。正殿台中有杨业与佘太君坐像，八子彩塑分列两侧。东西南三面是杨家历代名将塑像，共22尊，姿容伟俊，气宇轩昂。祠堂南有三间祭台，题“颂德楼”。祠门三间，上书“奕世将略”“一堂忠义”“三晋良将”。

最后需要提及的是边靖楼。该楼由砖券洞台基和三层四檐歇山顶楼构成，高40米。该楼于明洪武七年（1374年）建成。两块巨幅横匾，上写“雁门第一楼”“声闻四达”。楼北面挂着一块巨幅横匾，上书“威镇三关”几个大字。楼为砖木结构，斗拱规整，梁架精巧，结构合理，建造雄伟。若到雁门关，不妨到此一游。

图 4-16 修葺一新、蔚为壮观的边靖楼

四 平型关和娘子关

平型关是长城的一个重要关口，坐落在山西繁峙东北边界，西距雁门关 115 公里。平型关自古以来均为军事交通要道。据顾祖禹《读史方舆纪要》记载，平型关“东控紫荆，西辖雁门，与团城子堡分管内边百二十四里……嘉靖间，寇每由此入犯，繁峙、代州保御为切”。在平型关西两山之间的缓坡地段，建有一座小关城。这是明代正德六年（1511 年）修筑的，万历九年（1581 年）增修。繁峙通往灵丘的要道从关城中间穿过。城内匾额上书“平型关”三字。关城两侧山势险要，长城蜿蜒起伏。

举世闻名的平型关大捷就发生在这里。七七事变后，日军占领了平津，随后集中 20 多个师团，约 30 万人分三路大举进攻华北。其中一路攻取南口、张家口、大同后，企图攻取太原。平型关这个长城要口是他们的必经之地。1937 年 9 月下旬，刚刚开到山西抗日前线的八路军一一五师，决定利用平型关的险要地形，给日军以歼灭性的打击。9 月 24 日夜，3 个团的兵力冒雨埋伏在平型关乔沟两侧的山地里，进入临战状态。9 月 25 日，日军第五师团二十一旅团的一支辎重部队，从灵丘方向过来，向平型关前线运送武器装备及棉大衣等生活用品。当他们气势汹汹、旁若无人地开着汽车，赶着大马车进入我军伏击圈内时，我军发起猛攻，迅速将敌人分割开来。经过一天激战，我军取得了胜利。平型关大捷是我国全面抗战爆发后打的第一个大胜仗。它粉碎了日军不可战胜的神话，打击了日军的气焰，使全国人民的抗战热情高涨起来。

长城由平型关向南延伸，到了山西平定和河北交界处，著名的娘子关便坐落在这里。娘子关距县城 45 公里，地处冀晋咽喉，是太行山上的著名关隘。它居于山腰中间，临桃河，靠绵山，陡壁如削，奇峰突起，地势险要，易守难攻，因此有“三晋门户”“万里长城第九关”之称。

娘子关关城有东、南二门，南门嵯峨雄伟，危楼高耸，门额书写“京畿藩屏”四个大字，东门为上关，镌有“娘子关”横额。透迤壮观的长城与关城相连，构成了严密的防御体系。城楼的青石柱

图 4-17　被称为“天下第九关”的娘子关

图 4-18　娘子关关城门额上的“娘子关”三个大字，至今仍保存完整

上，镌刻着两幅别致的楹联。一幅是“雄关百二谁为最？要路三千此并名”。另一幅上联为“楼头古戍楼边寨”，下联为“城外青山城下河”。楹联道出了娘子关之奇特，城堡之险峻。娘子关原名苇泽关，唐朝初年唐高祖李渊的三女儿平阳公主曾率兵数万驻守此地，被时人称为娘子军，所以其防地也就被称为娘子关了。明代文学家王世贞曾登关览胜，写下了吟诵平阳公主的诗篇：“夫人城北走降氏，娘子军前高义旗。今日关头成独笑，可无巾帼赠男儿。”

据史书记载，平阳公主嫁给镇军大将军柴绍，她手不离弓箭，身不离宝刀，武艺高

图 4-19 娘子关关城内庙中的平阳公主塑像

强，谙熟征战。后她驻兵娘子关，防守谨严，使险关固若金汤，威慑敌军不敢跨越太行。现在，娘子关一带还有许多与平阳公主有关的历史遗迹。南门上的宿将台、桃河对岸的点将台、绵山顶的避暑亭等，相传这些都是当年平阳公主修建的。还有一个长年流水不断、清澈见底的水潭，人称平阳公主洗脸盆。另外，关城下边还有多处飞泉，较有名的是水帘洞。它方圆丈余，泉涌如柱，水如碧玉。这股泉水从山上飞流而下，形成瀑布，在太阳的照射下，有时还会出现瑰丽的彩虹，为古老的要塞增添了诗情画意。1965 年郭沫若游娘子关时，为瀑布吸引，流连忘返，吟诗赞道：“娘子关头悬瀑布，飞腾入谷化潜龙……回顾陡惊溶碧玉，倒流将见吸长虹……”至今娘子关南的一处峭壁上，还留有摩崖刻石“山明水秀”四个大字，相传为明末农民起义军首领李自成所留。

在抗日战争期间，娘子关曾一度失守，成为日军设在正太路上的一个重要据点。1940 年 8 月，在聂荣臻的指挥下，八路军浴血奋战，一举攻克了易守难攻的天险娘子关，全歼守敌。此战的胜利揭开了百团大战的序幕。

五 魏长城与临晋关

今陕西西安曾是我国古代的政治、经济、文化和军事中心，故留下了不少长城遗迹。战国时期魏国所修筑的西长城就是其中一条。

魏西长城基本上是南北走向，是战国时期魏国为防御秦国而修筑的。魏国曾前后两次修筑这段长城，据《史记》记载，第一次是在惠王十年（公元前361年），第二次是在惠王十九年（公元前352年）。这条长城迄今还有若干段落残存，尤其是南北两端。南端残墙尚有数处，北端因地处偏僻一隅，保护得较为完整。

图4-20 高大的魏河西长城，由华山脚下向黄河岸边延伸

魏国西长城的南端在五岳之一的华山脚下，由华山峪口附近的长安洞循长涧河而北，一直到华阴西北3.5公里的古城村。村北是渭河，形成了自然天堑。这段长城基本呈南北垂直走向，遗迹非常明显。史念海在《河山集》中提到，在华阴“西关村南公路旁有一巍然高起的土台，当地称为烽马台，台南长城遗迹犹可具见，则此烽马台实即当时与长城相连的

烽火台。西关村为早年的朝阳、型仁两堡合并而成。朝阳在东，型仁在西，两堡之间仅隔一堵界城。这所谓界城，实际就是魏长城的残段，板筑痕迹历历具在”。

魏长城越过渭河以后，循着洛河东岸，沿着洛河的自然流向，弯弯曲曲向西北方向延伸。长城有些段落大体完整如昔。例如从大荔高城村，迤西经埝城村、东长城村、西长城村，直达许原北侧洛河岸边的长城村。因这段遗迹保存尚好，故长城两侧的村庄、沟壑多以长城命名。

魏长城从洛河岸边的长城村起，折而向东北方向，到达合阳西北，又转而向东，直到黄河岸边的东少梁，呈东西走向。这段长城断断续续皆有遗迹，其中从沮河西岸的马陵庄到东少梁段遗迹尤为雄峙高耸，宛然如旧，有些段落的夯土还十分坚固。

总之，魏国的这条长城，南起华山脚下，北上经大荔、澄城、合阳等，最后到达韩城的黄河岸边，形成一个大的弧形。魏国修筑这条长城主要是为了抵御秦国，这条长城也是魏国由强变弱、秦国由弱变强的历史见证。战国初期，秦国是个非常落后弱小的国家，魏国根本瞧不起它，各国会盟议事的时候也不让其参加，把其视为一个野蛮落后的部落。那时魏国根本用不着修筑长城防秦。后来秦国重用商鞅，进行变法图强，国力很快强大起来。秦一次次地越过黄河，攻陷魏国城池，迫使魏国割让土地。魏国在秦国的强大压力下，将国都从安邑迁到大梁（今河南开封），又在东边修筑一道长城，以此来求得一点儿安宁。

最后需要提及的是，在魏长城经过的大荔县城东的黄河西岸渡口处建有临晋关。大荔古称临晋，故关名随地名而命名。汉武帝时改临晋关为蒲津关，简称蒲关。临晋关对岸有蒲坂，战国秦昭王时曾在此作“河桥”。其后历代在此连舟为浮桥，唐初称蒲津桥。宋代改名为大庆关。临晋关在战国时代就已是名关，该关地处山河要隘，扼津蒲渡口，为秦晋间交通要道，且依黄河之险、长城之固，所以成为历代兵家必争之地。

秦末汉初，楚汉争霸之时，汉将韩信曾在临晋关设疑，巧渡黄河，奇袭破魏。汉高帝二年（公元前 205 年）三月，刘邦从临晋关东渡黄河，魏王豹投降于汉。后刘邦在彭城（今江苏徐州）失败，诸王相继降楚。魏王豹也借故回河东（今山西南部）探望父母，趁机堵塞黄河渡口临晋关，叛汉投楚。刘邦愤怒之下派韩信征讨。魏王豹在蒲坂屯扎重兵把守，切断这个交通要道，阻止汉军渡河。韩信深知不易在此突破，就采取声东击西、避实击虚的方法，把船排列在临晋关，作为渡河疑兵，迷惑魏军，暗中则调动部队，出其不意地从上游的夏阳（今陕西韩城）用木罂缻偷渡黄河，直插魏军后部。魏王仓促迎战，失败被俘。

南宋建炎二年（1128 年）春，金兵西渡黄河，出临晋关，抢夺雍州（今陕西西安）和秦州（今甘肃天水）之地，并计划继续向西北方向挺进。宋都统曲端屯兵麻务镇，命吴玠为前锋大败金兵，从此金兵再也不敢轻举妄动。

图 4-21　陕西韩城黄河边的魏长城

蒲津关和《西厢记》的爱情故事还有密切关联。在《西厢记》中，孙飞虎围普救寺抢崔莺莺，张君瑞修书给蒲津关守将杜君实，遂解普救寺之围。这一佳话，流传千古。因《西厢记》而驰名中外的普救寺，就在与临晋关隔河相对的古蒲州城北，东连西厢村。整个建筑群落虽几经坍塌、修复，但风格不变，保持了昔日风貌。在临晋关凭吊古战场之后，不妨来这里观赏一番。

六 秦国长城探胜

今天的陕西是秦国的发祥地和大本营。为了保护国家疆土的安全，秦国修筑了多条长城。

堑洛长城是战国时期秦国最早修筑的一条长城，早于魏国的西长城五六十年。这条长城的走势几乎是循着洛河的东岸，从华阴小张村起，北端达今白水境内的黄龙山麓。秦简公时，秦的国力衰微，三晋方强，故东修长城，划洛河沿岸以自保。

关于秦简公修筑长城，司马迁在《史记》中只简略地写了“堑洛”两个字。“洛”指的是今陕西境内渭河以北的洛河。“堑”是掘的意思，就是削掘洛河岸边的山崖，这是一种修筑长城的方法。今华阴东的长城就是当时“堑洛”所筑的长城的一段，而且也是这条秦长城的南端。秦长城越过渭河以后，基本上沿着洛河西岸北上。如今这里已是无迹可寻了。但这里有以“长城”命名的村落，当是秦长城在此经过所留下的“纪念”。

秦长城还经过今蒲城洛河西岸的铃铒乡，这里曾是秦时重泉城的旧址。司马迁在记载秦修堑洛长城的同时，也提到修筑重泉城一事。今铃铒乡东北有南北两个城南村，当是明证。而长城也有防卫重泉城的意义。史念海在《河山集》中写道，秦长城“由党川村北上，直达山麓原（源）头，长城东西两侧高低差别至为明显。长城东侧已成沟状。这应是原来城外的壕，由于地势斜陡，年深日久，流水侵蚀，成为沟状”。在东高原村北有一段长城，由西侧看，城高仅一米多，东侧看却高达三四米，当为秦之“堑洛”，是为防御三晋强敌而修筑的。这样的修筑形式有利于西侧而不利于东侧，从防守的角度讲，为秦国长城无疑。另外需要说明的一点是，秦国所修的这条长城大部分都在洛河西岸，唯有在铃铒乡以北、党川村一段修在了洛河的东岸。这段长城以高原村为中点，西距洛河6公里有余。秦国在这里修长城不是背水作战吗？为什么要如此而为呢？原来洛河在这里向西形成一个大湾，秦长城由此插过，正可缩短若干工程，而且也易于防守。

图 4-22　陕西渭南蒲城段长城遗址

秦国在关中立国，这里虽为四塞之地，却也有不尽理想之处。其东部的黄河两岸都是大平原，魏国强盛以后，长期据有黄河西岸的大片领土，对秦国构成威胁。秦国无力扼守黄河天堑，只能退而坚守洛河了，可以说秦国的这条堑洛长城就是在这种环境下修筑的。其南端在渭河以南的华山北麓，北端达白水以北的黄龙山下，这条长城填补了华山到黄龙山之间自然地形之不足。黄龙山以北，已在魏国版图之外，故秦国这条堑洛长城到此停止，不再溯河北上。

上面谈到的是秦国东部长城，在秦国北部还修有一条长城。《史记·匈奴列传》载，秦昭襄王时，在陇西、北地、上郡三郡修有长城，其中的上郡就在陕西北部。这条长城是为了防御匈奴的进犯而修建的。在秦国的对手中，匈奴与魏、赵两国又不相同。匈奴为游牧民族，来去飘忽不定，为患较魏、赵两国更甚。这条长城较长，充分利用河山形势而修。今天在陕西境内的定边、吴起之间还有不少的长城遗迹可寻。这条长城在陕西的志丹、安塞等境内的横山山脉东行时，开始分为南北两支：南边一支向东经绥德西，再折而向北达榆林南境，而止于秦上郡治所肤施附近，似乎是为专门保护这个古肤施县城而修筑的，所以没有再过无定河向北展筑；北边一支直奔东北方向，经靖边、榆林和神木，直达内蒙古自治区准格尔旗十二连城附近的黄河岸边。秦始皇时，在阴山山脉上另筑了新的长城，这条长城就改称为故塞。

秦国在北部修筑这条长城，还经过芦子关。芦子关位于陕西安塞西约 70 公里芦关岭上的土门山谷中，北依长城，东西两边崖壁悬立如门，形若葫芦，地理位置十分重要。战国末年，诸国战争激烈，匈奴乘机占据阴山和河套的广大地区，芦子关便成了边防要塞。秦始皇三十二年（公元前 215 年），蒙恬曾统兵 30 万屯驻在这一带，北击匈奴，收复河套，修筑长城，镇守十余年。

唐至德二年（757 年）春，叛军史思明、高秀岩合兵 10 万围攻太原，妄图取胜后长驱西进，这样关中地区首当其冲受到威胁。杜甫主张扼守芦子关，防止叛军西犯，表现了他对国事的深切关注，并作有《塞芦子》一诗："……延州秦北户，关防犹可倚。焉得一万人，疾驱塞芦子……"这首诗描写了芦子关的重要性。

芦子关的风光也十分壮丽，特别是冬雪覆盖之下，一片银装素裹。有人曾写诗说："芦关居要塞，北连沙漠边。阴山横其背，积雪冈峦巅……"

七 榆林镇古长城

榆林镇地处陕北黄土高原，为明代九个军事重镇之一。其位于明万里长城的中段，北濒我国著名的毛乌素沙地，历史上素为边陲重地。榆林，又称榆阳，东扼雁朔，西卫宁夏，南蔽秦陇，北接河套，其军事地位十分重要。榆林镇总兵所驻地就在榆林城。

榆林镇古属雍州，春秋时为林胡、白翟地，战国时期属魏国上郡地。秦始皇统一全国后仍在此设上郡，郡治肤施，秦将蒙恬和秦太子扶苏曾在这里经略边备，修筑长城。此后历代统治者都十分重视榆林地区。

据程道生《九边图考》载：榆林镇因总兵驻绥德而称延绥镇。但镇治北距长城三百多里，“虏轻骑入掠，举镇兵出御之，每不及而返，虏得投隙焉。成化九年，都御史余子俊建议徙镇榆林堡，襟吭既举，内地遂安”。

图 4-23 明代九个军事重镇之一的榆林镇遗址

明朝初年，因在黄河南北设防，榆林地区还不是首冲之地，明英宗正统年间，开始经营榆林地区的边备。《榆林府志》载："正统二年，守将都督王祯，始请榆林堡往北三十里之外，沙漠平地增筑瞭望墩台，虏窥境即举烟示警……开创榆林一带营堡，累增至二十四所。"

明榆林镇的长城沿线，墩堡相望。由榆林麻河梁向东南约 10 公里处有双山堡，此堡为明成化时余子俊筑。据《榆林府志》记载，"成化元年越王击虏于双山堡，败之"，"城在山冈，周三里九十步，高一丈九尺，万历六年重修。边垣长三十里有奇，墩台四十座"。在红山最高处有一镇北台座，东西有长城相连，为榆林南北往来的咽喉之地。镇北台建于明万历三十五年（1607 年），是榆林镇巡抚涂宗濬为保护红山马市贸易而设立的一个观察哨所。镇北台是万里长城中最大的一座城台，登临台顶，极目远眺，方圆数十里尽收眼底。

今榆林境内的榆溪河由北向南奔流，在河的两侧，山崖对峙，峭拔如削，崖壁布满了大大小小精湛美妙的石窟和摩崖石刻，这是塞北榆林著名的红石峡名胜。石刻多出自明清两代地方官吏、文人墨客之手。也有民国时期的石刻，如爱国将领马占山所题写的"还我河山"四个字。红石峡计有 44 座石窟，峡谷东壁有雄山古寺遗址，据传其内曾有许多栩栩如生的佛像，但"文革"中多有毁损。

陕北多住窑洞，在榆林东山一带，许多人就把窑洞直接挖到长城上，一个窑洞就等于一所房屋，而且冬暖夏凉。这里大概有几十家农户，窑洞伸进长城墙体之下，住房与城墙浑然一体，多少年来他们就在此繁衍生息。从文物保护的角度来说，这是不利于长城保护的，应尽快恢复这里长城的原貌。

图 4-24 长城沿线最大墩台——榆林郊外的镇北台

八 宁夏境内古长城概览

《宁夏境内战国、秦、汉长城遗迹》一文中说："宁夏境内有战国、秦、汉长城遗迹，又有隋代长城遗迹，还有明代长城，而其地理位置各不一样。有的相距几百里，有的相隔千里之遥，有的两条长城并列而行，也有后代在前代长城的基础上增补修缮。"现在就让我们循着历代长城的遗迹，作一概览。

战国时期，在今宁夏回族自治区境内的长城，主要是秦昭襄王在位期间修筑的，其目的主要是防止匈奴南下。这段长城横跨宁夏回族自治区南端的固原地区。另外，秦昭襄王攻灭义渠后，在陇西、北地、上郡也筑长城拒胡。这段长城进入宁夏回族自治区的西吉，绕过固原到达清水河西岸，然后分两道至陈家沙窝再次合并，出宁夏回族自治区境入甘肃省。此段长城后来为明代所用，是宁夏回族自治区南部山区整个秦长城中保存最完整的部分。

郦道元撰《水经注》时曾在《河水条》中记载了这条秦长城。其遗址在高平川上游高平市故城北。这里需要说明的是，今日的固原原州，就是那时的高平市。高平川就是流经城外的清水河。我们在今固原东西各发现一段秦长城遗址。城西的一段，由市区西南10公里的孙家庄东侧起，绕市区西北，直至市区西北6公里的石羊洼，全长18公里。孙家庄在六盘山麓，从这个村庄的东北方起地势逐渐降低，直至清水河岸，长城也就随着地势向上展筑。城东的秦长城遗址，长约7公里。另外，在隆德西北35公里处也有一些秦长城遗迹。

20 世纪 80 年代初期，宁夏回族自治区博物馆和固原县文物工作站，对经过宁夏回族自治区固原地区的长城进行了调查，发现在长城经过的重要交通要道和险要的山沟口，一般都建置较大的城址。在长城内侧 30~50 米的地方还建有城障及烽火台。城障在深山峡谷分布较稀疏，而在地势平坦的地方较稠密。相邻两处的城障可以互相对望，城障一般呈方形，长、宽各约 50 米。修筑在山坡或山巅上的长城，都是利用山坡地形。一般城墙较低矮，只有 1 米多高。墙基也较窄，宽 4~5 米。内侧山坡较缓平，外侧山坡较陡立。不管是在山上，还是在山下，或是在沟边河岸，城墙都是就地取土，黄土夯筑，夯层坚硬，迄今草木不生。有些段落保存较好，现存城墙残高 2~5 米不等，连接在长城上的敌台，有的尚存 5~20 米之高。

图 4-25 宁夏回族自治区固原城北的秦始皇长城

秦始皇统一中国后，在宁夏回族自治区境内主要修缮了战国时代秦昭王时所修筑的长城。《史记·匈奴列传》载，秦兵“因河为塞，筑四十四县，城临河，徙适戍以充之”。《史记·秦本纪》载：“二十七年，始皇巡陇西、北地，出鸡头山，过回中。”秦兵可能在原来的基础上修缮过固原地区的长城，并继续利用，而且又向北、向西越过黄河，增筑了新的防御工程。新修筑的这一条长城沿贺兰山北上，由宁夏回族自治区进入内蒙古自治区狼山境内。

汉朝可能利用了秦昭王所修筑的长城。汉武帝时，汉室强盛，据《汉书·匈奴传》载："汉遂取河南地，筑朔方，复缮故秦时蒙恬所为塞，因河而为固。"汉代不但修缮了秦始皇在宁夏境内所筑长城，而且汉武帝两次巡视北方均路过宁夏境，可见宁夏当时在军事上战略位置相当重要。近年来，宁夏回族自治区考古工作者发现汉代的城址遍布宁夏境内。

宁夏回族自治区的考古工作者钟侃，在固原战国、秦长城外发现了先秦的墓葬和一些珍贵的文物。在长城内，固原三营镇鸦儿沟也发现了古代匈奴的遗物。这不是偶然的现象，这说明长城内外各民族杂居，他们之间互相往来，进行经济和文化交流。他们并不以长城为界，而是共同生活，互相学习，一起开发祖国的西北边疆。

图 4-26 横卧在贺兰山脚下的石嘴山长城遗址

隋代建国以后，曾经4次大规模地修筑长城，时间长达27年之久。据《资治通鉴》（卷一七六）记载，开皇五年（585年），隋文帝"使司农少卿崔仲方发丁三万，于朔方、灵武筑长城，东距河，西至绥州，绵历七百里，以遏胡寇"。这段长城就分布在今灵武附近的黄河东岸。

对于明朝政府来说，宁夏地区地理位置尤为重要，因此，明朝在长城沿线设置的9个军事重镇，它就占有2个，分别为宁夏镇和固原镇。长城修筑得也较多，有西长城、北长城、东长城、陶乐长城、固原旧边、徐冰水新边，以及烽火台、关楼、城障等建置。西长城起于石嘴山，沿贺兰山由北向南进入中卫后，改沿黄河西行进入甘肃，在宁夏回族自治区境内有200余公里。这段长城上有胜金关、赤木关、打硙口、镇远关四大关隘，称为“城防四险”。北长城位于贺兰山与黄河之间，包括旧北长城和北长城两道，其中北长城在旧北长城南，均在宁夏回族自治区平罗境内。东长城在今盐池境内有两条遗迹，有头道边和二道边之称，其中部分保存较为完整。陶乐“长堤”南北纵贯，由于建筑工程简单，多为河水浸损。另外，在今同心、海原境内修筑的300多公里的防御线，历史上称之为“固原旧边”。

图4-27 宁夏回族自治区盐池境内的一段长城

明嘉靖以后又增筑自徐冰水至花儿岔黄河岸300公里边墙，称为徐冰水新边。由于固原在军事上居于重要地位，明代还重新修筑加固环绕该城西北已损废的战国秦长城，有效地利用了其防御功能，又在固原城北修筑了两道长城，并向两侧延长至固原城西南方和东北方的山中。

关于以上长城的修筑年代，史书多有记载。东长城，据《北虏事迹》记载：“成化十年巡抚宁夏都御史徐廷璋，镇守都督范瑾，奏筑河东边墙，自黄沙嘴起至花马池止，长三百八十七里。”北长城，据明魏焕《皇明九边考》记载：“宁夏北，贺兰山黄河之间，外有旧边墙一道，嘉靖十年，总制王琼于内复筑边墙一道，官军遂弃外边不守，以致边内田地荒芜。”这条旧边的修筑年代应是明初至弘治年间。西长城大部分是嘉靖至万历年间修筑的，其中的打硙口、赤木关等在《嘉靖宁夏新志》中有记载，贺兰山“沿山诸口，虽通虏骑，尚有险可凭；北侧惟打硙，南侧惟赤木，旷衍无碍。打硙旧有三关，自正德五年以来，渐至颓圮”。关于固原镇长城，据《九边图考》记载：“弘治十五年，秦究敏总制三边，筑内边一条，自饶阳界起西至徐冰水三百里，自徐冰水起西至靖虏花儿岔止，长六百余里。”关于宁夏和固原两个军事重镇的兵员情况，据霍冀

《九边图说》记载，宁夏镇“原额马步官军七万一千六百九十三员名，除节年逃故外，实在官军三万七千八百三十七员名”。固原镇所辖兵马额数的情况，据《武备志》记载：“原额官军一十二万六千九百一十九员名，见额九万四百一十二员名。原额马、骡、牛三万二千二百五十四头只，见额三万三千八百四十二匹头只。”由此可知，明朝政府对宁夏地区十分重视，除了纵横密布的长城外，对军事重镇的兵员配置也相当充足。

图 4-28 宁夏回族自治区境内纵横交错的明长城

九 宁夏明长城的著名关隘

宁夏是明代“九边”之一，在军政建置上，是总镇、卫、所、屯堡、烽堠的体系。据统计，宁夏回族自治区全境共设屯堡 90 个，烽堠 485 个。明代在今宁夏回族自治区境内的长城沿线还设置了许多关隘，皆处于各条交通的要冲地带，只是在绵亘 250 公里的贺兰山脉，较大的关口就有 37 个，可通步骑者达 50 余处。这众多的关隘，构成了一套严密的军事防御体系，为保障宁夏平原及关中地区的安全发挥了应有的作用。现在就让我们到几个著名的关隘去游览一番。

1. 镇远关与打硙口

镇远关位于宁夏回族自治区北部平罗西北 40 公里处。镇远关之名，取“镇守边远关隘”之意，设在明代的旧北长城上。它东临波涛滚滚的黄河，西依群峦起伏的贺兰山，北枕从北迤延而下的桌子山。这里地处众多川渠之中，即所谓“山水相交，最为要地”。它依山川之险，扼南北交通要冲，成为宁夏平原北面的门户。这里是明代的边防要塞，修筑有镇远关墙，嘉靖九年（1530 年）修有北关门墙，是明代长城的重要组成部分。

宁夏平原自古灌溉农业发达。东汉时，这里已是“各家殷实，盐产富饶，牛马衔尾，牛羊塞道”的绿洲，素有“塞上江南”“塞上谷仓”之称。鞑靼贵族对这片富饶的土地早已垂涎三尺，常来袭扰和掠夺。镇远关作为宁夏平原这一著名粮仓的门户就显得十分重要。明嘉靖十二年（1533 年），鞑靼部吉囊率军来犯，宁夏总兵王效、副总兵梁震率部在镇远关将其击败，接着乘胜追击。吉囊的部队逃到蜂窝山，喘息未定而追兵又到，乱作一团的鞑靼兵争先恐后地抢着过河逃命，淹死者甚多，明军大获全胜。另外，到此游览，我们还会情不自禁地想到宋代名将岳飞《满江红》中，那“驾长车，踏破贺兰山缺”的豪迈诗句，不禁为岳飞那炽热的爱国热情感动！镇远关西面的贺兰山，山势巍峨险峻，遥望宛如骏马。山上名胜古迹甚多，林木葱郁，泉水潺潺，是游览避暑胜地。

镇远关附近有武当山，山上原有庙宇，名武当山庙，是宁夏平原北部著名的佛教寺院之一。武当山庙由山门、钟鼓楼、过殿、塔、后殿等组成，建筑精美，宏伟壮观。据现存的清嘉庆十四年（1809 年）《武当山建立狮子碑记》称，武当山庙“乃山林古刹，西夏名兰……乾隆三十年之间，省翁大和尚驻锡于此”。古代蒙古族人常前往瞻拜，香火不断，是蒙汉各族人民频繁交往，促进思想文化交流的重要场所。

打硙口是明长城宁夏镇的重要关隘，坐落在今宁夏回族自治区石嘴山北 2 公里处，处于内蒙古自治区河套及阿拉善地区进入宁夏平原的咽喉要道，具有十分重要的战略地位。打硙口建于明初，沿沟谷设三道关。《嘉靖宁夏新志》记载，贺兰山“沿山诸口，虽通虏骑，尚有险可凭；北则惟打硙，南则惟赤木，旷衍无碍。打硙旧有三关，自正德五年以来，渐至颓圮。套虏由东而西，则取捷径于此口以出；由西而东，则取捷径于此口以入”。由此可知打硙口的重要作用和沿革情况。巡抚都御史杨守礼有诗云：“打硙古塞黄尘合，匹马登临亦壮哉。云逗旌旗春草淡，风清鼓吹野烟开。山川设险何年废？文武提兵今日来。收拾边疆归一统，惭无韩范济时才。”

明嘉靖十年（1531 年），为了加强打硙口一带的防御能力，明廷又在打硙口以南修筑一段长 18 公里的北长城，在明军退守新长城不久，居于新修北长城以外的打硙口就被蒙古族士兵占据，这样就给长城防线构成了威胁。明军与其进行多次争夺，战火不绝。仅明嘉靖十六年至十八年（1537—1539 年），被明廷称作“打硙口大捷”的战斗就有两次。在此形势下，很多人提出重修打硙口。

明嘉靖十八年（1539年），杨守礼以右副御史巡抚宁夏时，率领宁夏镇总兵官都指挥等人到打硙口实地考察，后向朝廷提出了“复边关以固地方”的奏请。当时戍守此地的将士们，都受此议之鼓舞而“欢跃待命”，但明廷不知何故没有批准这个建议，从此以后打硙口便成了蒙古族士兵任意出入贺兰山东西之捷径。

2. 贺兰口、拜寺口与三关口

贺兰口、拜寺口与三关口，都位于贺兰山中部，均为明长城在宁夏镇的重要关隘。

贺兰口在北，拜寺口居南，两口相距25公里，属一个防御体系。贺兰山中部是贺兰山最险地段，这里山峰高耸，关口三面皆被山峦环绕，东面是宁夏平原。因贺兰山险不易逾越，所以仅在关口处建有城墙，在山的深处建有若干烽火台，与平川地带的守军相呼应。虽然现在关口的防御建筑设施多已被毁，但当年驻守长城将士所题刻的不少摩崖刻石均清晰可见，多为嘉靖、万历年间官员的巡

图4-29 贺兰山登山口深谷里的岩画

边题记和修边纪实。

在贺兰口沟谷两岸的山岩石壁上，还有一些岩画。这些古代岩画，题材以类人头像为主，约占半数之上，其余的还有马、驴、牛、羊、鹿等图形和狩猎、人手、人脚印等形象。岩画画风古朴浑厚，多用利石、金属磨刻凿成，以人面形居多，或插羽毛，或留发髻，或长犄角，或着头巾。有的高鼻大耳满脸毛须，有的口衔骨头。多数人形有眉无眼。据考证，这些岩画创作于 3 000 多年前，是我国古代西北一带党项、羌戎、突厥、鲜卑、匈奴等游牧民族创作的，真实地记录了他们的生活习俗和社会活动的场景，堪称古代少数民族珍贵的艺术宝库。

图 4-30　贺兰口沟谷岩画中的人面像

据说拜寺口原有南寺、北寺百余所，故又名百寺口。史载西夏开国皇帝李元昊曾在拜寺口之巅建有避暑行宫，现早已毁坏无存，但寺口有一对高40余米的双塔还完好无损。两塔东西并峙，相距百米。东塔底面八角形，塔身密檐13层，檐下有砖雕兽头，刀工娴熟、神情奔放。塔顶为莲花瓣形刹座，承托着数层相轮而收顶，设计非常巧妙。整座塔室为圆形厚壁空心式木板楼层结构。原有楼梯已毁。西塔有14层，高度及外形与东塔相似，保存较好。除第一层外，各层塔身檐下有壁龛，龛内佛像或坐或站，各具神情。塔壁上的对称兽头口衔串珠，塔棱转角处塑有彩色佛像。

在拜寺口西南，距双塔7.5公里的山沟内，有一座高41米的方锥形砖塔。塔周围怪石、山林争姿斗奇，又有泉水潺潺、繁花簇拥。沟内2.5公里处有名为殿台子的山峰，

图4-31　保存较为完整的拜寺口双塔

图 4-32 地势险峻的三关口明长城

其东西各有一平坦台地，俗称东西花园，据说为元昊理政游玩之地。

三关口，又称赤木口，位于贺兰山中部，处于由内蒙古自治区阿拉善高原进入宁夏平原的咽喉要道，古为银川“城防四险”之一。贺兰山一脉相承，十分陡峭，但到三关口处突然平缓，关口地带地势开阔，出于防御上的需要，明王朝对此十分重视，据载仅一次修关就派了 4 000 多名军夫。平常在此驻守一名游击将军，统千军以防之。《嘉靖宁夏新志》载，三关口为嘉靖十九年（1540 年）都御史杨守礼、总兵官任杰修筑，由东向西设三道关。头道关为主关，南北与长城主体相连接，夯土城墙起于北侧山上，过关后向南蜿蜒而去。过头道关西去 2.5 公里为二道关，再向西约 2.5 公里为三道关，山沟宽度依次呈递减趋势。到三道关时，两山相夹一道，不失险峻之姿。有诗云：“晓登赤木口，万壑怒生风。良马犹惊险，衰身欲

堕空……”在这险峻的关口周围，还修有关城、墩台等，使其具有较强的防御能力。

从三关口向北，在贺兰山东麓洪水冲积扇上，坐落着有“东方金字塔”之称的西夏王陵。西夏是中国西北党项族在 11 世纪建立的政权，历 10 帝 189 年。西夏陵园葬有 8 位皇帝，帝陵四周又有 70 余座官僚臣戚墓。每座帝陵都是一个独立完整的建筑群体，高大的塔式陵台和多种形状的土冢错落有致。整个陵区东西宽近 4 公里，南北长 10 公里，布局仿唐宋帝陵，平面左右对称，中间有一中轴

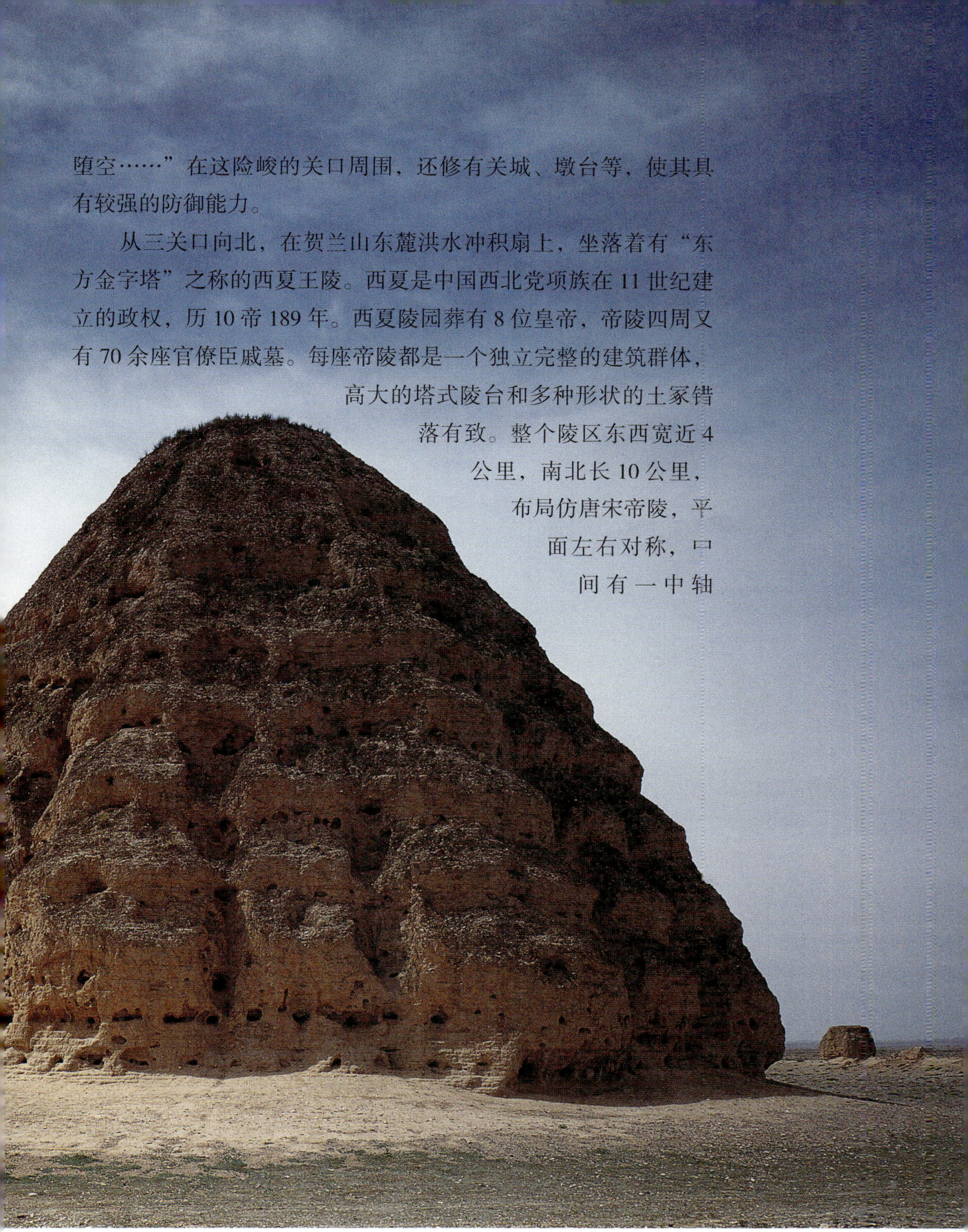

图 4-33　坐落在贺兰山东麓的西夏帝王陵墓和陪葬墓

线，以象征统治者的权威。园内由南往北排列有门阙、碑亭、外城、石像生、内城、献殿和灵台等。宁夏回族自治区的考古工作者发掘了 8 号帝陵和 3 座陪葬陵，从出土的雕龙栏杆、莲花柱础、兽面和花卉滴水等来看，当年的西夏陵园建筑是十分宏伟和华丽的。

3. 东关门与胜金关

在宁夏镇明长城的东西两端，分别有两座重要的关隘，一处是东端盐池的东关门，一处是西端中卫的胜金关。

东关门为明嘉靖初年王琼总制三边军务时，在今灵武、盐池境内所筑的河东墙，目的是使长城靠近沿线军营，以便发现敌情后随时出击。明嘉靖九年（1530 年），在“花马池城北六十步”，重新修筑了长 54 里的“沟垒”，并且在城墙上设有“墩铺五十座”。关门上有楼，高耸雄壮，上有“朔方天堑”“北门锁钥”“防胡大堑”等匾额。佥事孟霦诗：“关楼大风号古木，楼外连天荒草绿。降虏时骑白马来，胡营只在黄河曲。百战沙场鸟不飞，朔云羌笛晚凄微。长城戍卒鸣刁斗，夜夜清霜上铁衣。”

胜金关坐落在中卫东 30 公里处。贺兰山过了青铜峡之后，山体渐渐平缓下来，到胜金关一带，山虽不甚险陡，然山脉却向南凸出一角，直抵黄河北岸，在山河之间仅留下一线之路，可通往来。这种“一将守之，万夫莫过”的地理形势，使胜金关被历代兵家视为控扼宁夏平原的重要关隘之一。

胜金关为明弘治元年（1488 年）参将韩玉所筑，谓其险过金徙潼关，故名。在胜金关侧旁的山巅之上，屹立有高大的墩台，四周有较高的墙坞，围墙外侧借山坡之势，经过人工的雕凿削劈而形成悬绝的陡壁。在山嘴西侧的坡地上筑有关城，但在清同治五年（1866 年）被毁。同治年间，西北回族人民不堪忍受清朝封建统治阶级的残酷压迫，纷纷举起起义的大旗。清同治四年（1865 年）回民起义军分兵进军胜金关、石空堡等军事要隘，将清军守将梁生岳部全部歼灭。同治五年（1866 年）六月，起义军在进攻定远营（今内蒙古自治区巴彦浩特镇）失利后，乘清军不备回师胜金关，全歼了清军，守将提督梁飞猛仅以单枪匹马逃奔广武城。同年九月，起义军焚毁了胜金关关城。今日只可看到60米见方的关城遗址，还保留有1~4米高度不等的城墙残存。

图 4-34　控扼宁夏平原的重要关隘——胜金关遗址

胜金关是中卫城的咽喉，如果攻下胜金关，中卫城便无险可守了，建于明初的中卫城也早已无存了，但坐落于中卫城正北的中卫高庙却完好地保存下来。

中卫高庙建在连接城墙的高台上，始建于明永乐年间，当时称新庙。清康熙年间重修后，改名玉皇阁。现存建筑系清代咸丰后修葺增建，俗称高庙。据堪舆家说，中卫市南山高，北山低，客欺主，故修高庙以取平衡，补自然之缺陷。在2 000多平方米的高台上建近百间重楼叠阁，主要建筑有高台下的保安寺山门、大雄宝殿、砖雕牌坊、南天门、圣母殿、钟楼、鼓楼等。砖雕牌坊上有副对联耐人寻味，上联为“儒释道之度我度他皆从这里”，下联是“天地

图 4-35　殿宇精巧、檐牙相啄、曲廊有致的中卫高庙

人之自造自化尽在此间”，横批为“无上法桥”。这里入供的有佛陀、菩萨，还有玉皇大帝、文昌君、关公等，这种儒释道三教合一的宗教场所在全国是极为罕见的。

第五章
草原飘带
——内蒙古地区长城

有人把内蒙古自治区比喻为一座内容丰富的长城博物馆，这是一点儿也不为过的。这里保存有从春秋战国时代的赵、魏、秦、燕各国，到秦、汉、北魏、北齐、隋、辽、金、明各代的长城遗迹。这些遗迹有的蜿蜒在阴山山脉，有的横卧在荒漠的戈壁，还有的出没在草原深处。全国有10万多里长城，内蒙古自治区境内就有3万多里，占全国长城总长的三分之一。长城对于遏制这一地区战争规模的扩大，保障当地各族人民的生产和安全，曾起到积极的作用。

一 从大兴安岭到马鬃山

大兴安岭位于内蒙古自治区东端，马鬃山位于内蒙古自治区西端，在这东西长达数千公里、面积达110多万平方公里的范围内，分布着历代的长城遗迹。现在就让我们从东向西，探寻一下长城大致的分布情况吧。

在内蒙古自治区境内最东端的是辽金长城。辽代长城从呼伦贝尔草原西部，向西横亘于今中、俄、蒙三国境内，基本呈东西走向，全长约700公里，在俄罗斯境内的长达120公里，在蒙古国境内的长约400公里。金代所修筑的长城有两条，一条东北起自内蒙古自治区莫力达瓦达斡尔族自治旗境内，西南止于包头东郊的黄河岸边；另一条东起大兴安岭，西至今蒙古国境内的德尔盖尔汗山。

图5-1 内蒙古自治区武川境内的金长城防御体系遗址

金长城总长近万里，是继秦汉之后的又一条万里长城。金长城绝大部分横贯于内蒙古自治区东北至西南的草原地带，故又被称为“草原万里长城”。

在内蒙古自治区中部一带，历代长城分布密集，有西周时代的南仲城、战国时代的赵长城和魏长城、秦汉长城、北魏长城以及明长城等。这些长城大部分呈东西走向，也有个别长城或长城的某些段落呈南北走向。

周南仲城位于河套地区的黄河南岸，因河水侵蚀加之风沙淹没，遗迹已不甚明显。但对于在此修筑的周南仲城，历史文献多有记载。西周宣王时，玁狁活跃于中国北方，常常南犯周之边境，宣王多次下令出兵防御，并派大将南仲在朔方（今内蒙古自治区河套一带）构筑城堡。这种小城堡是一座座互不相连的单体，史家称“周南仲城”。这件事在《诗经·小雅·出车》中有记载：“王命南仲，往城于方。出城彭彭，旂旐央央。”意思是说，周王命南仲去朔方筑城，车马浩浩荡荡，旌旗一片辉煌。又说：“天子命我，城彼朔方。赫赫南仲，玁俨于襄。”战功赫赫的南仲，终于将玁俨扫荡。

盖山林、陆思贤合著的《内蒙古境内战国秦汉长城遗迹》中提道：秦、赵、燕三国的长城主要在阴山山脉，东至燕山北麓的余脉与丘陵地带。由南往北数，第一条在阴山山脉南麓；第二条在阴山山脉的深山峻谷和阴山北麓，东至燕山北麓的余脉之中；第三、四两条在阴山山脉以北的蒙古高原上。

秦昭王时修筑的长城，在内蒙古自治区境内还有遗存。这段长城遗存西起鄂尔多斯市伊金霍洛旗，东抵准格尔旗东北十二连城。这段长城主要沿内蒙古自治区南部一线呈东北、西南走向。西来进入内蒙古自治区后，从伊金霍洛旗纳林塔乡束会川西岸，沿川北上。登上巴龙梁高处远眺，就可看到这条长城遗迹。它曲折蜿蜒，随地形高低起伏，愈伸愈远，仿佛直达天际，隐没于苍茫烟云之中，甚是奇伟壮观。鄂尔多斯高原上的秦昭王长城，多是夯土筑墙，也有石筑的，大多为就地取材。在纳林塔乡白家梁村长城梁的一段秦长

城，长百余米，就是用自然石块垒砌的。墙缝既无引泥，又无白灰，故呈现出不规则的百眼千孔，当地人称“干砌墙”。秦昭王长城在到达十二连城之北、黄河西岸这一段时，曲折蜿蜒，有三处明显的转折点，分别是敖包梁、坝梁和公益盖梁上的点素敖包。修筑秦长城时为了控制这几处制高点而有计划地把它们连在一起。在这里修筑长城可以居高临下，既可以凭此扼守鄂尔多斯东部战略高地，又可卫护浦水这一军事通道，同时还可控制黄河天堑。从十二连城之东即赵武灵王时所建的云中郡城，沿大黑河北上即可到达阴山脚下。秦朝时，蒙恬又于十二连城一带修筑了“榆溪塞”，也称“榆林塞”。此塞到了汉代还继续使用，称“榆溪旧塞”、“秦旧塞”或“汉南塞”。

燕国修筑的长城在内蒙古自治区境内共有三条。第一条是秦开却胡后所修筑的燕北界长城。因这段长城行经赤峰北，亦称“赤北长城”。第二条修筑的时间晚于赤北长城，在赤峰南侧，也叫“赤南长城”。这两条长城均呈东西走向，呈平行状态。赤南长城西起河北围场满族蒙古族自治县中部的朝阳湾镇边墙村，由此东行，进入内蒙古自治区喀喇沁旗南境，经娄子乡，又东北行，过山前方，再东北行，沿山岭屈曲进入赤峰的美丽河镇，再继续东行至辽宁境内。第三条长城是老虎山长城。这是1975年才发现的，位于赤南长城之南敖汉旗南部边缘的四家子镇老虎山一带。长城顺羊山北坡而下，穿过大凌河支流老虎山河，从老虎山上往东南行，越过一片缓坡丘陵地带，进入辽宁建平境内。这段长城现存长度仅5公里左右，大部在内蒙古自治区敖汉旗一带，现存段落保存得较为完好。老虎山长城襟山带水，南面又以大凌河主流为依托，地理位置十分重要。

燕长城在筑造技术和地形选择上有自身特点。石筑长城多在山区，均用自然石块垒砌，内外侧墙体较为规整，中间以乱石碎块或沙砾等充填，因此比较坚固，至今城墙仍未完全倒塌。而土筑长城一般多选在土质较厚、地势平坦而又缺石的地区。总之长城因就

◀ 图 5-2 内蒙古自治区呼和浩特北坝子口村秦汉长城旧址

地取材，修筑方法也随之而异。当地人很形象地称石筑长城为“石龙”，土筑长城为“土龙”或“沙龙”。

秦始皇所修筑的万里长城在内蒙古自治区境内主要分布在阴山山脉，除了连接原秦、赵、燕三国所筑长城外，还新扩充了一些城址。秦始皇所筑长城从宁夏回族自治区进入内蒙古自治区阿拉善左旗后，一直向东北方向，经乌拉特后旗，延伸到狼山。后又经大青山的北麓向东伸展，其中新增筑的部分和原赵长城相比，向北大约推进了 50 公里。其中从呼和浩特东北大青山口至辉腾梁山的这段秦长城，用险制塞，大都建在阴山要口，于深入山口十余里处的陡立峡谷中切断山路，筑起一条如同封山水库大坝一样的土石混筑或石筑的“当路塞”。秦之“当路塞”，汉代也沿用了，如《资治通鉴》（卷十八）记载，武帝时，“匈奴绝和亲，攻当路塞，往往入盗于汉边，不可胜数”。另外，在卓资北大青山大黑龙贵沟、喇嘛洞沟口、东石虎子等处，均筑有“当路塞”。其中喇嘛洞沟口一段，长约 500 米，宽 5 米，高 2 米，为石砌筑。除在沟底筑横坝外，又在沟的东西坡上筑有护坡墙，建在横坝之上，两者连成一体，形成一道非常牢固的防御工事。

盖山林、陆思贤合著的《内蒙古境内战国秦汉长城遗迹》中提道：自内蒙古自治区化德县向东，经太仆寺旗、多伦县，到赤峰北和敖汉旗这段秦朝长城，是在原燕国赤北长城的墙址上加以修缮而成的。阴山山脉大体分成三段，东段是大青山，中段是乌拉山，西段是狼山。大青山后，地势较为平坦，宜于夯土长城的修筑，但在狼山的后面，群峰峥嵘，因此长城在山里只好用石块构筑。土质与石质长城，以固阳以北，昆都仑河的上游为界。综观内蒙古自治区境内的秦始皇长城，大多数迤逦在山岭上或河谷旁，遇山用石垒，平地则土筑，石垣保存较好的高 4~5 米，基宽 4 米，土墙基宽 5~6 米。在长城的重要关口和高地上，设有烽火台和城障。烽火台用土筑或石垒，一般呈圆形，直径约 10 米，间距 1 里左右，城障呈方形，边长 150 余米，往往只开一南门供出入。

图 5-3　内蒙古自治区固阳什尔腾山北坡秦始皇长城遗址

西汉时期，北方匈奴活跃，为了加强对匈奴的防御，汉朝政府在阴山以北修筑了两道平行的外长城。汉代长城历经今内蒙古自治区的阿拉善、巴彦淖尔、包头、呼和浩特、乌兰察布、锡林郭勒、赤峰等地，在内蒙古自治区境内的长度仅次于金长城。

汉朝初年，汉王朝在几次武力反击匈奴获胜之后，首先把秦长城加以修缮利用，接着又构筑新的长城和亭障、烽堠、列城，加强防务。汉代除修缮原秦长城外，还新筑了一些段落，这些新筑之长城与秦长城相比，位置向南推移了，有些地方距秦长城有数百里之远，因为原属于秦的疆域，这时已归匈奴所有。

据《汉书·武帝纪》载，为了进一步加强对匈奴的防御，汉政府于太初三年（公元前102年）夏，“遣光禄勋徐自为筑五原塞外列城”，五原塞即五原郡的边塞，在今乌拉特前旗、固阳一带。在这里筑的城障列亭，远者千余里，西北至今蒙古国境内的卢朐山。《史记·匈奴列传》载，同年，汉又“使强弩都尉路博德筑居延泽上”。“居延泽”即居延海，在今内蒙古自治区阿拉善盟额济纳旗北境。居延海附近为当时河西地区与漠北往来的重要通道，汉为防备匈奴，就在这里筑居延城以遮断通往河西之路，因此居延城又名遮虏障。

图 5-4 额济纳河边的汉烽燧

城障、亭燧自此展伸至河西走廊，与河西长城衔接。

图 5-5 内蒙古自治区增隆昌古城遗址

汉代将修筑的列城、堠城、亭燧和烽火台有机地连在一起，布局十分合理。列城之间，筑一供瞭望侦察用的堠城，在堠城之间，建一亭燧，用来报警。每相隔数十

里，还筑有较大的烽火台。它们与长城联成一体，使长城内外广大地区形成一个牢固的防御工程体系，大大增强了汉王朝的防御能力。

五原塞外的列城，史称光禄塞。光禄塞也叫外城，主要是用石头建筑，南北两道，横亘于沙漠、戈壁与草滩上。现在遗迹犹存，若站在山顶俯瞰，城台连绵不断，亭燧鳞次栉比。可以想象它在2 000余年前的雄伟气势。

据《魏书》记载，为防御北方的柔然和东北部的契丹，北魏政权修起了“起自赤城，西至五原，延袤二千余里”的长城。“五原”故址在今内蒙古自治区包头昆都仑河西岸孟家梁古城。从实地考察看，这道长城东起河北赤城，绕独石口镇转西至张北，继续西行到达内蒙古自治区境内，再向西至固阳北境，最后达阴山。这道长城留下的遗迹断断续续，一般宽3~5米，高半米。长城沿线发现不少文化遗存，如在古墓葬中发现了金马驹、金轿车等陪葬品，在古城址中发现了写有隶书“万岁富贵”文字的瓦当，均为鲜卑族文物。可见他们长期生活在这道长城附近，创造出具有鲜明特色的文化。

魏太武帝时，为了加强对北境的防御，又在长城内侧的关口要塞之处设置了6个军镇，并派重兵把守。这6个军镇中的5个都设在今内蒙古自治区境内。北魏战胜柔然后，还

图5-6　榆林东南的防御重地——鱼河镇

迁徙柔然、高车（汉称丁零，晋称敕勒，隋称铁勒。因所用车轮高大，北魏多称其族为高车）之民充实边镇地区，从事农耕，缴纳税赋。此举有力地促进了长城沿线经济的发展。北魏太和十八年（494年）八月，孝文帝元宏还曾到今内蒙古自治区的4个军镇巡视，察看长城沿线防务。

除了北部这条长城外，北魏政权还从司州（今大同）及幽、定、冀诸州（均在河北）征发大批劳动力，在京都平城周围千里地面上筑"畿上塞围"，以环护京城及周围地区的安全。

北齐建立之后，其北境仍有柔然、突厥、契丹、库莫奚等游牧民族。为了加强对这些民族及对北周的防御，北齐在北部和西部曾大规模地修筑长城。其中有一些经过内蒙古自治区境内。例如曾自西河总秦戍（今内蒙古自治区清水河的老牛湾）筑长城，东至于海。

北齐政权前后修筑长城东西长1 500余公里，并在要害之处设置州、镇凡25所。此外还修筑了南北向的长城。其经过内蒙古自治区的大体走向是，从山西境呈东北方向斜经内蒙古自治区清水河、和林格尔、凉城、丰镇、兴和，再进入河北境。这道北齐长城，在内蒙古自治区境内长360余公里。北齐政权为增强防御能力，还曾在长城内侧修筑过重城。重城也称内长城，是长城的第二道防线。据《资治通鉴》（卷一六七）记载："齐人于长城内筑重城，自库洛枝东至坞纥戍，凡四百余里。""库洛枝"在今内蒙古自治区清水河，"坞纥戍"在山西。

北齐长城和后来的明长城几乎在同一位置，也就是说明代长城利用了北齐长城旧迹，在建筑上呈叠压关系。所以北齐长城在地面暴露较少，在内蒙古自治区境内没有什么遗址可寻。不过我们从河北黄崖关等处发现的北齐长城遗迹，可知内蒙古自治区北齐长城之端貌。从总的情况看，北齐长城的规模虽远逊于秦汉长城，但对于一个幅员不广、人口有限的封建王朝来讲，能在较短的时间里，修筑起纵横长达数千里的长城，不能不写入长城建筑史。

根据史书记载，隋代曾7次修筑长城，主要是防御北方的突厥。

隋代长城多在前代基础上修补，但也新筑 2 条。其中隋炀帝大业三年（607 年）所筑的一条在内蒙古自治区境内，称“榆林紫河长城”。据《北史》记载，大业三年（607 年）七月，隋炀帝“发丁男百余万筑长城，西距榆林，东至紫河，二旬而罢”。“榆林”在今内蒙古自治区准格尔旗十二连城。“紫河”就是今天的浑河，它从山西右玉的杀虎口附近流经内蒙古自治区和林格尔和清水河入黄河。这条隋长城全长 100 余公里。

隋炀帝在修筑长城的同时，还修建了一条宽百米的御道，西起榆林，东至蓟县（今天津蓟州），长约 1 000 公里。这条御道可以说和长城是有密切关系的，隋炀帝常循着这条御道巡视长城防务，而且多次到达内蒙古地区。传说有次出塞巡察，兴之所至，还曾以“饮马长城窟行示从征群臣”为题，洋洋洒洒写有 150 字。其中开头几句为：“肃肃秋风起，悠悠行万里。万里何所行？横溪筑长城……”皇帝亲自赴长城沿线视察，对守边军民无疑是种鼓舞。

图 5-7　毛乌素沙地中的明长城遗迹

在内蒙古自治区中部，明代的长城遗址最多。明代修筑长城达到“全盛”时期，曾修筑过外边（也叫大边）、内边（也称小边）、次边三条长城。三条长城在内蒙古自治区均有分布，尤其是次边长城，全部绵延在内蒙古自治区乌兰察布市西南山地。次边居北，外边居中，内边居南。明代还称长城为“边”或“边墙”。从山西偏关至内蒙古自治区准格尔旗东南部的马栅乡大战村这段属外边，外边在内蒙古自治区境内的长度近500公里。明代所修的内边长城在内蒙古自治区境内只有几公里。内蒙古自治区境内的明次边是明代较早修筑的长城，也称“二道边”或“二道边墙”。次边西起准格尔旗青草峁村，从外长城分出，东北行，经清水河县城西北，沿盘山西岭进入和林格尔和凉城，又绕丰镇隆盛庄东行，最后到达兴和的平顶山，成一弧形。次边全长约350公里，均在内蒙古自治区乌兰察布市境内。

次边是保卫明京师的第一道防线，建于明初，它西据黄河，北扼阴山，东面、南面与大边隔山相望，相互拱卫，是防御蒙古族诸部骑兵南下的第一道险阻。这段数百公里的长城是经历了几代帝王才逐年分段筑成的。明代这段次边的建筑方法和大边不同。大边是一道墙，重要的地段全是砖石结构，整齐如一，雄伟壮观。次边是两道土墙并行，两道墙完全是夯土筑成，形如水槽，两边高起，中间为壕，完全继承了金代长城的遗风。如丰镇隆盛庄和清水河五良太乡的次边长城遗址，层次清晰，每层厚24厘米，边墙墙基宽7米、残高3米、基深1米，两墙之间的宽度约13米。据考察，这段明次边是在隋代“西距榆林，东至紫河”的旧长城基础上修筑起来的，隋长城遗址就叠压在明次边长城之下。

沿着明次边筑起的烽火台既高大又结实，它们不用砖石垒砌而全用夯土版筑而成，台体不是圆形，而是上小下大的方形墩子，大约每2.5公里设置一座。明代次边还有一种夹道墩台，修筑在次边内外古道两旁，南北走向，与明次边形成“丁”字形。另外，在次边内侧还筑有许多小城堡，供边防戍卒驻守。堡呈方形，只开一门，当地人俗称“土围子”。明代次边由于在其内侧配置有星罗棋布的墩台、夹道墩台和城堡，防卫能力大大加强了。

明代的外长城在内蒙古自治区境内只是一部分，它东起兴和，中经丰镇、凉城、和林格尔，西抵清水河的黄河岸。这段长城大部分位于内蒙古自治区与山西天镇、阳高、左云、右玉、平鲁、偏关的交界处。内蒙古自治区境内的明代长城分别属九个军事重镇中的大同、山西、延绥三镇管辖。属于大同镇的长城，经过今内蒙古自治区乌兰察布市兴和、丰镇、凉城，呼和浩特市和林格尔、清水河南境。从遗迹看，大部分是夯土筑墙，但在一些重要关口险塞地段用砖石砌墙，非常坚固。例如，丫角山东长城，其中有一段城墙就是用大条石砌筑，高 26 层，每层厚 26 厘米，条石之上砌有高 3 米的青砖墙，梯道台阶也全部用方形青砖铺成。长城筑在高山上，气势磅礴，可与北京的八达岭长城相媲美。

明内长城是由晋北延伸到内蒙古自治区南境的，这是明朝为防蒙古族骑兵越过次边、外边长城进入北京而修筑的第三道防线，同时也用来保障都城西部的安全。

内长城是在北魏、北齐与隋长城旧址上增补而成的。内长城大部分地段均在山西、河北和北京境内，只有很少一段在内蒙古自

图 5-8　榆林至杨河畔的一座小村庄，住房与长城城墙浑然一体

治区境内。其具体位置在今清水河北堡乡，从五眼井至柏羊岭这段仅 5 公里长。应当说明的是，这段内长城原属山西省，解放战争时期划入内蒙古自治区。这段内长城为南北走向，全是黄土夯筑，迄今遗迹最高的达 8 米，夯土层清晰可辨。在口子村一带有一夯土方形烽火台。这里边垣蜿蜒，榆树掩映，墩台屹立，颇具塞上特色。

因五眼井为内长城的北端，明朝政府曾在这里设堡，并驻重兵扼守。据《山西偏关志》载："五眼井保（堡）在关东一百十七里，明崇祯十年兵使卢有竹建，周广一里，东与平鲁接界，为内外两边之要隘。"该堡为一座砖石砌筑的方城，四角设炮台，只开一门，防御严密。这里驻军的武器装备精良，堡中配有生铁铸造的护城大炮，重约千斤，人称"大将军"。1980 年在此还出土有熟铁锻造而成的重约 30 公斤的小炮，因炮形如牛腿，人称"牛腿炮"，由此可见明政府对此堡的重视。

二 包头周围古长城

固阳在今包头市区北的阴山山脉，这里离包头较近。该地带在古代一直是“塞外通衢”，北依大青山，南临黄河，属战略要地，故许多朝代都在此筑有长城，迄今还有不少遗迹。

战国时期的赵国长城遗迹较为清晰，它东起大庙以东，西至哈业脑包的哈德门沟口，长约45公里，犹如一条土龙，蜿蜒起伏，跨山越水，迤逦于丘陵之中。在大庙村东1公里处有一座烽燧遗址，建在很高的土山顶上，居高临下，极目远眺，数公里内的景物尽收眼底。关于这段赵国长城的位置，北魏著名地理学家郦道元在《水经注》中曾做过描绘：“南面长河，北背连山……”由此可知，赵

图5-9 内蒙古自治区包头赵北界长城遗址

长城实扼山川之胜。已故当代著名历史学家翦伯赞先生 1961 年在《登大青山访赵长城遗址》一诗中写道：“骑射胡服捍北疆，英雄不愧武灵王。邯郸歌舞终消歇，河曲风光旧莽苍。望断云中无鹄起，飞来天外有鹰扬。两千几百年前事，只剩蓬蒿伴土墙。”

包头南面的鄂尔多斯，位于闻名遐迩的鄂尔多斯高原。它躺卧在九曲黄河和万里长城的怀抱里，是一块古老而神奇的土地。这里有战国时代的魏长城、秦昭王长城等。

战国时期，魏国所修的西长城，后来又延伸到内蒙古自治区境内。《史记·魏世家》有魏惠王十九年（公元前 351 年）“筑长城，塞固阳”的记载。这条长城在魏惠王九年（公元前 361 年）以后所筑的西长城的基础上继续向北延伸，至固阳为塞。这里需要说明的是，魏修的西长城不仅仅是为了防御日渐强盛起来的秦国，而且还有防戎之意。魏国的西北部还有一部分领土与西戎接壤，故长城向北延伸大有必要。1978 年 6 月，昭乌达盟（今赤峰市）文物工作者曾在包头东南黄河对岸的达拉特旗的白泥井镇，发现了一段魏长城遗迹，东西走向，呈白土色，时隐时现。它起于白泥井镇李三壕村，跨过哈什拉川，经新民堡乡、王爱召镇、树林召镇，至粉土圪旦，长约 200 里。长城为夯土筑墙，杵窝圆形，直径 10 厘米，墙顶残存高 2.47 米。另外，1979 年在准格尔旗黑岱沟乡等处也发现了魏长城遗迹，其墙基除土筑之外，还有用石块包砌内外壁面的。由此看来，魏长城是修到了内蒙古自治区境内的包头附近。

秦昭王长城在伊金霍洛旗，人们登上巴龙梁远眺，就能看见这条浩瀚的长城，隐没于苍茫烟云之中，甚是奇伟壮观。这段长城沿准格尔旗的巴龙梁北上，经神树沟、德胜梁，北至坝梁后复折而东至点素敖包，最后到达十二连城之北黄河西岸。该段长城的地理位置十分重要，既可凭以扼守鄂尔多斯高原东部战略高地，又可护卫南水这一军事通道，同时还可控制黄河天堑。从十二连城过黄河之东是赵武灵王时所建的云中郡城，由此沿大黑河北上即可到达阴山脚下，故对防御匈奴的进袭十分有利。

离开秦长城，可顺便到伊金霍洛旗去旅览一下成吉思汗陵。整个陵园呈正方形，边长达 15 公里。主体建筑是三座相连的蒙古包式的大殿。围墙是具有垛口的城墙。整个建筑群落规模宏大、色彩绚丽、款式别致、独具一格，且显得十分庄严肃穆、雄浑高雅。

长城专家高旺在《内蒙古长城史话》中提到，在固阳境内，还有秦始皇时期的长城，为公元前 215 年蒙恬率大军北击匈奴“悉收河南地”后而建。这段长城因位于色尔腾山康图沟村附近，亦称康图沟长城。长城由康图沟向东西延伸，西段出九分子乡康图沟村，经永和公村，进入坝梁村和西斗铺镇，而后与乌拉特前旗东北部小佘太乡的秦长城相连接，最后西迤于乌拉特中旗的狼山之中。东段从康图沟村东行，又沿大青山北麓经四成公村、东胜永乡五前沿村，再横穿大庙乡和银号镇，而后与武川哈拉门独乡的秦长城相接。

图 5-10 成吉思汗陵

由于这里山峦起伏，长城依山形地势而建，材料就地取用，山上用石块垒砌，平地用黄土夯筑。修筑在山上的长城，气势非凡，雄伟壮观。康图沟长城内侧还建有烽火台和城障，以供驻兵戍守之用。

在内蒙古自治区固阳秦长城所经过的山梁上还发现了岩画。这些岩画的图案内容有长角弯曲、身体肥壮、短尾上翘的羊和骑马的牧人，体现了北方游牧民族的生活气息。这些岩画不管是当时刻画的，还是修长城时从别处搬来垒砌上去的，对于研究北方游牧民族古代经济文化都有一定的价值。

固阳康图沟秦始皇长城是一处著名的观光点，这里山清水秀，风景宜人。山谷里有潺潺流水，山坡上有盛开的各种花。登上山顶长城，极目远眺，只见群山起伏，重峦叠嶂，使人心旷神怡、赏心悦目。秦始皇长城就雄踞在这崇山峻岭之间。这里集风光与名胜于一体，是一个游览长城的好去处。

在今包头昆都仑沟北面，山势陡峻，峡深谷窄，两侧石崖陡立，俨似巨壁中的窄缝。汉代在这里修筑了障塞——石门障。这是扼守长城的军事要塞。在障塞的两侧，依大青山的险峻地势修筑了长城，并沿边设防，主要是为防御匈奴南下进攻河套地区。

三 呼和浩特市、集宁附近的秦汉长城

地处蒙古高原的呼和浩特和在乌兰察布境内的集宁，都是久负盛名的“塞外镇”。由于交通便利，地理位置重要，可北上南下，西去东来，不少朝代的长城在此均有分布，特别是秦汉时期的长城遗迹最多。

位于乌兰察布境内集宁附近的辉腾梁山，属于阴山山脉中段，东连大马群山，西接大青山。辉腾梁有两条长城，统称为辉腾梁长城，均为秦汉时所筑。这两条长城各呈弓形，一绕山梁之南坡，一绕山梁的北面，形成一椭圆形的围墙。梁南长城遗迹，长 100 余里，据推测是汉代在修缮秦朝长城时，有些地段可能向南移动了一下，故也称汉南迁长城。这里有不少汉代的烽火台遗址，在遗址内出土了许多汉砖汉瓦、铜钱币、箭镞等，既证实了汉代守边戍卒曾在此居住，又展现了汉代的文化艺术和军事艺术。

梁北长城东西横亘在一马平川的大草原上，这段长城是秦始皇在战国赵武灵王修筑的长城的基础上，加以增筑修补而成的，长 200 余里。梁北长城与梁南长城最远处相距 100 多里。

辉腾梁长城均采用因地制宜、就地取材的办法修筑。梁北长城经过草原时，多是用夯土筑墙，现存遗迹的墙宽 7 米、残高 1 米，如同一条绿色的长龙匍匐在草原上。高山地段用石片垒砌的长城遗迹与土筑城墙基本相同。

在这一地带还发现有 4 处城堡，它们多建在形胜之处或出入要口，四面有城垣围绕，用来据险固守。此外还有多座供驻兵戍守的戍堡和烽火台等遗迹。

因辉腾梁山位于阴山山脉，海拔较高，约 2 000 米，年平均气

温为 1.3℃。“辉腾”是蒙古语音译，意为凉爽或寒冷。辉腾梁山原系一座火山（属大同火山群），在坡度平缓的山顶草地上保留有许多大小不一呈漏斗状的洼地，这是火山停止喷发后形成的。洼地大者口径可达 500 米，深达 200 多米，每逢雨季便积水成潭，成为众多的“火山口湖”（简称“火山湖”），故这里古称“九十九泉”。每逢夏季来临，这里气候凉爽，最高气温只有 28℃。山顶上绿草如茵，野花似锦，湖面上有鸿鹄等水禽游弋戏水，草原上则是蝶燕飞舞，雀鸟鸣唱，还有山狍等野生动物出没。优美的湖光山色再衬以蓝天白云，风景自然十分诱人，所以自秦汉以来，皇家就把这里作为避暑览胜之地。历史上有不少皇帝宫眷们都曾到此避暑、观光或狩猎。因此，从秦始皇时代起，就不肯把这块宝地让给匈奴，为防备匈奴的进犯，就修筑了北部长城。

在呼和浩特西北郊也有秦汉长城遗迹。因筑在大青山白道岭上，当地人称之为白道岭长城。也有人称之为“边墙”。这段长城在北魏郦道元著的《水经注》中就有记载：“山椒之上，有垣若颓基焉。沿溪亘岭，东西无极。”可见其时这段长城就已坍塌。今遗迹高 1.5~2 米，宽 10 米左右。这段长城建于山上，因此全是用自然石块垒砌成的。在这条长城的内侧，还建有一座圆形的三层楼高的奇特建筑。相传清康熙皇帝西征噶尔丹，回师途中曾在此垒灶做饭，此后当地老百姓就称其为“康熙锅炉灶”，实际为一座守卫长城用的戍堡。

这一带长城也是历来兵家必争之地，发现了古时作战散失的三棱铜箭头、扁铁三角箭头等。北魏末年，六镇各族起义时，破六韩跋陵（匈奴族）曾率众扼守，屡破魏军。抗日战争时期，傅作义将军也曾在这里修筑了许多碉堡，迄今犹存。后来这一带沦入日寇之手。1938 年，我八路军深入敌后，挺进大青山。同年 2 月，大青山支队二营，根据司令员李井泉的部署，在此伏击日寇，共歼敌 80 余人。这是八路军开赴大青山后组织的一次重要战斗，扩大了八路军的影响，鼓舞了根据地军民的抗日士气。

四 鸡鹿塞、高阙塞与居延塞

在内蒙古自治区长城沿线，有许多重要的关塞，较为著名的有鸡鹿塞、高阙塞与居延塞。这三个要塞均为古塞。

鸡鹿塞坐落在今内蒙古自治区磴口西北沙金套海苏木太阳庙山的哈障格乃峡谷口，是汉代与匈奴之间往来的交通要道。对这一长城要塞，史籍多有记载，如《史记·卫将军骠骑列传》称，汉武帝元朔五年（公元前 124 年），“都尉韩说从大将军出窳浑，至匈奴右贤王庭”。“窳浑”为西汉元朔二年（公元前 127 年）汉所开朔方郡县之一，鸡鹿塞就坐落在县西北 30 里处。《汉书·地理志》称，朔方郡窳浑“有道西北出鸡鹿塞，屠申泽在东”。

图 5-11 汉代著名的交通要塞——鸡鹿塞遗址

在古代贯通阴山南北的咽喉要地的鸡鹿塞，曾发生过许多重要事件。《汉书·匈奴传》载，汉宣帝甘露三年（公元前 51 年），匈奴呼韩邪单于归，宣帝遣高昌侯董忠、车骑都尉韩昌领一万六千军，又征发边郡士马以千数，护送呼韩邪出鸡鹿塞北归，并调拨边塞谷米三万四千斛作为单于及其部众的食需，谱写了一曲民族团结的篇章。当然作为汉与匈奴之间的要塞，在此也曾发生过一些战事。例如东汉和帝永元元年（89 年），汉将窦宪、耿秉曾出鸡鹿塞进击北匈奴。

由于鸡鹿塞之东有屠申泽，面积约有 700 平方公里，汉代除在此筑城设防外，还在这一带大力发展垦殖业。屯戍的结果，不仅使农业生产得到发展，而且牛马遍野，垦区呈现出一派繁荣景象。

盖山林、陆思贤合著的《内蒙古境内战国秦汉长城遗迹》中提到，鸡鹿塞遗址在今沙金套海苏木巴音乌拉嘎查哈日格乃山口两侧的高地上，窳浑城往西北 15 公里，是一个小石城。城垣用石块构筑，纵峙挺拔，四角向外凸出，南设一门，外加瓮城。墙高 8 米，边长 68.5 米，基宽 5.5 米。另外还有两个类似的小石城。这些石构的城障遗迹都在长城以南，或在山口上，或在山中长城沿线。沿着长城，每隔 0.5~1 公里有石筑的烽台。这些石城、烽燧在鸡鹿塞外围，形成拱卫鸡鹿塞之势。

在包头西面阴山山脉西段乌拉特中旗呼鲁斯太苏木石兰计乡西的狼山口，有两座东西对峙的高峰，状如宫庙前所立之双柱。两峰之间成一大的缺口，远望若门阙，故此处古名“高阙”。这里地形险要，不少朝代在此设塞置关。战国赵武灵王沿阴山修筑的长城西止于此，秦汉长城也从这里经过。北魏政府在此筑城置戍，派军驻守。郦道元的《水经注》曾这样描写高阙及周围地区情况：“山下有长城，长城之际，连山刺天，其山中断，两岸双阙，善能云举，望若阙焉。即状表目，故有高阙之名也。自阙北出荒中，阙口有城，跨山结局，谓之高阙戍。自古迄今，常置重捍，以防塞道。汉元朔四年，卫青将十万人，败右贤王于高阙，即此处也。”

图5-12 控制着交通咽喉的高阙塞遗迹

战国时赵国长城修到了高阙，《史记·匈奴列传》载，赵武灵王“筑长城，自代并阴山下，至高阙为塞”。经实地考察，在今狼山口一带有断断续续的赵国长城遗迹，时而以山陵为屏障，时而又穿入深山峡谷之中，逶迤曲折，雄浑古朴，甚为壮观。这道长城大都为夯土所筑，因年代久远，风雨侵蚀严重，只剩下一条隆起的土脊，仅个别关城墙基遗存较高。秦始皇修长城时，曾利用其中部分地段作基础。《史记·秦始皇本纪》载，秦始皇三十三年（公元前214年）“又使蒙恬渡河取高阙、阳山、北假中，筑亭障以逐戎人”。“阳山”即狼山，“北假”在五原附近。在狼山口附近有秦长城遗迹，这里山峦起伏，站在长城上向北瞭望，群山犹如汹涌澎湃的波涛，地势十分险要。长城专家高旺发现，砌筑长城用的大都是紫色和米黄色的人工敲砸而成的片状石块，少数是自然石。经过历年曝晒、风化，表面已呈黑色或黑绿色。从保存较好的地方可以看到夹心部分和壁面叠压得非常规整。北侧的壁面比南侧的壁面更为陡立。长城呈东西走向，随山势起伏，绵延在崇山峻岭之中。在长城内侧高且平缓的小脊山上，还筑有烽火台，每隔300~500米就修一座。

居延塞为汉代在居延所筑的长城障塞。“居延”是匈奴语音译，意为“天池”。居延塞故址在今额济纳旗旗府所在地达来呼布镇东南。这里是匈奴南下河西走廊的必经之地，因地理位置重要，西汉在此置县，并为张掖郡都尉治所。汉武帝太初三年（公元前 102 年），使路博德于此修筑长城障塞，以阻断匈奴进入河西地区之路。居延塞亦称遮虏障，它以居延故城为中心，南达河西走廊北山之一的合黎山麓，北入蒙古腹地，今遗址尚存。汉武帝天汉二年（公元前 99 年），汉骑都尉李陵率步骑五千，出居延塞千余里，北击匈奴。唐开元二十五年（737 年），诗人王维时任监察御史，奉使过居延，有《使至塞上》一诗，生动地描绘了居延塞的景色：“单车欲问边，属国过居延。征蓬出汉塞，归雁入胡天。大漠孤烟直，长河落日圆。萧关逢侯骑，都护在燕然。”

居延城早已淹埋在沙海之中，但在达来呼布镇东南红柳丛中、沙山之下，尚存一些残垣断壁。从居延城遗址北行八九十里，有多座汉代烽燧屹立于绝壁之上或戈壁荒漠之中，这些烽燧多用石块干砌，外筑围墙，有的台顶尚存望楼。

图 5-13　内蒙古自治区出土的汉代万石仓印

由居延故城沿额济纳河而筑的长城障塞，呈东北—西南走向，墙身均不太高，可能是为了遮挡视线，阻挡骑兵。在额济纳河东岸除筑长城外，还在长城以东修了 3 个直径达数百里的塞围，在塞围之内，移民屯垦、修渠种田。沿着长城和塞围，并筑有连绵不断的烽燧。这样，居延塞及其周围的城障与烽燧就构成了一个布局合理的严密防御体系。这对防御匈奴南下，以及保护“丝绸之路”的畅通，都曾起到过一定的历史作用。

在居延附近发现了数万片汉简，汉简中记载了当时边塞上屯戍等内容，有诏令、奏章、簿书、来往公文、家信等，内容非常详细，有的可补史书之不足，是很宝贵的历史文物。

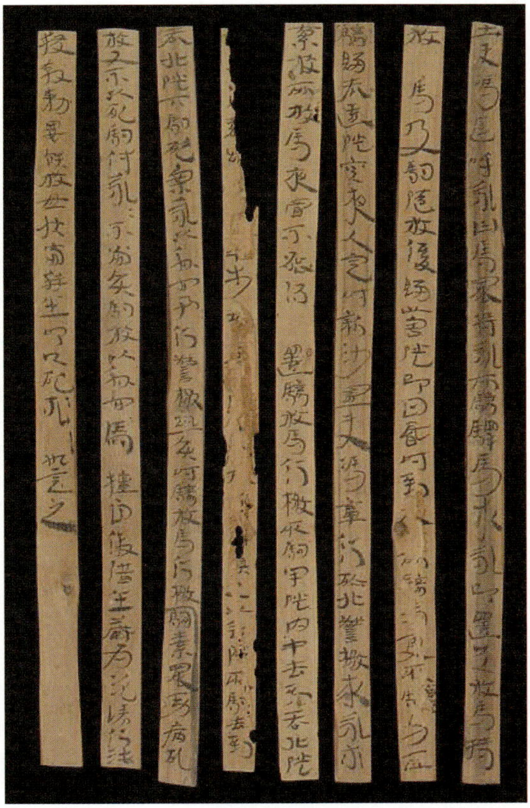

图 5-14　汉简《死驹劾状》

五 呼伦贝尔草原辽长城

辽是我国少数民族在北方建立的一个政权。在辽的北部边境仍有许多部族，例如生女真、室韦、阻卜、铁骊、兀惹、乌古、敌烈等，这些部族直接威胁着辽的安全。辽在对其多次用兵的同时，在呼伦贝尔草原西部修筑了一道长城。这道长城横亘在我国、俄罗斯、蒙古国三国境内，全长 700 余公里，是辽圣宗耶律隆绪和辽兴宗耶律宗真时修筑的。

这道长城东起呼伦贝尔额尔古纳上库力西南五六里处的一座古城，然后向西南进入拉布大林，此段长 40 余里。再沿根河南岸在平坦的草地上蜿蜒西行，经小孤山、黑山头等，到达四卡。又折而向南沿额尔古纳河东岸行 70 里至三卡，再南行，最后越过额尔古纳河进入俄罗斯境内。这段长城长约 100 公里，遗址模糊，时隐时现。

长城进入俄罗斯境内的位置，正在嘎普察古尔谷哨所与博格达诺夫卡哨所之间，这段在俄罗斯境内的长城长约 120 公里，然后由外贝加尔斯克西南 10 里处，又回到我国境内，地点在满洲里第 60 号界标西约 3 公里处，从这里向西南，进入新巴尔虎右旗境内，再到中蒙边界 635 号界标处，此段长城长约 60 公里。在蒙古国境内的长城长约 400 公里。

辽长城因大部分在大草原上，均系土筑。从大兴安岭西北遗留的一段遗迹看，从底至顶一般高 1.5 米、底宽 8 米，外挖长壕，采用深沟高垒的筑城方式，在当年还是具有较强防御能力的。

在辽代长城南侧，发现了多处辽代古城遗址。如浩特陶海古城，在陈巴尔虎旗境内，南濒海拉尔河，东距海拉尔区 80 余里。在扎赉诺尔古城内出土了许多辽代的篦纹陶片。这些古城均为辽代戍边士卒驻扎之所。在古城附近还发现许多辽代村落、农田和水渠的遗迹，还有辽代轮制的印纹陶片、辽圣宗太平年号的铜钱、辽三彩、辽塔、辽代古墓葬等。这表明长城以南为契丹人所居，长城以北是其他部族居住的地区。

此外，据《宏简录·李俨传》载，契丹清宁四年（1058 年），还在鸭子河（今松花江北源）到混同江（今松花江南源）之间，修了一段长 24 里的长城。其遗迹迄今犹存，分布在今吉林舒兰境内，呈东南一西北走向。《辽史·地理志》云："统和十七年，迁兀惹户，置刺史于鸭子、混同二水之间。"这段长城可能是由兀惹人戍守，防御女真族的。

六 横亘在内蒙古中东部的金长城

根据文献记载和实地考察可知，在今内蒙古自治区境内保存有两道金长城遗迹。一道起于大兴安岭北麓，由根河南岸西行，穿过呼伦贝尔草原，往西直达蒙古国肯特省德尔盖尔汗山以北的沼泽地带，称为明昌旧城，也被称为兀术长城。另一道于东北起自嫩江西岸莫力达瓦达斡尔族自治旗境，西南止于包头东黄河北岸，称为明昌新城，或称金界壕、明昌界壕、金源边堡。《金史》《元史》中这些称谓均有，有时还称壕堑，这是阅览历史文献时需要注意的。

图 5-15 内蒙古自治区四子王旗金界壕遗迹

在内蒙古自治区境内两条金代长城的长度相加近 5 000 公里，这是继秦汉以后，在我国北方修筑的又一道万里长城。其建筑形式有别于历代其他长城，为外壕内墙，也有双壕双墙或前为副墙、后为主墙、中间是堑壕的。城墙上附筑烽燧、马面，靠墙内侧密置戍堡，布局严谨，便于防守。后来明长城有许多地方就是借鉴了金长城的优点而修筑的。

金长城大约从金建立之初就开始修建，然后经大定、明昌，至金承安三年（1198 年）前后竣工。其后虽仍有施工，但均系修缮浚补。《金史·地理志》卷首在写金之疆域时有“泰州婆卢火所浚界壕而西”的记载。“泰州”故城在今黑龙江泰来塔子城村，金代在此设东北路招讨司。“婆卢火”是金将领，曾于金太祖天辅五年（1121 年）在泰州屯田，在此期间，他率众修筑了界壕。这条界壕是为屏护京师，防备契丹旧部和蒙古部从西和西北对金的袭扰而修筑的。

到 12 世纪中叶海陵王执政时，女真统治者的民族压迫政策激起了各族人民的反抗，义军蜂起，尤其是西北契丹族札八、窝斡的起义，义军驻临潢一带，对金构造成极大威胁。据《金史·世宗纪》载，金世宗为加强薄弱地段的防务，于大定五年（1165 年）正月，“诏泰州、临潢接境设边堡七十，驻兵万三千”，并命阿勒根彦忠赴北边安置战后难民，主修筑边堡事。这里所说的边堡就是在要害之处筑城堡，并驻军戍守。文物考古工作者 20 世纪 70 年代在这一带即今内蒙古科尔沁右翼前旗、突泉县、科尔沁右翼中旗、扎鲁特旗实地考察发现边堡遗址 64 座。这些边堡绝大多数设在壕堑内侧，边堡与壕堑的间距从几米到千米不等。

金大定十年（1170 年），金廷又派参知政事宗叙北巡，是时蒙古各部势力日益强大。宗叙返回后表奏世宗极言边防利害。迫于形势，金政府在东北、临潢、西北、西南各路增筑堡戍，穿堑筑垒。其中规模较大的一次是在金大定二十一年（1181 年），据《金史·地理志》记载，这项工程“东北自达里带石堡子至鹤五河地分，临潢

图 5-16　内蒙古自治区武川边墙底村西侧山顶烽火台

图 5-17　内蒙古自治区金长城防御体系遗址

路自鹤五河堡子至撒里乃，皆取直列置堡戍”。可见这一工程是将东北路至临潢路内的一段不够整齐的戍堡都取直重筑，加以挖壕筑墙，规模十分可观。

金世宗时所修界壕东北起自莫力达瓦达斡尔族自治旗境内，西南延至大青山北麓。由于防线长，还要穿越人烟稀少、风沙极大的地带，所以施工较为粗糙，在西北路就有近 300 公里长的边堡城池未建女墙副堤。故有的地段很快就失去防御能力，有的则需要时时补缮，才能发挥作用。

金章宗明昌初年（1190 年），蒙古族铁木真部发展壮大，对金构成威胁。金章宗不得不大力加强边防建设，故明昌年间是既修旧城（即明昌旧城），又筑新城（即明昌新城），几乎是连年施工，耗费了大量的人力、物力和财力。明昌旧城在新城之北。这道长城是在辽旧筑长城的基础上修筑而成的，其走向与辽长城完全一致，长度也相同。

明昌新城在旧城之南，又称金内长城。金明昌初年筑，金承安三年（1198 年）前后完成，走向是东北至西南，基本上与大定时所筑长城重合。

七 老牛湾一带的明长城

老牛湾长城位于内蒙古自治区清水河单台子老牛湾村，东南距山西偏关约40公里。老牛湾面临黄河，背靠山险，是明代山西镇总兵驻地偏关西北方的重要屏障，地理位置十分重要，所以明朝于此修筑长城并配置较多的边堡、敌台和烽燧等设施。

老牛湾长城西起老牛湾口，东至丫角山，长 70 公里。这段长城因山险较多，常以险为塞，不筑城墙，故断断续续。虽在修建上事半功倍，但在防御上同样可起到应有作用。长城沿线还修有墙台、烽燧等。

老牛湾村南山巅上还有一座望楼（又称敌台、望台），当地群众称之为望河楼。据《偏关志》记载，这座望楼为明嘉靖二十三年（1544 年）山西巡抚曾铣所建。明万历二十五年（1597 年）兵宪赵彦为又在旧基上增高加厚，使望楼兼有烽燧的功能。

图 5-18　老牛湾，人称长城与黄河握手的地方，是中国最美的十大峡谷之一

望楼为方形，分两层，下部为长条石砌筑，上部为砖砌，底边长 12 米，高 20 余米，无梯道，无拱门，军士上下只可乘绳梯。在墙约 15 米高处有一小门，乘绳梯可由此进入楼内。楼顶部的平台处原建有“楼橹”，即一间砖木结构的房子，既可供守城将士遮风避雨，又能储存武器燃料等。台的一角竖一旗杆，上系旗帜。平台四周环以垛口，用以瞭望、警戒、作战。

在望楼南约 300 米处有座石城遗址，俗称老牛湾堡，墙高 10 米左右，四角向外凸出，建有炮台，城墙用大条石构筑，并筑有瓮

城等。据发现的一通明嘉靖年间的石碑记载："老牛湾堡……将台六座、敌台一百九十七座。"由此不难看出明廷对老牛湾战略位置的重视。

老牛湾不仅墙台高峙，烽燧相望，而且景色也十分优美。这里壮丽的山河和自然风光，令到此访古览胜之人无不激动不已，他们或写诗词以咏叹，或撰文以记事。例如明代卢承业有一首诗就是写老牛湾的。诗曰："关西形势若崤函，北塞天潢折向南。岩成飞楼悬壮剑，河翻浪雪点幽潭。花飘蝶影惊鱼穴，风送涛声破鸟庵。相接云峰传八阵，筹边人至把兵谈"。

北临清水河川峁村的红门口，南近山西偏关水泉村，也是明长城的一处重要关隘。山西镇长城在这里形如红门口的左右两翼，东从丫角山来，攀上山巅，过红门口，西延至黄河岸边。在红门口外，有明宣德九年（1434 年）都督李谦创建的一座大望台，俗称红门楼，门楣上镌刻有"万历二十六年修筑"字样，楼内有九窑十八洞，并置有火炕和外通烟囱，今只剩毁坏的遗址。

图 5-19　老牛湾堡是明长城在山西境内的重要关堡

红门口外还有一座土筑方城。这座城堡是互市的场所，故称红门市。16 世纪 70 年代，明王朝同蒙古地方政权达成互市协议，以互通有无，加强经济联系。议定每年互市一次，蒙古族以牲畜毛皮换回汉族布匹等生活用品。互市既促进了蒙汉间的经济交流，又加强了地方政权与中央政府的联系。

在清水河东部七墩口西南的山巅之上有一座七墩楼，在清水河板申沟村附近还有座箭牌楼，两者都是骑墙敌台，楼身高大，凌空而立。七墩楼俗称徐氏楼。传说明代有一名将徐氏，颇有勇略，自愿于此守楼护城，因当时百姓得其裨益，遂称此楼为“徐氏楼”，以示纪念。这里的敌楼建筑较为密集，据说是根据戚继光“两台相救，左右而立”的原则建立起来的，也就是说两座敌台之间的距离以均在有效射程之内、能够互相接应为标准。在七墩楼周围还建有土筑城堡，用来驻扎军队。七墩楼南北两侧连接长城之处筑有石拱门，出石拱门就是城堡。一旦遇有战争，戍卒就可从小方城出来进入七墩楼洞门或穿过小拱门，协同作战，以保敌楼万无一失。由此可见其布局是何等严密和科学。

箭牌楼高大雄伟，暴露在地面上的就有 21 米高，下半部四周没有开射口，内侧有木梯可通上层，上层是一开阔的平台，四周环以垛口。关于这些楼台、敌台的兵力配备情况，戚继光在《练兵实记·杂集》中有明确记载：“每台百总一名，专管调度攻打；台头副二名，专管台内军器辎重。两防主客军士三五十名不等……五台一把总，十台一千总，节节而制之。”可见组织机构也是十分严密的。

在清水河南侧准格尔旗马栅镇大战村，有处叫紫城岩的长城遗址，这是明代延绥镇长城的东端起点。大战村紫城岩位于黄河西岸。在明代，为了保障黄河渡口的往来运输，在大战村附近修筑了长城、戍堡和墩台。有趣的是，在河对岸河曲的黄河岸边，也修筑了一条护河长城，两岸长城共同构成一“夹河长城”，从而把两岸渡口严密地控制起来，这种构筑方式在别处是没有的。在沿河长城两侧，还修筑了许多墩台，主要作用是阻止来自水面的进攻。

第六章
大漠长河
——甘肃新疆地区长城

如果说在我国长达几千年的古代社会里，中原地区是政治、经济、文化和军事中心的话，那么甘肃、新疆维吾尔自治区就是中原地区的西北屏障。在这些地区，有战国时期秦昭襄王所修的长城，也有秦始皇所修的长城。尤其是汉代所修长城不但横贯甘肃全境，而且西行一直到新疆维吾尔自治区的罗布泊，如果再加上那数不清的亭障烽燧，可西达今新疆维吾尔自治区的库尔勒市。这对保障我国通往中亚、西亚及欧洲地区的丝绸之路的畅通和安全，起到了保驾护航的作用。此外，明代万里长城的西端也在甘肃境内。闻名于世的嘉峪关更是妇幼皆知，还有许多逸闻趣事。现在就让我们前往这茫茫戈壁滩，去寻觅长城的旧迹，观瞻雄伟的嘉峪关吧！

一 从河西走廊到“西域”

甘肃境内的长城，有战国、秦汉时期修筑的长城和明长城。除了在岷县、临洮到兰州有秦长城遗迹，甘肃东部地区有一些明长城遗址外，汉代和明代所筑长城大部分都在河西走廊一带，西到嘉峪关、玉门关、阳关，然后进入新疆维吾尔自治区境内。

图 6-1　河西走廊古浪境内的长城遗址

《史记·匈奴列传》中记载，战国时期秦昭襄王所筑长城在陇西、北地、上郡三郡。其中陇西郡在今甘肃中部，北地郡的一部分在今甘肃东部。秦始皇所修长城的西段，几乎是在秦昭襄王旧长城遗址上修缮而成，秦昭襄王所修长城的起点也是秦始皇所筑长城的起点。经过实地考察得知，这条长城起自甘肃岷县之西，然后沿洮河西岸北上，直到古陇西郡。秦昭襄王所筑长城当在陇西郡建置之后，可见保卫陇西郡的治所是当时长城筑在这里的目的之一。在今甘肃临洮、渭源、环县以及华池等地尚可找到秦昭襄王所筑长城的遗址。甘肃境内秦始皇所筑长城与秦昭襄王所筑长城基本吻合。

汉代在此所修筑的长城，主要在河西走廊至新疆维吾尔自治区罗布泊、库尔勒一带。西汉武帝时，为了打通去西域的道路，自公元前 121 年至公元前 111 年之间，在甘肃设立了酒泉、武威、敦煌、张掖四郡，并修建令居以西的河西诸塞。其后又修建了外长城的光禄塞和居延塞。其中居延塞自甘肃金塔鼎新镇向北沿弱水至内蒙古自治区额济纳旗。光禄塞和居延塞建成后，巩固了汉朝的西北边防，保障了河西走廊通往西域的通道，捍卫了京师长安。

敦煌郡的边塞长城大约修筑完成于西汉元封年间（公元前 110—公元前 105 年），作东西线延伸。它东起冥泽西南角，与酒泉郡西部都尉辖区接，西止于曲泽，曲泽以西与西域长城相衔接，全长 300 多公里。沿线置有宜禾、中部、玉门 3 个都尉府，12 个侯官，大约 120 座烽燧，其戍守卒吏、屯田人员等约有 2 400 人。这一线的吏卒，不仅担负着戍守任务，而且还对敦煌农业开发做出了巨大贡献。敦煌的开发，就是从屯戍开始并打开局面的。

图 6-2　甘肃永登中堡镇汉代河西走廊长城

图 6-3　乌鞘岭汉代河西走廊长城和烽燧

甘肃境内的河西长城，不但提供了军事政治的保障，还保证了古丝绸之路的畅通，推动了经济的发展，活跃了西北地区的贸易活动。有时还为来往使团提供服务，但大多的交流是民众之间的贸易。由于汉代西北边地居民多以军事移民为主，这使现役军人在当地人口中占有相当大的比重，因此，当地社会生活具有浓厚的军旅色彩，民间贸易的形式也受到这一文化基调的影响。在汉代丝绸之路的贸易活动中，长城起着一定的作用，这一点是需要充分肯定的。

汉长城的形制，多因地制宜、就地取材，平地多用土夯筑，或者在土间加压枝条。有的在城外侧挖壕，城壕结合。山地多用石筑，两侧用较大的石块垒砌，中间用碎石填筑。在长城内侧，多建有一系列的亭、燧、坞等军事城堡，它们也属于长城的有机组成部分。

汉长城至甘肃阳关再往西，就进入了新疆维吾尔自治区境内。虽然迄今为止在新疆维吾尔自治区境内尚未发现连绵不断的城墙墙体，但历年来发现了不少亭障、烽燧遗迹。这是为适应这里的自然地理环境而在边塞设立的军事设施，应该说这是汉长城的延伸，也属于长城体系。

新疆维吾尔自治区地广人稀，戈壁、荒漠连绵千百公里。在如此的地理环境下，建筑像中原大地上那样高大雄伟的长城工程，其难度是难以想象的。西汉王朝根据这样的地理形势，自疏勒河以西至罗布淖尔楼兰王国，更西至轮台、渠犁屯田基地，在地势险要、有水草之处设置亭障、烽燧。考古调查资料证明，自楼兰西北行，沿孔雀河谷已发现汉代及汉代以后亭障20余处，例如孙基、亚克伦、卡勒泰、脱西克吐尔、沙鲁瓦克、萨其该、兴地峡谷南口、营盘古城西南、喀拉亚、拉依苏、廷木墩、库尔楚、阔希墩、桑恰奇、阿克墩、哈曼沟、马兰、四十里大墩、塔哈其、察汁通古等，基本上可连成一条东西走向的线。这虽然不像中原长城有可以连接起来的墙体，但实际上可以起到防御作用。

汉代在新疆维吾尔自治区境内置亭障，并且在此屯田，这在司马迁的《史记》中有记载："敦煌置酒泉都尉，西至盐水，往往有亭。而仑头有田卒数百人，因置使者护田积粟，以给使外国者。"据文献记载和实地考察可知，从阳关到罗布泊，甚至再向西边延伸的区域，置屯田、设亭障是切实可信的。总之，西汉王朝为积极开拓丝路、开发西域，曾实行了一系列经济、军事举措，其中最重要的是置屯田、设亭障。实践证明，自汉至清，历代王朝在新疆地区采取的这些措

图 6-4　乌鞘岭长城遗迹

施，都取得了很大成功。布局合理的亭燧，在军事防御方面发挥了十分重要的作用。它虽不是长城，但却在地广人稀的新疆地区发挥了巨大作用。

甘肃境内的明长城，尤其在河西走廊一带主要是在汉长城的基础上建筑的。众所周知，明长城西端是嘉峪关。纵览甘肃境内的明长城，大体走向为“V”字形，从西北方向的嘉峪关起，朝东南方向经酒泉、张掖、武威到兰州，再折向东北方向，沿着黄河两侧，在腾格里沙漠的南沿，直到甘肃东北的景泰，然后进入宁夏回族自治区。明长城从嘉峪关向东，进入酒泉。酒泉地处祁连山北麓的河西走廊中段，自古为军事重镇。酒泉古西戎地，汉武帝元狩二年（公元前 121 年），骠骑将军霍去病出陇西击匈奴后，始置酒泉郡，明朝时仍为军事重镇。酒泉境内所辖长城约 46 公里。从土棋墩至鸳鸯池段，称为边壕。由鸳鸯池经夹边沟至古城村北这一段，当地人称为边墙楼，今天只留下一道坍塌成堆状的土脊。

1. 张掖地区的明长城

张掖东辖民乐、山丹二县，西领临泽，北与内蒙古自治区交界。张掖地处祁连山东北麓，市境北部为河西走廊北的龙首山，中部为河西走廊平原。汉元狩二年（公元前 121 年），始置郡，以“张国臂掖”得名。明朝时，张掖为甘州卫。长城在张掖的走向，从东到西经东山寺口、人峻口向西北，经靖安北继续向西北延伸，至海拔 1 992 米的北大山出张掖境，所辖长城约 45 公里，基本上利用山险，未筑墙，只是在山口险要处设有关隘防守。迄今在长城沿线还保留有不少夯土墩台。

2. 武威地区的明长城

武威在汉代始设郡县。西汉王朝为显示朝廷的武功和军威而将此地命名为武威郡。武威地处河西走廊的东端，南靠祁连山，北依腾格里沙漠，是通向河西走廊的重要通道，为汉唐时期丝绸之路的主要经过之地。其地理位置可谓“通一线于广漠，控五郡之咽喉”。明洪武九年（1376 年）设凉州卫于武威，是重点设防地区。武威

境内所辖明长城约 63 公里。有些段落较为坚固，迄今保存较好，土城堡遗迹也多有保留。

图 6-5　永昌至张掖的明长城

图 6-6　中国旅游标志——马超龙雀

明时，武威仍为西北的边防重镇。洪武六年(1373 年)，也速儿等率部窜扰河西，寇凉州。凉州都指挥宋晟率部还击，击毙也速儿。在洪武十年(1377 年)至十七年(1384 年)间，也先帖木儿数寇凉州，凉州都指挥宋晟亦讨伐并生擒他。

武威历史悠久，出土了许多珍贵的历史文物。甘肃武威段明长城遗址城北二里雷台汉墓出土的“马超龙雀”(也称“马踏飞燕”)最为有名。此奔马昂首飞驰，三足腾空，正在下落的右后足踏在一只飞翔于空中的龙雀（即燕子）身上，其造型既富有浪漫主义色彩，又合乎力学平衡原理。这只追风踏燕、风驰电掣的铜奔马，被定为我国的旅游标志。

图 6-7　河西走廊古浪境内长城俯瞰

武威往南有古浪县、天祝藏族自治县、永登县诸县，明长城从武威到兰州，基本上是南北走向，偏东南方向。古浪地处乌鞘岭毛毛山北麓，明朝置古浪守御千户所。在古浪境内的长城，因地质情况不同，有些段落保存较好，有些段落已埋于流沙之中。青山寺山顶上有一座保存较好的夯土墩台，由青山寺至大景夯土墙已坍成高高隆起的脊状，从这些迹象看，原墙是比较高大的。

明长城由古浪向东南，经天祝藏族自治县、永登县至兰州。这段在天祝藏族自治县境内的长城，由天祝城至乌鞘岭，城墙遗址较多，特别是金强驿山上的一段墙体保存较好，存高 3~4 米。

景泰在武威东南部，西接古浪县、天祝藏族自治县，北临宁夏回族自治区，东隔黄河与白银靖远相望。明廷为加强这一地带的军事防御能力，自黄河索桥起筑长城至古浪土门镇，长 200 公里。

3. 甘肃古浪明长城城堡遗址

明廷在甘肃设镇，甘肃镇为九大军事重镇之一。明程道生在《九边图考》中论述甘肃镇军事地理位置之重要时写道：“夫以一线之路，孤悬几二千里，西控西域，南隔羌戎，北遮胡虏，经制长策，自古已难。”明初，朝廷对长城的建筑力量主要集中于榆林以东的六镇，到成化年间，蒙古鞑靼部屡犯延绥、固原等地，后来吐鲁番也开始进攻明廷边地。这时，明廷才开始加修延绥至甘肃一带的墙、壕、墩、堡等。甘肃镇长城主要修筑于明嘉靖、隆庆、万历年间。明廷之所以要加强这一地域的防御能力，一是和这里的地理位置重要有关，二是为防御后起的鞑靼和吐鲁番等的袭扰。因此，甘肃镇的兵员配置十分强大，达几万人之多。

图 6-8 甘肃境内向西延伸的长城与城堡

二 临洮秦长城

图 6-9 甘肃临洮境内的秦长城

秦始皇修筑的万里长城，“起自临洮，至于辽东”。这里首先要说明的是，今天的临洮在秦朝时为狄道县，是当时陇西郡的治所。而今天的岷县，即是秦时的临洮县，秦始皇所筑长城的西端起点就在此。

秦始皇所筑的长城是在战国时秦昭襄王所筑长城的基础上加以修缮而成的，两者实际上为一道长城基址，所以，在今甘肃临洮长城遗址附近，当地政府立一石刻标志，其上明确地写着“战国秦长城遗址”。

这条战国秦长城，从今甘肃岷县之西起，沿洮河西岸北上，经渭源、临洮至兰州，再分为两支，往东是长城，往东北沿黄河是城塞。在这条长城沿线，随处可见长城的遗迹，遗憾的是，因为当时的长城为土筑，大部分痕迹已不甚明显了。不过，1990 年，中央电视台《望长城》节目组去寻找秦长城起点时，还有不少收获。在那广袤的田野上，依稀可见秦长城像田埂一般向远方延伸。节目主持人焦建成在当地一些迄今还叫长城岭、长城梁、长城巷的地方寻访秦长城遗迹，一个老乡在一条土埂前用双手就扒拉出一个当年秦始皇修筑长城的夯窝。

临洮师范学校原地理教师孙益民先生，多年来一直在寻找秦长城的遗迹，并在当地找到一些秦代遗物，有成串的古铜币、剑、斧、云纹的铠甲片、弩机、瓦当、秦砖等。孙益民先生为寻访长城，考证秦长城西端，踏遍了这里的每一个角落。他终于在临洮县北30里的杀王坡找到了秦长城西端的起点，使人们对长城有了更深刻的认识。

图6-10　秦始皇长城从临洮县杀王坡起始，跨过崇山峻岭，朝东北方向延伸

由此看来，秦始皇在此修长城是毫无疑问的。除了历史文献记载和实地考察外，还有一个重要的依据，就是上面提到的，秦代陇西郡的郡址就在今临洮县城外。它是当时秦朝设在西部边陲的一个政治、经济和文化中心，围绕着这个中心，修筑一条长城，用以捍卫之。

三 河西汉长城

在我国历史上，只有汉代和明代在河西修筑了长城，而且汉长城要比明长城往西延伸得远。这一带气候较为干旱，所以有些汉长城的段落和烽燧遗址还高高矗立着，芦苇和沙土夯筑的层次还清晰可见，有些关塞遗址仍可找寻。现在就让我们走马观花作一寻访。

河西走廊长城是西汉政府随着对西域的经营及开发，分几次逐段修筑而成的。西汉最早在此设立的是酒泉郡，所以长城也最先修到这里，而它的东边和秦长城相连接。后来长城又修到敦煌，并建立了敦煌郡，把它作为经营西域的一个基地。为了解决后勤供应问题、保障后方的安全，西汉又开始建立居延的边塞和武威休屠泽的边塞。西汉打败了大宛后，又开始从敦煌向西域修筑长城，一直修到今天的楼兰故址。不过在这里修筑的不是墙，而是一个又一个的烽火台和亭障，它们具有通讯功能，同时也是驿站。

1. 甘肃境内的汉长城遗址

从兰州出发向西到乌鞘岭，就可看到汉代长城和汉塞。残破的汉长城断断续续，从山脚下一直向山坡上延伸。这里的金山子汉塞和花海子汉塞遗址，一层芦苇、一层砂石的夯层结构还清晰可辨。当时汉代在酒泉以北建立了两个都尉——肩水和居延，并分别在这两个都尉建造了金关和悬索关。从出土的居延汉简的有关内容来看，这两个关都归都尉下面的候官管理。肩水金关的都尉府——大湾城、肩水候官的地湾城以及坍塌的烽火台遗址尚在。在汉代，肩水金关和悬索关是与玉门关和阳关齐名的两座重要关口，只是后两个处于古丝绸之路上，常被人们提起，前两个处于沙漠之中，渐渐被人们淡忘了。

胡宝玉先生在《玉门关的汉长城》一文中论述：玉门关附近，也还保留有许多汉长城和烽燧的遗址。河西走廊上的汉长城，由东向西延伸，汉长城有些段落还残留得较高，层次比较清楚，采用一层沙土、一层芦苇或红柳交错夯筑，每层在 12~15 厘米。由于遭受风雨侵蚀，有泥巴的一层已向里凹下 5 厘米左右，有芦苇或红柳的一层，因质地坚实，风蚀较浅而向外凸出，显得城垣层次分明。现城墙残存高度高的可达 2 米多，低的也有半米高。在玉门关西的当谷燧、后坑和湾窑等处，还有不少烽燧遗址，全建在高高的台子上。

2. 甘肃祁连山下的汉烽燧

从玉门关西的后坑再继续西行，沿着干涸的疏勒海古道和阿奇克谷地，向罗布泊进发，途中有居庐仓遗址。居庐仓是汉代著名的屯田之地，也是为向西穿越罗布泊的人们补充给养的最后大本

图 6-11　散布在甘肃后坑、马迷途一带的汉烽燧

营。1930 年至 1934 年，我国学者在考察罗布泊时曾提到居庐仓，“出沙不远，有废墟，垣址可辨，想即居庐仓”。居庐仓因处于库姆塔格沙漠边缘，今遗迹已不易辨认，可能已淹没在沙海之中。

由罗布泊西岸孔雀河河床向西南行，有楼兰古城和汉代烽燧。汉长城进入新疆维吾尔自治区后，已没有连绵不断的墙体，而是一座座烽燧、亭障。在楼兰古城西北约 6 公里处，有座汉烽燧，残高 10.2 米，台基宽 18 米多，台体为夯筑，中间夹有红柳条或其他小木条。这主要是为了增加台体的抗风雨侵蚀能力。这座烽燧在大漠中已度过了近 2 000 个春秋。

据《望长城》剧组高级摄影师、曾穿越罗布泊寻找楼兰古城的胡宝玉先生讲，从甘肃的玉门关，到新疆维吾尔自治区的楼兰古城，再到库车一线，常见到汉代的烽燧遗址。由此可见，西汉长城防御体系中的烽燧和亭障，一直延续到这里。

图 6-12　矗立在楼兰古城西北方 6 公里处台地上的汉烽燧

四 玉门关和阳关

玉门关和阳关是汉代在河西走廊设置的两个著名大关，两关因为均处在古丝绸之路上，许多诗人对它们进行过咏唱，所以在我国乃至世界知名度都很高。

玉门关为汉武帝时设置，旧址在今甘肃敦煌的西北方向约 40 公里的小方盘城，是位于我国古丝绸之路上的著名关隘。相传西域和阗（今新疆维吾尔自治区和田地区）等地进贡汉政府的美玉，皆由塔里木盆地取道于此，玉门关因此而得名。现存的玉门关古城堡被沙阜环绕着，它的北面为北山，北山南侧为疏勒河下游，在古城堡北墙外边数十米处有一碱湖，汉代长城由此横向西北。玉门关的城堡呈方形，均为黄土夯筑而成，四垣完整，东西长 24 米，南北长 26 米，垣高 9.7 米。堡西、北各有一门，总面积 630 余平方米。玉门关是汉代都尉的治所，位于中原通往西域的交通要道上，对中国的对外交通，文化、经济交流起过极为重要的作用。唐代诗人王之涣“羌笛何须怨杨柳，春风不度玉门关”，李白“长风几万里，吹度玉门关”的千古绝唱，使玉门关声誉远播。

汉代，在玉门关附近曾发生过许多悲欢离合的故事。西汉太初元年（公元前 104 年），贰师将军李广利率 6 000 余骑、数万之众，进攻远在葱岭以西的大宛国，途中所经各国均坚守城门，不肯给补充给养。汉军只好一路征战，待行至大宛东界时，已成只有数千人的疲惫之师。李广利自忖无法取胜，与左右商议，决定班师回国，

待回到敦煌时，因劳师远征，中途艰辛，士兵已死亡十之八九。李广利上书给朝廷说，道路太远，缺乏粮食，士兵不患战而患饥，且人少，不足以去取大宛，建议暂且罢兵，以后招募人马再次西进。汉武帝大怒，派人把守玉门关，并下令说，如果有一军卒敢进入玉门关，立即斩首。李广利甚为恐惧，只得留守敦煌。宋代女诗人张玉娘为此鸣不平，有诗曰：“为国劳戎事，迢迢出玉关。虎帐春风远，铠甲清霜寒”。

东汉永平十六年（73 年），班超出使西域，在西域生活了 31 年。在他六十九岁的时候，上书请求返回中原，他说，虽不敢望到酒泉郡，但愿生入玉门关。可见时人把玉门关视为中原和家乡之象征。唐代诗人戴叔伦也有诗云：“愿将此身长报国，何须生入玉门关。”可见其报效国家的坚定意志。

2 世纪时，波斯王子安世从这里东往洛阳。三国时，跋涉在到这里的还有我国第一个西去求法的僧人——朱士行。玉门关除了接待使者、官吏、将士、僧侣外，还有商贾、驻队马帮，勾勒了一幅壮观的瀚海行旅图。

今日登上玉门关，还可看见一段汉代防御匈奴的长城（又称汉塞），它从东沿着群山戈壁蜿蜒而来。建在小山坡、沟口旁或开阔地带上的烽燧，星星点点向西延伸，不由使人想起古丝绸之路上“一驿过一驿，驿骑如星流”“寒驿远如点，边烽互相望”的繁忙景象。

图 6-13　古丝绸之路的必经关口——玉门关

在玉门关东约 20 公里处，有大方盘城，为汉时所建，是汉至魏晋时期我国西部防线储备粮秣的军需仓库，供应玉门关一带的官兵马匹使用。古城坐落在高出河床 2 米多的自然土台上，呈长方形，坐北向南，夯土版筑，东西长 132 米，南北宽 17 米，残垣最高处 6.7 米。在大方盘城正南面的长城内侧 3 米处，是汉代的烽燧，叫“玉门千秋燧”，系石夹红柳筑成，残垣高约 9 米。

在玉门关附近，出土了许多有价值的文物，例如毛笔、砚台、织锦、狩猎工具、生产用具和武器等，目前国内出土的第 4 片西汉纸，就是在这里发现的，它早于蔡侯纸（蔡伦改进造纸术后制造的

图 6-14 大方盘城（又名河仓城）遗址

纸）100 多年。尤其值得注意的是，这里出土了大量的汉简，记载的内容有诏书、奏记、檄文、律令、药方等。许多汉简上都记有年号，最早的为西汉本始三年（公元前 71 年），最晚的为地皇二年（21年），还有写有“玉门都尉”“酒泉玉门都尉”“玉门千秋燧”字样的汉简。这一大批文物，为研究汉代近百年的边塞屯戍、生活、经济、文化、外交等提供了珍贵的史料。

古时，“春风不度玉门关”，今朝春风已过玉门关。在古丝绸之路上享有盛誉的玉门关，今天也将为我国提出的“一带一路”倡议的发展谱写新的篇章。

图 6-17　坐落于大漠中的阳关

阳关位于甘肃敦煌西南，是我国古代中原通往西域的重要关口，也是古丝绸之路必经的关隘。因位于玉门关之南而称阳关。阳关故址在今甘肃西部，几乎与新疆维吾尔自治区交界的地方。它的西边就是荒漠戈壁，除了古丝绸之路上有来来往往的人群外，别的地方人烟稀少。因此，唐代著名诗人王维曾有“劝君更尽一杯酒，西出阳关无故人”的诗句。

经考古发掘出的阳关遗址，面积上万平方米，房屋排列整齐，城堡墙基犹存。阳关西边，有数道高大的沙梁蜿蜒纵横，沙土发白，那便是史书上赫赫有名的白龙堆。它从这里一直延续到罗布泊以东，因弯曲如龙而得名。阳关建置以后，因处于古丝绸之路上，可以说是当时世界上最繁忙的大道。路面宽 36 丈，我们常说的“阳关大道”即来源于此。汉唐时，从国都长安（今西安）出发到阳关，约需 2 个月时间，再由此向西到西域各国。

图 6-18　罗布泊中的白龙堆

从阳关到罗布泊起伏的沙丘间，可以看到许多断砖残瓦和汉代的灰色碎陶片，当地人把这个古关遗址称为“古董滩”。在这里可拾到箭头、残刀和铜钱等，那是古代这里贸易活跃的见证。今天，那兴盛千余年的阳关早已失去了昔日的辉煌，被茫茫的黄沙淹没。阳关古城和那众多的古遗址，吸引着越来越多的中外游人到此访古探胜，重温丝绸之路的缕缕温馨。

图 6-19　阳关附近的南湖，古称渥洼地。这里产的马品种优良，相传汉武帝曾得马于此

五 天下雄关——嘉峪关

嘉峪关是明代万里长城西端的军事要塞，坐落在甘肃河西走廊西部，因位于嘉峪山麓而得名。

嘉峪关关城始建于明洪武五年（1372 年），由征西将军冯胜策划而建，距今已有 600 余年的历史了。嘉峪关南面为冰雪皑皑、绵亘千里的祁连山，北面为雄踞河西的龙首山、马鬃山，地势险要，自古为军事要地。

图 6-20 宏伟壮观的嘉峪关

由于当地气候干燥，早期的夯土关城迄今犹存。城墙呈梯形，周长 733 米，高 10 米，全城面积为 33 500 平方米。该关城明初建成后，甘肃守军曾在弘治（1488—1505 年）、正德（1506—1521 年）年间几度加固、增建关城。嘉靖十八年至二十年（1539—1541 年）又进行了更大规模的修缮和扩建，终于建成了一座布局严谨、建筑宏伟的军事要塞。今天看到的嘉峪关，由内城、瓮城、罗城、外城和城壕五部分组成，是一个规模宏大的建筑群。

嘉峪关内城略呈方形，城的四角皆建有角楼，东墙上中间部分的巨大城台下开有光化门（即东门），城台之上矗立着光化门城楼。城楼分作三层，雕梁画栋，油漆一新的朱色大木柱格外引人注目。光化门外是一小瓮城，瓮城南墙正中开有一门，以供出入，门上墙顶建一小门楼。在瓮城之外，便是嘉峪关罗城。它的平面略呈向东张开的梯形。罗城东墙北段开一闸门，作为关城东面的出入口，上有小门楼。罗城东北、东南两隅各有一角台，东北隅角台是关城

与关北长城的结合部。罗城的南、北两墙伸达内城的东北、东南两角台的外侧，向内城转折，各以 90 度角与内城的南墙和北墙相交于两角台两侧。内城的南墙、北墙正中各有一座敌台及敌楼。西墙正中间是嘉峪关内城的柔远门（即西门），门外也有一小瓮城，其形制与光化门相同。

在内城的光化门和柔远门城台北侧，各有一条登城马道。顺马道登上内城城顶，可以看到嘉峪关的外城从北、西、南三面屏护

图 6-21　嘉峪关远眺景

着内城。外城西墙中段因西瓮城的缘故而向外凸出，在凸出墙体正中城台下开有嘉峪关正门，门洞上镶嵌着写有“嘉峪关”三个大字的匾额。外城的西南隅角台东侧，就是嘉峪关同关南长城的交接点。在外城和罗城之外，有一道深阔的壕堑环绕。在嘉峪关正门以西数百米的戈壁滩上，树立着一通石碑，上面镌刻“天下雄关”四个苍劲的大字。

图 6-22　嘉峪关关城的匾额上刻有“嘉峪关”三字

图 6-24　在嘉峪关西瓮城门楼后檐台上存放着一块城砖

嘉峪关关城，城外有城，重关重城，起到了层层防御的作用。相传在当年建关时，一个叫崔伏的能工巧匠，计算用料十分准确，通过他的精确计算，这样巨大的工程竣工后只剩下一块砖，人们把它陈放于此，作为对他的永久纪念。此砖现存于西瓮城门楼后檐台之上。

图 6-23　构筑坚固、布局严密的嘉峪关关城

另外，在嘉峪关西门外罗城拐角的地方，如果游人以石相击，便可以听到一种类似燕子叫声的唧唧的声音。这便是人们所说的“击石燕鸣”，为肃州八景之一。这是罗城建筑及其布局产生的一种奇异效果。罗城的城墙下厚上薄，形成一个向天开放的天然喇叭，越到拐角处，这种喇叭的形状越是突出。再加上城墙完整，城砖质量高，声音反射强，在拐角处以石相击，便可以听到这种奇妙的声音。

图 6-25　矗立在讨赖河北岸悬崖之上的“万里长城第一墩”

在嘉峪关附近还有关南、关北和关东长城。关南长城自嘉峪关外城的西南隅角台东侧起，向南延伸至嘉峪山，越戈壁滩，抵讨赖河北岸，长达 7.5 公里，全部用夯土筑成。沿线置立四座墩台，现存高度 8~16 米，间距约 2 公里。在讨赖河北岸的山崖上有座墩台，长、宽各 14.5 米，残高 7 米，黄土夹沙夯筑，为明嘉靖十八年（1539 年）兵备道李涵监筑。墩台耸立于 82 米的高崖上，下为讨赖河的急流险滩，墩台居高临下，地势又十分险要，今人称其为“万里长城第一墩”。长城过讨赖河，逾文殊山，进入肃南裕固族自治县境的祁连山区，然后以山为障，加以铲削，呈南偏西方向延伸到卯来泉堡西南的肠子沟红泉墩而止。长城从讨赖河南岸至红泉墩，长45公里，沿线配置了十几座墩台，依山起伏，彼此呼应，甚为壮观。卯来泉堡故址位于今肃南裕固族自治县祁丰藏族乡堡子滩村，是明万里长城最西端的屯兵城堡。红泉墩则是明万里长城的西终点。

关北长城，自嘉峪关罗城的东北隅角台起，呈西北走向，循一道高阜延伸7.5公里，终止于黑山石关峡口北侧的山腰，封锁了黑山东坡诸沟。明代为加强对石关峡的防守，又在峡口南侧山坡夯筑一段750米的支线城墙。石关峡口北侧的黑山东坡，有一段“悬壁长城”。这段长城为明嘉靖十九年（1540年）兵备道李涵监筑。原有1.5公里，为片石夹土墙。现只留一截遗址，底宽4米，上宽4米，高0.5~6米不等。片石层厚10~15厘米，土层厚10~12厘米。悬挂山腰的一段黄土夯筑墙，宽48厘米，高30厘米。1987年重修后，长500米，其中231米筑于山坡上，底宽4米，上宽2米，高6米，片石、土层厚如旧。在墙头增筑垛墙和宇墙，首尾各添筑一墩台，在首墩和山坡上筑台阶式马道。游人拾级而上，险峻处如攀绝壁。修于山坡上那231米的长城，山的高度就有150米，山脊的倾斜度为45度，故今人命名为“悬壁长城”。其“万里长城万里关，迭嶂黑山暗壁悬”的佳景，吸引着越来越多的中外游客。

关东长城在嘉峪关西北2.5公里处，跟关北长城呈“丁”字形交接。交接点西侧200米处一低山丘上，耸立着一座墩台，叫长城起墩。关东长城就从起墩台东面的交接点伸往东北方向的新城镇野麻湾，再转向东南出嘉峪关。该段长城沿线有9座墩台。嘉峪关附近的附墙墩台建置还有一个特点，就是均附筑于长城内壁面，这与其他地区附墙墩建于长城外壁面的布局截然相反，耐人寻味。

嘉峪关一带也是有名的古战场。例如明正德十一年（1516年），吐鲁番军队进犯嘉峪关，围攻肃州，大掠而去。明嘉靖三年（1524年），

图 6-26 嘉峪关北的“悬壁长城”

吐鲁番军队再进犯嘉峪关，不久被明军击退。后因吐鲁番屡寇边境，明廷决定“闭关绝其贡”，放弃嘉峪关以外之地。嘉峪关以西是一片戈壁沙漠，凄楚荒凉。所以有“一出嘉峪关，两眼泪不干”的谚语，这道出了古时出关者的悲伤心情。古时，人们认为出嘉峪关便吉凶难卜，因此，一旦离关西行，便有生死离别之感。清末民族英雄林则徐因禁烟被昏聩的清政府贬赴新疆，在路过嘉峪关时曾咏叹道：“严关百尺界天西，万里征人驻马蹄。飞阁遥连秦树直，缭垣斜压陇云低。天山巉削摩肩立，瀚海苍茫入望迷。谁道崤函千古险，回看只见一丸泥。”如今的嘉峪关，已被列为全国重点文物保护单位，几经修复，成为供游人凭吊的著名胜景。

图 6-27 长城从首墩的台阶式梯道拾级而上

漫步在嘉峪关城墙之上，极目远眺。南方的祁连山白雪皑皑。长城如带，隐入山中。西、北两方则是空旷的戈壁荒原。黑山高阜，绿洲点缀其间，更衬托出嘉峪关的雄浑、巍峨和壮观。美哉，嘉峪关！

后 记

在习近平总书记大力提倡继承和发扬中华民族优秀传统文化和红色文化的今天，辽宁师范大学出版社的大型丛书“中华文明的印迹”就要付梓出版了！真可谓“好雨知时节，当春乃发生”。该套丛书图文并茂，尤其是运用了大量的彩图，视觉冲击力强，使读者有文可读，有图可视。这是最好的精神食粮，同时它也会引起相应的旅游热潮，给旅游经济带来可观的效益。

我与侵华日军南京大屠杀遇难同胞纪念馆的张亮女士应出版社之邀完成了《古代长城——战争与和平的纽带》一书的撰写工作。长城是我国古代先贤先哲和劳动人民建造并遗留在中华大地上最大的文物，也是最早列入《世界文化遗产名录》的中国文物保护单位，可以说闻名于世、妇幼皆知。现在恰逢国家把长城列为全国三大文化主体区域来保护、开发与建设之际，我们下决心把这本书编写好，对得起自己和读者。为此，我们参考了大量的古代文献等前人著述，也参考了我们以前写作的相关书籍，把上下两千年，纵横十万里，各朝各代所修筑的长城都呈现到读者面前，力求使读者从历史的深度和广度，全面、系统地了解长城这一建筑奇观。另外，我们还到了许多地方实地考察长城，力争把长城特别是现存的大部分明长城写得更准确、更具体、更深刻。书中涉及的长城照片，部分由胡宝玉先生提供。同时，也感谢长城拍摄专家董旭明先生及宁夏长城博物馆工作人员的大力支持，为我们提供咨询和照片。

最后我们要衷心感谢前面的研究者，因为早期的长城遗迹大多已经湮灭了，是他们让我们增加了许多有关古代长城的知识。我们从一些文献记载中找到了蛛丝马迹，起码从文字上还原了春秋战国、秦汉隋唐、北魏、北周、北齐、辽金等朝代长城的基本走向及其大致概况。我们还要特别感谢辽宁师范大学出版社的邓丽萍女士，她为这本书的顺利出版倾注了大量的心血，不仅与我们进行多次联系与沟通，还给予了我们不可或缺的指导和协助。除此之外，我们还要感谢未曾谋面的编辑刘臣臣及有关出版人员，她们对本书的顺利出版都作出了无私的奉献。在此，我们也向她们致以崇高的敬意！

张　量

2021 年 6 月